本书受北京物资学院 2021 年度"揭榜挂帅"科研项目资助
（项目编号：2021XJGS01）

中国城市物流
综合指数编制及监测研究
——以北京市为例

▶ 温卫娟 王成林 安久意 著

首都经济贸易大学出版社

Capital University of Economics and Business Press

·北 京·

图书在版编目（CIP）数据

中国城市物流综合指数编制及监测研究 ： 以北京市
为例 / 温卫娟，王成林，安久意著. -- 北京 ： 首都经
济贸易大学出版社，2024. 11. -- ISBN 978-7-5638
-3779-3

Ⅰ. F259.22

中国国家版本馆 CIP 数据核字第 2024SS8595 号

中国城市物流综合指数编制及监测研究——以北京市为例
ZHONGGUO CHENGSHI WULIU ZONGHE ZHISHU BIANZHI JI JIANCE YANJIU：
YI BEIJINGSHI WEILI

温卫娟　王成林　安久意　著

责任编辑　杨丹璇

封面设计　风得信·阿东
　　　　　FondesyDesign

出版发行　首都经济贸易大学出版社

地　　址　北京市朝阳区红庙（邮编 100026）

电　　话　（010）65976483　65065761　65071505（传真）

网　　址　http：//www. sjmcb. cueb. edu. cn

经　　销　全国新华书店

照　　排　北京砚祥志远激光照排技术有限公司

印　　刷　北京九州迅驰传媒文化有限公司

成品尺寸　170 毫米×240 毫米　1/16

字　　数　305 千字

印　　张　19. 25

版　　次　2024 年 11 月第 1 版

印　　次　2024 年 11 月第 1 次印刷

书　　号　ISBN 978-7-5638-3779-3

定　　价　96. 00 元

前　言

现代物流是集生产、仓储、运输、配送于一体，以多种运输方式为基础，以现代信息技术为依托，以为用户提供优质服务为特色的社会经济交换体系。物流指数能够直观反映物流行业的发展情况及反应能力，被称为物流产业的"晴雨表"；通过对物流指数的观察，可以对区域的宏观经济走势及其与区域外的经济联系进行更有效的分析，因此物流指数也是衡量区域经济发展的重要指标。

近年来，国务院及相关部门陆续出台了《关于促进物流业健康发展的意见》《物流业发展中长期规划（2014—2020年）》《关于推动物流高质量发展促进形成强大国内市场的意见》《关于进一步加强社会物流统计工作的通知》《社会物流统计调查制度》等重要文件，进一步明确了物流的地位与作用，同时也对统计工作提出了更高的要求。

自20世纪90年代以来，美国、英国、日本等国家开始研究物流指数对经济发展的作用，并相应出版本国的物流指数报告，通过物流指数报告揭示物流对国民经济的影响。我国于2006年首次将物流统计纳入政府统计范畴，并逐渐编制了物流业景气指数、采购经理指数（PMI）、中国快递物流指数、中国快递发展指数、公路物流运价指数等全国型物流指数，同时有些城市和区域也逐渐认识到物流指数的作用，开始积极探索进行城市/区域物流指数的编制，如南京市、江苏省、福建省、临沂市等。本书以城市为研究对象，在原有城市物流指数研究的基础上，增加了城市绿色物流、物流园区高质量发展、冷链物流、区域协同物流等多个指数，涉及景气指数、发展指数以及关系指数三种类型，形成了北京物流业景气指数、北京物流行业发展规模指数、北京绿色物流发展指数、北京冷链物流发展指数、北京物流园区高质量发展指数、北京物流业与商贸业耦合指数、京津冀物流协同指数和京津冀物流业与制造业协同指数等八项城市物流综合指数体系。除了指数编制的研究，本书还增加了指数监测的内容，形成了更为完备的城市物流指数综合体系。

本书主要包括六章。第一章是绪论，主要介绍研究背景、意义，国内外对物流相关指数的研究现状，主要内容、研究方法及技术路线。第二章是对物流指数理论及方法的基本概述，主要介绍了物流指数的概念、分类及作用，分析了物流指数编制的原则、方法及步骤，同时阐述了物流指数的研究路径及方法。第三章是国内外物流指数统计现状，主要梳理总结了国外主要国家物流指数统计情况以及我国主要物流指数统计和我国典型城市（或区域）物流指数编制情况。第四章是北京物流指数框架体系及指标体系设计，主要结合对北京物流特点及发展要求的分析，构建北京市物流指数体系框架，并通过优序图及专家打分法对北京市物流指数指标体系进行构建及设计。第五章是北京主要物流指数编制，主要在相应现状分析以及指标体系构建的基础上，对北京物流业景气指数、北京物流行业发展规模指数、北京物流业与商贸业耦合指数、北京绿色物流发展指数、北京冷链物流发展指数、北京物流园区高质量发展指数以及京津冀物流协同指数、京津冀物流业与制造业协同指数等八大指数进行测算。第六章是北京物流指数监测分析，主要基于故障度模型对北京物流指数进行监测，分析故障问题并提出相应对策，促进北京市物流业发展。

本书是笔者在北京物资学院《北京物流业发展统计指数编制及监测专项研究》的基础上改编的，在写作的过程中得到了北京物资学院、北京物流与供应链协会等单位和一些行业前辈的大力支持。此外非常感谢笔者所带研究生的积极参与，其中郭圣丽主要负责北京物流业景气指数编制，朱宇欣主要负责北京物流行业发展规模指数编制，王新予主要负责北京物流业与商贸业耦合指数编制，侯旭主要负责北京绿色物流发展指数编制，张雨主要负责北京冷链物流发展指数编制，周岐扬主要负责北京物流园区高质量发展指数编制，温学芳主要负责京津冀物流协同指数编制，李珊珊主要负责京津冀物流业与制造业协同指数编制。同时本书借鉴了一些相关领域、相关学者的研究成果，在此一并表示诚挚的感谢！

在本书城市物流指数的编制过程中，由于受限于指标数据的获取，笔者对个别指标在选取过程中进行了删减和优化，也更加感觉到了物流数据统计的重要性。期望在未来，有更加综合、稳定、丰富的物流数据平台，以支撑城市物流指数的编制及研究。同时由于笔者研究能力有限，若有不妥之处，恳请广大读者予以指正。

温卫娟

2024 年 7 月

目　录

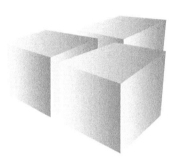

第一章 绪论

一、研究背景及意义

物流业高质量发展是经济高质量发展的重要组成部分，也是推动经济高质量发展不可或缺的重要力量。近年来，我国物流业积极贯彻高质量发展理念，深化供给侧结构性改革，物流规模再上新台阶，物流运行实现提质增效，为抗击疫情、保障民生、促进经济发展提供了有力支撑，物流业已成为支撑国民经济发展的重要组成部分，是支撑国民经济发展的基础性、战略性、先导性产业。

物流指数是综合了地区经济发展状况、物流发展基础条件以及物流发展对环境的影响的系统性评价指标，是人们对物流行业发展进行综合诊断和物流行业管理的必要手段，是综合衡量一个地区物流业发展程度的重要指标。物流指数被称为物流产业的"晴雨表"，能够直观反映物流行业或企业的发展情况和对市场变化的快速处理及反应能力。通过对物流指数的观察，我们可以对区域的宏观经济走势以及与区域外的经济联系进行更有效的分析，因此物流指数对指导实践有重大意义。

发达国家非常重视物流指数的评价应用。1991 年美国出版了《美国联邦物流分析年鉴》，率先用物流指数研究物流行业发展状况；2000 年英国政府发布了《新世纪英国运输白皮书》和《10 年运输规划》；2001 年日本政府制定了《新综合物流施政大纲》。2007 年世界银行提出了物流绩效指数（LPI），2010 年 3 月又发布了《全球经济贸易物流——物流绩效指数与其指示》，通过物流指数进行物流行业发展状况评价应用已经很普遍。

我国在这方面虽然发展较晚，但对物流指数的评价应用也越来越重视。2007 年中国物流与采购联合会制定了《社会物流统计指标体系及方法》国家标准，采用采购经理指数（PMI）来描述地区物流发展状况，改变了过去主要依据物流总额、物流增加值、物流总费用与国内生产总值（GDP）的比率等比较单一的指标来反映地区物流发展水平的做法。此后，2009 年上海国际航运研究中心首次发布了中国航运景气指数（CSPI）、中国航运信心指数（CSFI）、中国航运预警指数（CSAI）、中国航运景气动向指数（CSCI）等四大指数，多层次、立体式地反映我国航运发展实际情况的景气监测指数体系。

中国物流与采购联合会也相继编制发布了物流业景气指数（2013 年）、仓储指数（2016 年）、公路物流运价指数（2015 年）、电商物流指数（2016 年）以及快递物流指数（2017 年）等一系列指数，逐步形成了物流与采购的指数体系。然而这些指数均为国民经济或行业的通用指数，对于城市区域的指导还不够精细。

当前北京市正处于物流高质量全面发展的阶段，物流总体发展目标是支撑城市高效运转、居民美好生活、国际交流融合、文化科技创新、商业贸易服务，以服务居民生活消费和高精尖经济发展为核心，形成服务完善优质、技术创新和管理先进、信息汇集共享和金融交汇融通的安全、高效、绿色、共享、智慧的现代物流组织体系。而物流高质量发展离不开对北京市物流发展现状的掌握和对发展趋势的把控，因此，北京市高质量物流指数的编制有利于促进北京市高质量物流发展的科学指导和规范管理，为行业规划和管理提供理论支持。

二、国内外研究现状

（一）物流业景气指数发展研究

1. 物流业景气指数国内外研究现状

随着各行业产业市场发展不断成熟，对重要产业的发展情况进行监测成为一个研究重点。各行各业的发展同宏观经济的发展是互相影响、紧密联系的，因此行业景气指数的研究与经济景气研究类似，国内外专家学者对重要产业的景气指数进行了研究和预测，并分析了产业景气指数和经济景气指数的关联。

Wang X. 、Guo L. 、Zhang L. （2020）梳理了电力行业特别是电网公司的用电景气指数的应用，发现电力景气指数中存在电力数据应用不足、数据处理不规范、基准指标选择不科学、指标效度评估不完全等问题，并针对存在的问题提出了改进建议。Dandan Qi、Jingwen Fang 等（2021）编制了冰雪旅游产业景气指数，建立了冰雪旅游产业预警模型，以其作为综合尺度来观察冰雪旅游业的波动，结合当前的经济形势，分析了综合指数、行业状况和行业周期波动的拐点，确定了行业波动的趋势，为冰雪旅游产业的政策制定和旅游企业的管理决策提供了参考。Fangqing Sheng、Lili Wang、Rui Jiang（2019）编制了能预测目的地供求情况的旅游业景气指数，采用主成分分析法编制了我国澳门地区 2006 年至 2015 年的旅游业景气指数并进行外推预测，预测结果与实际发展情况基本一致，验证了景气指数的有效性。詹斌、陈立（2020）等以湖北省高速公路运输行业为研究对象，建立了运输景气指标体系，运用 X-12-ARIMA 模型消除指标的季节性，根据时差关系将指标进行分类，通过熵值法确定权重，最后利用合成指数法测算了 2014 年 1 月至 2019 年 4 月的湖北省高速公路运输景气指数。

在民航客运市场监测领域，常用的景气指数是中航信民航景气指数，专家学者基于此也展开了进一步研究。江红、王典（2020）等选取了三个衡量民航客运产业发展规模、效率和效益的指标，并从民航客运行业与经济社会发展的关系入手，在现有研究的基础上构建了民航客运景气指数指标体系，对科学的主客观综合权重法进行加权，最终形成新的衡量民航客运景气程度的指标模型并进行了实际验证，结果表明，该模型的计算结果变化趋势明显，科学性更强。

2. 物流业景气评价指标体系研究综述

在物流业景气的指标体系研究方面，曹娟（2010）以成本利润为核心，分别以劳动生产率和劳动报酬、生产设施、固定资产、物流增加值为子系统，构建了我国物流业的三维统计指标体系。高霖涛（2018）从宏观和微观两个角度提出了物流业景气指标建议，既能反映政府对企业宏观调控的效果，又能反映企业内部的自我管理水平。Zhang W.、Zliang X.、Zhang M.、Li W.（2020）构建了经济发展、物流发展和生态环境指标体系，采用熵值法和耦合协调度分析了我国 30 个省市 2008—2017 年的经济发展、物流发展和生态环境发展水平。赵童（2014）依据物流统计指标体系，结合我国物流行业发展现状，提出了包含物流总量、物力资源、物流规模以及物流市场、组织与环境四大维度的评价指标体系，并给出了具体的指标构成以及计算方法。佟畅翔（2014）从需求、效益、基础设施、服务质量、物流信息化等几个方面诠释了物流业景气指标体系建立的标准。在对我国物流行业发展现状的研究方面，曹炳汝、邓莉娟（2019）将区域市场一体化水平、物流产业集聚、政府干预、经济密度、对外开放以及交通基础设施建设作为影响物流效率的主要因素，选取考虑非期望产出的 Super-SBM 方法，全面测度了长江经济带物流发展效率水平，最后得出技术变动是影响全要素生产率变动的核心因素，影响物流效率增长的因素存在区域差距的结论。李娟、王琴梅（2019）对中国东部、中部、西部、东北四大地区内部和四大地区之间的物流业发展平衡性进行研究，得出东、中、西部地区呈三级阶梯状分布，经济发展水平和物流业专业化程度是地区内部和中国整体物流业平衡发展的显著驱动因素的结论。

笔者通过对国内外研究现状的梳理和总结发现，物流业景气指数在监测国民经济发展和各产业发展等方面已经有了比较灵活的应用，在交通运输业运营监测方面也有一定的研究成果。同时 2013 年 3 月 5 日中国物流业景气指数（LPI）正式发布。中国物流业景气指数体系主要由业务总量、新订单、从业人员、库存周转次数、设备利用率、平均库存量、资金周转率、主营业务成本、主营业务利润、物流服务价格、固定资产投资完成额、业务活动预期等 12 个分项指数和 1 个合成指数构成。其中合成指数由业务总量、新订单、从业人员、库存周转次数、设备利用率 5 项指数加权合成，这个合成指数称为中国物流业景气指数，英文缩写为 LPI。

（二）物流行业发展规模测评研究

1. 物流行业发展规模测评国内研究现状

张诚、张远、张志坚（2014）从影响物流竞争力的相关因素出发，结合江西省的物流业发展的实际情况，从省内各个城市的经济发展现状、反映物流需求的竞争力的要素和环境因素三个方面选取了相应的评价指标。其选取的因素大多能够进行量化数据的处理，很大程度上降低了主观评价成分。司文峰（2016）在阅读国内外文献的基础上，根据指标选取的相关原则分析了不同城市的物流发展级别，并且构建了物流竞争力评价体系，将经济发展水平、相关要素状况以及信息化均加入评价指标体系当中。刘刚、龙俊（2016）在构建评价指标体系时，从显示发展状况的角度、环境影响匀速以及可能对物流竞争产生影响的潜在因素入手，详细选取了 10 个指标建立物流竞争力指标评价体系，并对我国长江经济带的 11 个城市进行了详细的分析。程露露（2018）利用主成分分析综合评价模型对广东省内各个城市物流发展水平进行综合评价，构建了社会经济类、生产消费类、物流需求类以及交通运输类共计 16 个指标的评价指标体系。岳琪（2019）梳理总结相关研究文献，从产业结构、市场化程度、信息化程度、城市化程度、物流基础设施建设、物流行业人力资源状况等六个维度构建评价指标体系，然后对灰色关联分析法、主成分分析法、熵权法等三种评价方法分别计算得出的结果进行组合评价。王婉娜（2022）在研究粤港澳大湾区的物流竞争力评价时，建立了物流作业能力、物流需求潜力、物流创新能力、政府机制四个一级指标，运用熵值法作为客观赋值法，对粤港澳大湾区进行整体评价。王睿、李研（2022）在研究黄骅港物流竞争力时提出，在指标体系建设过程中应当充分考虑基础设施设备、生产能力等多方面影响物流综合实力的因素，这样结果才能更加真实可靠。李楠（2022）在《"一带一路"核心城市物流发展水平评价》一文中利用深度 SAE-SOFM 模型，对 13 个核心节点城市的物流竞争力进行了特征分析与聚类，并在总体规模、基础设施、物流人才、信息化水平、政策环境等 9 个维度上进行研究。

2. 物流行业发展规模测评国外研究现状

MarkGoh、Argus Ang（2000）首先对中国物流进行了现状分析，进一步提出了对物流发展可能会产生影响的相关因素，并表示物流设备、交通运输以及物流行业管理水平对国家物流的发展有着不可替代的作用。Eiichi Taniguchi、Rob E. C. M. Van Der Heijden（2000）建立了评价指标体系，主要包含物流设施的建设、承载着物流信息的平台建设、反映物流技术水平的平台建设和联运系统等内容。Suo H.（2012）在考察欧洲物流发展情况的基础上，对政府提出了建立高效合理的运输市场体系和在各物流中心构建设施系统这两大政策建议。Jia G. L.（2013）将着重点放在智能物流研究上，全面剖析智能技术理论基础和其发展变革，揭示了智能技术与区域物流发展的不可分割性。Shimazaki K. I.、Nakamachi K.（2016）根据东南亚国家物流政策情况，对东盟国家的区域物流发展进行分析评价，并提出了符合当地实际情况的可靠性和可操作性的区域物流政策。Yu N.、Xu W.、Yu K. L.（2020）从城市货运量的角度考虑物流需求影响因素，引入群蚁算法对支持向量机径向基函数的惩罚参数 C 和 g 进行优化，结果表明其预测结果更贴近实际。

综上所述，为了更加直观地看到国内外学者在研究影响物流行业发展相关因子时涉及的具体研究方面以及应用的科学方法，笔者将其进行归纳总结，如表1-1所示。

表1-1　对国内外学者研究影响物流行业发展内容及方法的归纳

作者	年份	研究内容	研究方法
张诚、张远、张志坚	2014	江西省区域物流竞争力评价及聚类分析	因子分析、聚类分析
司文峰	2016	中部城市群物流竞争力评价与比较分析	因子分析、聚类分析
程露露	2018	主成分分析法下对广东省城市物流竞争力的分析	主成分分析法
岳琪	2019	基于物流竞争力的我国地区物流发展水平评价	熵权法、灰色关联分析法、主成分分析法、组合评价
王婉娜	2022	粤港澳大湾区城市群物流竞争力评价	熵值法
王睿、李研	2022	基于主成分分析法的港口物流综合竞争力评价研究	主成分分析法
李楠	2022	"一带一路"核心城市物流发展水平评价	SAE-SOFM模型
Goh、Ang	2000	印度物流现状	数据整理
荣口古一	2000	城市物流评价方法	资料分析
Suo	2012	区域物流发展政策分析	实地考察
Jia	2013	智能技术与区域物流发展的紧密联系	理论分析与实地调查
Shimazaki	2016	区域物流园区发展政策分析	实地调查与资料分析
Yu N、Xu W、Yu KL	2020	物流需求影响因素	蚁群算法

（三）物流业与商贸业关系测评研究

1. 物流业与商贸业关系国内研究现状

李欣红（2020）对宁波市物流业与商贸业之间的3种联动发展模式进行了探究，对导致二者协调不足的原因进行了分析说明，并提出改善和加强两业联动发展的政策建议。海岚（2017）以国家中部崛起战略为基础，分析了物流业和商贸业的发展对城市经济圈的促进作用，并且结合物流业和商贸业的扩散效应，分析了其对加快中部地区经济发展的意义。徐稳（2019）基于零售商贸物流的特点，对物流业和商贸业之间的合作模式及协同的必要性进行分析，并运用蚁群算法得出了协同的最优策略，最后基于分析结果，给出零售商贸物流协同的对策建议。席强敏（2023）对京津冀一体化战略实施前京津冀城市群产业协同发展存在的问题进行了综述，同时得出应特别重视京津冀三地增量利益共享机制、环境保护和治理以及新兴产业培育等建议。丁金学（2023）基于世界区域经济发展演变态势，分析了各国对于区域政策发展方向，对我国区域发展提出了一系列针对性建议，主要包括缩小区域差距、采取更加有力的措施加快区域绝对差距缩小转折点的到来等。柳天恩（2022）为研究京津冀发展中河北省与北京、天津差距较大的问题，运用偏离份额分析法对三地三大产业发展进行实证分析，并将结果按推动发展的因素不同分为三个分量进行了研究，研究表明京津冀三地各自具有比较优势和最大发展潜力的产业，相互之间的产业结构具有良好的互补性，产业协同发展可以并且应当能够通过加强区域内三次产业的协作来开展和深化。王幸（2022）为探究京津冀生产性服务业与制造业之间的协同关系，构建了面板数据结构VAR 模型与时空脉冲响应函数并进行了研究。余泳泽（2020）运用"反事实"分析框架，对京津冀协同发展战略实施前后三地的人均 GDP、固定资产投资和进出口额的实际值进行了对比分析，结果表明该战略的实施并未显著地促进京津冀三地的经济增长，三地的经济增长差异依然明显。武义青（2022）通过灰色关联度法从经济发展、物流基础设施等五个方面对京津冀两两区域之间物流发展协同度进行了计算，并利用因子分析法对河北省重点物流城市进行了界定。张红霞（2022）运用灰色关联度方法对天津市生产性服务业和制造业进行了研究。张琦（2018）基于区域投入产出分析方法对京津冀地区流通业协同发展水平进行了计算，并得到了京津冀流通业协同发展水平低下、各地流通业仍以服务本地生产生活为主的结论。吴碧凡（2019）对京津冀地区生产性服务业与制造业协同发展提升路径进行了研究，利用投入产出法与面板数据模型对其嵌入关系进行了实证分析。

2. 物流业与商贸业关系国外研究现状

目前，国外对于物流业与商贸业协调发展的研究还并不是很多，对该问题的研究仍然停留在初步的研究与实践阶段，对于产业的协调发展关系研究也一直偏向于物流业和制造业以及物流业和区域经济等方面的研究，对于京津冀一体化环境下产业协调发展的研究仍然较少。Prahalad C. K.、Hamel G. (2019) 等学者从原材料全球采购、企业大规模生产等产业属性方面提出，各个地区应发挥地方产业特色，增强地方市场竞争力。Arrow K. J. (2023) 通过研究发现，相邻区域产业通常存在互补优势，应通过区域间相互配合以打造产业链，实现跨区域联动，提高整体竞争力。Romer P. (1986) 研究了在产业集群条件下的生产性服务业与商贸业间的共生关系，构建了两业共生模型。Romer P. (1990) 对中国 31 个省（自治区、直辖市）生产性服务业与商贸业间耦合协同度进行了计算，并分析了其共生关系。Robert E. L. (1988) 构建了含有中国 286 个城市的生产性服务业与商贸业协同集聚的面板数据模型。

（四）城市绿色物流绩效评价研究

1. 城市绿色物流绩效评价国内研究现状

冯耕中 (2018) 认为绿色物流应主要研究如何利用先进的科学技术对物流作业的各个相关环节进行改进，使其对环境的污染程度降低，资源的利用率得以提升。陈蓝荪 (2018) 认为，绿色物流是可持续发展过程中的重要环节，具有物流系统的内外绿色作用，即双绿特性，是一种能够加快人类消费和社会经济健康发展的现代可持续物流系统。从绿色物流绩效评价指标体系的构建方面来看，王长琼 (2019) 从物流业的支撑条件、发展现状及趋势和区域的协调性等方面建立了绿色物流评价指标体系。严双 (2018) 按照物流运行的普遍规律，从资源和能源利用、运营、环境三个方面来考虑绩效影响，运用云模型构建了企业绿色物流绩效评价指标体系。温博语 (2019) 结合绿色物流系统的特点，从绿色供应物流、绿色生产物流、绿色营销物流和绿色逆向物流四个方面选取指标。周茂春和连洁 (2018) 采用定性与定量相结合的模糊层次分析法，以铁法煤业（集团）有限责任公司为研究对象，从物质基础、生产物流、环境和运输几个方面对该企业的绿色物流进行了绩效评价。张林强 (2020) 以河南省为研究对象，运用层次分析法（AHP）和因子分析法对绿色物流绩效进行评价。

2. 城市绿色物流绩效评价国外研究现状

绿色物流兴起于发达国家，Wu H. 和 Dunn S. C.（2020）认为绿色物流是研究全部物流环节都承担环保责任的物流系统，既包括从原材料的获取，货物产品运输、包装、仓储直至送达到消费者的正向物流各个环节的绿色化，也包括废弃物回收利用的逆向物流各个环节的绿色化。Rodrigue J. P.、Slack B.（2019）指出绿色物流是一种环境友好型的物流类型，并且该系统中的物流活动是有效的，物流活动与环境保护两者之间应该是一种相互平衡和协调的关系。Bjorn N. Petersen、Palle Petersen（2020）研究了物流支柱性产业的相互依存性，并探讨了物流企业可持续发展与绿色物流之间的相互作用。Shahbari L.、Othman M.（2021）在对绿色物流体系进行研究时将人的因素考虑在内，认为人为因素是绿色物流系统的重要组成部分。Wibowo S.（2021）采用三角模糊数表示定性度量和属性权重的评估，提出了一种基于优势度概念的计算绿色供应链各备选方案总体性能的算法，以六种可用的绿色供应链方案的绩效为例进行分析评价。Wibowo S.、Tom M.（2022）建立了模糊多准则群决策模型，采用直觉模糊数模拟了评价过程的内在主观性和不精确性，并对绿色物流企业项目方案的绩效进行了评价。

（五）城市冷链物流绩效评价研究

1. 冷链物流国内研究现状

国内学者邱斌（2017）从服务接受方的角度出发，以顾客为导向对生鲜电商冷链物流服务质量展开了研究，构建了基于改进突变级数法的生鲜电商冷链物流服务质量评价模型，并以京东生鲜和顺丰优选的实例对构建的评价模型进行了实证研究，针对这两家生鲜电商当前重点存在的问题，分别从维度要素和指标要素两个层面提出了相应的改进建议。范彩心（2019）根据物联网技术下的水产品冷链物流的特点，从物联网组织结构、物联网效益以及物流信息化程度三个方面进行研究，并构建了指标体系。紧接着基于层次分析法与熵权法相结合，分别确定物联网环境下水产品冷链物流每个绩效评价指标的权重，然后计算综合权重，通过构建模糊综合评价模型，对三级指标分别进行单因素评价分析，然后逐级进行指标评价，得出了最后的冷链物流绩效评价结果。蒋文娟（2019）结合冷链物流业的特点建立了财务绩效、客户服务、冷链内部流程运作和开发能力的指标体系，然后分析了冷链物流企业的绩效评价方法，并提出将 AHP 与数据包络分析（DEA）相结合的方法，将其应用于重庆代表性冷链物流企业与冷链物流企业行业代表的比较；最后根据 10 个代表性冷链物流企业绩效评价的研究成果提出了提高冷链物流企业绩效的对策和建议。张景豪（2020）运用 deap2.1 软件对湖南省 2014—2018年的生鲜农产品冷链物流效率分别进行了静态测度和动态测度，结合相关影响生鲜农产品冷链物流效率因素的研究成果以及湖南省生鲜农产品冷链物流现状和效率评价，对影响湖南省生鲜农产品冷链物流效率的因素进行了分析。宋冰清（2022）通过分析湖北省生鲜农产品冷链物流的现状，发现湖北省生鲜农产品冷链物流与其他省份存在差距，接着构建了湖北省生鲜农产品冷链物流效率评价指标体系，借助 DEAP2.1 软件，综合运用 DEA 模型和Malmquist 指数法对湖北省生鲜农产品冷链物流效率进行静态分析和动态分析，并给出了相应的对策建议。王林（2023）梳理了冷链物流与生鲜农产品电商所组成的二级供应链从共生到协同的演化过程，并运用耦合协同模型对2015—2019 年中国冷链物流与生鲜农产品电商耦合协同关系进行了实证测度。结果表明：当前二者之间存在较强的相互作用关系，处于高水平耦合阶段。该学者认为二者处于共生协同关系的成长期，共生模式表现为非对称互惠共生。侯祥杰（2023）运用 DEA-BCC 模型和 Malmquist 指数，分别从静态和动态的角度对我国 30 个省（自治区、直辖市）的冷链物流效率进行评价。实证结果表明，我国仅有上海、天津、浙江的生鲜农产品冷链物流效率达到平均DEA 有效状态，冷链物流效率呈现"东强西弱"的特点；2017—2020 年我国生鲜农产品冷链物流效率略有降低，但东部地区冷链物流效率不断提高，我国冷链物流发展存在空间差异。

2. 冷链物流国外研究现状

在冷链物流优化方面，F. Dabbene（2008）从食品质量的物流成本、温度控制、供应链成熟度和微生物监控等四个方面分析了一个用于改进未确定条件下的食品供应链混合性模型。Shaoyun Zhang 等（2020）使用超效率 DEA 模型对山东省 2017 年的物流效率进行了分析和评价，并通过构建物流效率网络空间模型分析其溢出效应。Chen Shan（2021）通过修订物流服务质量评价指标体系，提出了一个涵盖可靠性、安全性、及时性、经济性、愉悦性和便利性六个维度的评价体系。然后将两种算法相结合，得出生鲜物流服务质量的总分，为其他 B2C 生鲜电商企业实施物流服务质量评价和管理提供了参考。Han Qihao（2022）在传统效率评价指标的基础上，增加了物流业对生态环境的相关影响指标。其基于绿色供应链的视角，从 6 个方面构建了冷链物流企业的效率评价体系。研究结果表明，对于农业冷链物流企业，应积极构建农业物流多式联运机制，完善物流机制的整体规划。同时，要进一步完善农产品冷链物流配送模式，通过必要的产业链延伸，确保农产品冷链物流的完整性。

（六）物流园区质量发展评价研究

1. 物流园区质量发展国内研究现状

夏纯欢（2007）首次提出园区满足程度、评价指标量化的概念，即在对物流园区特性把握的基础上系统构建评价指标体系，由于定量指标的计量单位各不相同，其对指标实际值进行了无量纲化处理来弥补评价中过度依赖专家主观决策的缺陷，增强了评价的科学性与客观性。钟静（2009）按经济生产要素、物流与国民经济的关联性，从总量指标、质量指标两方面对综合服务型物流园区经济运行状态进行了推算，其指标解释及计算方法可参照国家有关标准；分析物流产业的现状和促进物流产业的发展后，构建了综合服务型物流园区经济运行评价。

张成考（2010）根据物流园区的基本内涵和评价指标的设计原则，构建了相对完整的物流园区生态化水平的评价指标体系，并采用熵技术和 AHP 法对评价指标进行组合赋权，从而提高了评价结果的准确性。罗珍（2015）从战略认知力、组织运行力、人员执行力和控制实施力四个维度设计出测评物流园区执行力的评价指标体系，旨在对物流园区执行力做出量化反映，为政府科学决策提供数据支撑。刘伯超（2018）首次利用信息的手法——"互联网+"形态下物流园区创新特征，并从创新过程绩效与创新产出绩效两大维度构建"互联网+"形态下物流园区创新绩效评价指标体系；结合"互联网+"形态下物流园区创新绩效评价的特点，应用模型对物流园区创新绩效水平进行了实证研究，为现代物流系统创新实践提供了理论指导。谢如鹤（2020）

从货运安全、作业能力、管理水平、设施设备、作业效率和货主总体等方面利用层次分析法（AHP）建立了物流园区服务质量指标体系，为评价和提高物流园区服务质量提供了思路与依据，能较为科学、全面、有效并有针对性地评价铁路物流园区的服务质量。王怡然（2022）针对传统物流园区的发展现状，进一步分析了传统物流园区存在的人车管理不匹配、作业协同效率低等问题，并提出与物联网技术相结合的基于物联网技术的智慧物流园区建设建议和相关对策。曹允春（2022）以区域经济为依托，对物流园区的运营模式、功能建设进行总结后，综合考虑机场土地供给、融资模式、多式联运和智慧物流等发展趋势，指出了针对园区运作和区块联动的相关问题，提出了物流园区业务转型与高质量发展的解决办法。

在近几年的研究中，有学者采用了现代权重测量方法对物流园区进行评价。宋燕（2022）针对当前农产品物流园区在发展过程中普遍存在的问题以及现有农产品物流园区综合评价的不足，在构建农产品物流园区综合评价指标体系的基础上，采用网络层次分析法（ANP）建立了指标间的相互依存关系，并构建了农产品物流园区综合评价模型。李迁（2022）收集某省13个地区156个物流园区的发展情况，分析得出物流园区存在着运营主体复杂多样、信息化管理水平参差不齐、缺乏区域性物流信息公共平台等问题，最终采用SWARA方法和平均指数法，研究构建了物流园区发展评价指标体系，为物流园区发展情况诊断和成长性评估提供了参考依据。

2. 物流园区质量发展国外研究现状

Young-Hwan Kim（2013）对现有物流园区与托运人内部因素之间影响关系的研究进行了拓展，克服了托运人企业所受的空间迁移、经济和时间费用短缺的限制，从宏观角度对方案改进和政策制定具有重要意义。Maxim Slobodyanyuk（2014）通过对物流园区的比较分析、SWOT分析、交通基础设施调查、营销研究和营销策划，总结和优化了物流园区、物流链以及与运输、物流和货物配送相关的活动。

（七）区域物流协同关系测评研究

1. 区域物流协同关系测评国内研究现状

李明芳（2015）等在对京津冀区域物流协同的主体、环境、布局三大要素进行分析的基础上，给出了区域物流协同发展的基础架构。蒋秀兰（2012）强调了物流基础设施的重要性，设施建设和其顺畅衔接不仅对整个物流业发展具有重要影响，还对社会经济资源的整合起到了衔接作用。只有物流基础设施实现了整合一体化，物流业才能更好地实现资源整合，促进区域一体化。李潘和彭会萍（2018）从经济发展、社会消费、物流需求、物流基础供给、人才环境建设、信息化六个方面来构建丝绸之路经济带物流产业竞争力评价指标体系。温丽琴等（2019）从运营规模、服务水平、信息技术创新能力及国际化水平四个方面构建了中国跨境电商物流企业国际竞争力评价指标体系。朱坤萍等（2019）选取经济发展状况、物流基础设施、物流产业发展水平3个一级指标和10个二级指标，对河北省18个地级市的物流竞争力进行了分析与综合评价。李晶晶（2020）明确分析了三地区域一体化物流运作的政策、文化、经济等外部环境，以及基础设施、物流技术设备、物流需求量、信息化建设以及人才培养等各个内部因素，构建了可量化的评价指标。周晓晔（2014）等通过对区域物流产业集群的环境、政府支持、市场条件和网络运作四个维度的分析，得到了相关评价指标，并用云模型综合评价法进行了计算。陈树志（2017）探究了京津冀航空物流枢纽机场发展中存在的问题，并提供了一些政策建议，希望为京津冀各航空物流枢纽机场的协同发展以及航空物流整体发展提供必要的参考与启示。易芳（2021）等通过灰色关联法分析发现：京津冀跨境电商协同发展的主要影响因素分别是快递数量、货物周转量及交储邮从业人员数，在此基础上，从优化物流环境、加大海外仓建设以及加强跨境电商从业人员培训等方面提出了有针对性的措施，以进一步促进京津冀跨境电商的协同发展。杨秀瑞（2020）发现顶层设计缺乏、利益共享机制缺失、区域封锁、行政壁垒和管理思维滞后是阻碍京津冀产业协同发展的关键因子。

2. 区域物流协同关系测评国外研究现状

Kwon Hyuk、Sohn Sung Pyo（2018）另辟蹊径，将主观感受，即情感和能力信任融进物流效率研究。他们首先将供应链协作分解成共同决策、共享信息和共担风险三个因素，其后在研究韩国物流企业时发现情感会影响信息的共享，能力会影响共同决策，情感和能力一起对风险共担产生影响，最终间接影响物流业的效率水平。Robert Mason（2015）在构建横向物流协作链式驱动模型（HLC）时强调了以下重要影响因素：供应链需求、立法、合作伙伴间的信任、共同供应商和交付基础、有能力的第三方物流（3PL）、有效的商业模式以及公平的利益分享策略。S. M. Chankov、T. Becker（2014）通过总结各学科关于协同的定义，认为区域物流协同是指在物流系统内或多个物流系统之间，由直接或间接作用导致的不同子系统在时间维度和性能维度的协同。S. L. Lan、C. Yang、G. Q. Huang 等（2018）认为物流基础设施能力、物流需求规模、经济发展现状和信息技术发展程度等因素在很大程度上影响了物流与经济的协同发展。Laetitia Dablanc、Michael Browne（2011）分析了巴黎政府影响区域物流的方式，即在巴黎遇到重大经济以及环境变革时，巴黎市政府均会利用运价协商制度中的管理费以对市区内运输方式加以优化。Liliana Rivera、Yossi Shef、Desiree Knoppen（2016）通过对西班牙物流园区相关数据的分析阐述了在物流业发展中协同和增值服务的重要性，同时提出相关培训可以提高物流协同以及交通基础设施共享水平。

（八）物流业与制造业协同关系测评研究

1. 物流业与制造业协同关系测评国内研究现状

陈威羽（2017）通过灰色关联度法从经济发展、物流基础设施等五个方面对京津冀两两区域之间物流发展协同度进行了计算，并利用因子分析法对河北省重点物流城市进行了界定。李宁（2016）运用灰色关联度方法对天津市生产性服务业和制造业进行了研究。赵娴（2017）基于区域投入产出分析方法对京津冀地区流通业协同发展水平进行了计算，并得到了京津冀流通业协同发展水平低下、各地流通业仍以服务本地生产生活为主的结论。杜君君（2015）对京津冀地区生产性服务业与制造业协同发展提升路径进行了研究，利用投入产出法与面板数据模型对其嵌入关系进行了实证分析。金浩（2019）以京津冀城市群 13 个城市为研究对象，运用空间三阶段最小二乘法研究生产性服务业与制造业区位是否存在协同定位现象，并得出目前两业在本地市场并未存在协同定位现象的结论。刘亚清（2018）通过构建空间面板数据结构 VAR 模型对京津冀 13 个城市生产性服务业与制造业协同发展程度进行了分析，同时得出制造业并未有效地拉动生产性服务业发展的结论。王珍珍

（2017）通过超效率 DEA 模型得到了 2000—2013 年中国物流业与制造业以及考虑制造业与物流业互为投入要素的综合系统的效率值，并得出我国大部分区域物流业对于制造业的带动作用小于制造业、其协同发展的系统运作效率主要依靠物流成本与提高物流业贡献度的结论。于丽静（2019）通过构建制造企业和物流企业合作联盟协同创新的演化博弈模型，利用 Matlab 软件仿真分析了市场机制和政府调控下不同参数对企业协同创新决策的影响，并得到市场机制下只有当企业协同创新收益高于搭便车收益和投入之和时联盟才能达到协同创新的稳定状态的结论。张季平（2017）运用结构方程模型探索了营商环境对物流业与制造业联动发展影响的内在机理，结果表明营商环境的提升与物流业发展的提升呈正相关，对制造业与物流业联动发展起间接促进作用，同时，高端物流业对两业协同发展的促进作用更为显著。王珍珍（2014）通过对物流业与制造业联动发展中含义、机理、模式、现状、存在的问题及对策等理论与实际进行了综述，指出现有研究存在的不足及今后研究的思路和方向。

2. 物流业与制造业协同关系测评国外研究现状

Murali Sambasivan、Ching Nget Yen（2020）从产业集群发展角度，利用合作博弈模型分析物流外包对制造业企业的影响。Zou Chenguang（2015）基于物联网基础，构建区域物流信息平台，并评估其对区域内物流业与其他产业协同的影响。Brian S. Fugate，Chad W. Autry（2017）等学者从原材料全球采购、企业大规模生产等产业属性方面，提出各个地区应发挥地方产业特色，增强地方市场竞争力。Hyundo Choi（2014）通过研究发现，相邻区域产业通常存在互补优势，可通过区域间相互配合以打造产业链，实现跨区域联动，提高整体竞争力。Qing Xia、Min、Zhou（2019）研究了在产业集群条件下的生产性服务业与制造业间的共生关系，构建两业共生模型。Jun-Yue L、Amp J. F.（2018）对中国 31 个省（自治区、直辖市）生产性服务业与制造业间耦合协同度进行计算，并分析其间共生关系。Shanzi Ke、Ming He、ChenhuaYuan（2015）构建了含有中国 286 个城市的生产性服务业与制造业协同集聚的面板数据模型。Juleff Tranter（2016）通过研究表明形成制造业高水平竞争力的关键在于生产性服务业，物流等生产性服务业应在整个价值链中处于主导地位。而 Guerrieri、Paolo（2016）则认为，制造业作为生产性服务业存在的基础，其发展为生产性服务业的发展提供了广阔的前景，生产性服务业从属于制造业的发展，处于需求遵从地位。

（九）评价模型及方法研究现状

1. 评价模型及方法国内研究现状

李建军（2014）对我国的六个省份区域物流的协同发展水平进行了评价和比较。崔强、匡海波、李烨（2014）以协同演化为基础，改进了复合系统协同度模型，构建了区域物流协同演化方程。张建嫱（2018）基于协同学中的序参量理论，构建了区域物流协同发展的复合系统协同度模型。郭微（2016）等从物流供需平衡的角度，对我国部分省（自治区、直辖市）的区域物流需求和区域物流供给协同发展水平进行了评价研究。弓宪文（2018）基于耦合度协调模型，构建了城乡物流协同发展模型，并对当前我国城乡物流的协同发展现状进行了评价。彭会萍（2018）等对区域物流协同发展水平进行了评价。徐兴兵（2017）提出弹性协同的概念，并从一般协同和弹性协同两方面对京津冀物流协同发展状况进行了分析。于丽静（2018）等对西部地区各省份物流能力进行了综合评价。戴德宝（2018）等对西部地区 12 个省市区域物流协同发展水平进行了综合评价。易芳（2021）等利用灰色关联法分析并发现了京津冀跨境电商协同发展的主要影响因素。陈挺（2022）实证探究了物流效益与生态环境效益协同度的影响因素。张亚强（2022）采用熵权-灰色关联法测算模型，利用灰色关联法计算物流与经济各指标间的关联度，利用熵权法计算各指标的权重，然后加权计算物流与经济的总体协同度以及各物流子系统与经济的协同度。扶桑（2014）运用回归分析研究了安徽省物流业和金融业的协同发展情况。贺玉德（2015）等探究了区域物流与区域经济协同发展现状和规律。潘立军（2020）等计算了区域物流整体与各子要素的超效率值，基于超效率值变化运用数据包络分析法构建了区域物流协同度评价模型。张雪青（2016）运用数据包络分析法对"一带一路"重点涉及省（自治区、直辖市）的区域物流协同发展水平进行了测度和分析。闫军（2020）等基于熵权和云模型理论，对区域物流指数进行综合评价研究，以此全面掌握该区域物流发展水平。郭倩（2018）等运用云模型研究了京津冀物流一体化。

2. 评价模型及方法国外研究现状

S. L. Lan、C. Yang、G. Q. Huang（2018）运用复合系统协同度模型对绿色物流的协同度进行了综合评价。Y. P. Gao、D. F. Chang（2018）运用了灰色关联度模型研究了区域物流与区域经济之间的协同发展问题。Qing Xia、Min Zhou（2019）研究了在产业集群条件下的生产性服务业与制造业间的共生关系，构建两业共生模型。Jun-Yue L.、Amp J. F.、Sheng Z.（2018）对中国31个省（自治区、直辖市）生产性服务业与制造业间耦合协同度进行计算，并分析其间的共生关系。Wibowo S. 和 Tom M.（2022）建立了模糊多准则群决策模型，采用直觉模糊数模拟了评价过程的内在主观性和不精确性，并对绿色物流企业项目方案的绩效进行了评价。

评价的核心方法在于最优化技术，而最优化技术又比较依赖数学模型。笔者对常见的评价方法的优缺点以及适用对象进行了总结与比较，见表1-2。

表1-2　综合评价方法之间的比较

评价方法	方法说明	优点	缺点	适用对象
综合指数评价法	将描述评价的多个方面的统计指标统一转化为无量纲的相对评价值，然后通过综合计算评价值得出该评价对象的整体值	方法较为直观、操作简单	评价指标体系难以确定，要注意使用同向指标，如不同向，必须做好同向处理	进行综合评价时采用
模糊综合评价法（FCE）	将模糊数学作为理论的基础，定量化处理不易定量与边界不清的因素，对研究对象隶属度等级状况进行综合评价	能够处理判断不确定性问题以及模糊性问题	确定各项指标权重具有一定的主观性，没有解决指标信息重复的问题	比较适用于评判多层次、多因素的复杂问题
数据包络分析法（DEA）	将描述的评价对象的多个方面的统一指标转化成无量纲的相对评价值，通过综合计算评价值来得出该评价对象的整体值	操作简单，方便	评价对象无法实现定量化排序	适用于多目标决策问题的处理

评价方法	方法说明	优点	缺点	适用对象
理想解法	通过计算当前方案与最优方案之间的欧氏距离，得出当前方案与最优方案之间的接近程度，根据接近程度来评价研究对象的优劣	比较容易理解，方法的使用也比较简单，对样本的数据要求不高	权重的确定具有一定的主观性	比较适合多目标决策问题的解决
灰色关联分析法（GRA）	通过量化比较分析动态过程发展的态势，对因素之间的关联程度进行判定，也就是通过比较数据系列与参考数列的曲线相似度来判定关联的紧密程度	方法简便、操作比较简单	没能解决因评价指标之间存在相关关系而造成的信息重复问题。目前建立各种灰色关联度量化模型的理论基础很薄弱，单纯从比较曲线形状的角度来确定因素之间的关联程度是不合适的。而且该方法不能解决评价指标间相关造成的评价信息重复问题，因而指标的选择对评判结果影响大，操作难度很大	适合分析系统中各个因素的关联程度
因子分析法	研究如何以最少的信息丢失，将众多原始变量浓缩成少数几个因子变量，以及如何使因子变量具有较强的可解释性的一种多元统计分析方法	不对原有变量进行取舍，而是根据原始变量的信息进行重新组合，找出影响变量的共同因子，化简数据；通过旋转使得因子变量更具有可解释性，命名清晰性高	只能面对综合性的评价。同时对数据的数据量和成分也有要求。需要先检测数据是否可以运用因子分析法。在设计调查表的时候也需要针对性地设计问题。在计算因子得分时，采用的是最小二乘法，此法有时可能会失效	在数据量大时，进行综合评价时采用

续表

评价方法	方法说明	优点	缺点	适用对象
可拓物元法	以结构化模型,把研究目标的根本问题的定性与定量关系相结合,反映了事物质与量之间的关系。可拓物元学是由可拓理论与物元理论进行融合而形成的	功能强大,实用性强;将定性叙述的尖锐矛盾用定量的方法表达出来,以显示出待评估系统的相关程度,为管理现实矛盾提供了高度可行的办法	依赖观测数据与专家打分数据,主观性较强,没有仿真分析	适用于多目标复杂、矛盾性问题的处理
BP 神经网络模型	模拟人的大脑智能化处理过程,通过 BP 算法学习或训练获取知识,通过联想把相关信息进行复现。能够发现规律来评价对象本身的客观规律,进行对相同属性评价对象的评价	具有自适应的能力,且具有可容错性,能够处理非线性、非局异性与非凸性的大型复杂系统	精度不高,需要大量的训练样本等	应用的领域不断扩大,涉及金融领域、城市发展综合水平的评价等
复合系统协同模型	主要以系统理论中的序参量原理和使役原理为出发点,构建复合系统的整体协同度模型	能够定量地描述系统论中的序参量原理和使役原理,有助于深入分析复杂系统内部的复杂非线性关系	可能涉及较多的计算和分析步骤,对研究者的专业素养和计算能力有一定要求	具有广泛的适应性,适用于衡量所有复合系统的协同程度
耦合协调度模型	适合分析整体的协调发展程度。协调度指耦合相互作用关系中良性耦合程度的大小	根据耦合相互作用关系中良性耦合程度的大小,可体现出协调状况的好坏	很难反映出子系统整体"功效"与"协同"效应	两个或两个以上系统之间的相互作用
云模型	指对两个或两个以上的云模型进行综合计算,进化为一个更高等级的云,使之成为一个更广义概念的语言值,综合评价集是对所有子集进行综合计算得出的	能在空间数据挖掘中兼顾随机性和模糊性,在用语言值表示的定性概念与其定量表示之间建立起定性和定量间的相互映射关系	目前还不成熟,推理程序编写有难度	定性语言值和定量数值之间的自然转换

在研究所构建的评价指标体系时，研究的体系往往是由目标层、准则层以及指标层组成的多层次、多目标与多层次的复杂系统，我们研究的往往是综合评价，为使得到的评价结果更加客观、公正以及不失科学性，还要避免太多的主观随意性。因此在构建评价指标体系的时候，我们往往不会选择使用单一的评价方法，而会采取多种方法的结合。

（十）文献述评

通过上面研究综述可知，当前对于物流业景气、物流行业发展规模、物流业与商贸业关系测评以及城市绿色物流绩效、冷链物流绩效、物流园区高质量发展、区域物流协同关系、物流业与制造业协同关系等内容均有一定的研究。相对来说，物流业景气测评较为成熟，物流与采购联合会每月均有对国家物流业景气指数的发布，地方如福建省等也做过物流业景气指数的测评与发布。其他如物流行业发展规模、物流业与商贸业关系、冷链物流绩效、区域物流协同关系以及物流业与制造业协同关系测评虽有一定的研究基础，但评价指标体系的构建还不够系统全面，特别对于城市绿色物流绩效、物流园区高质量发展评价，可参考借鉴的内容不多，同时没有针对某一具体城市的系统性、可借鉴的体系。

因此，本书在上述物流绩效或发展水平评价基础上，运用指数测算方法，修订完成系列城市物流指数测评体系，并结合北京市物流发展现状，进行北京物流业景气指数、北京物流行业发展规模指数、北京物流业与商贸业耦合指数以及北京绿色物流发展指数、北京冷链物流发展指数、北京物流园区高质量发展指数、京津冀物流协同指数、京津冀物流业与制造业协同指数的测算及监测，完善了城市物流指数测评理论，也可为北京市物流发展提供量化决策支持。

三、主要内容

在对北京市物流指数进行详细的解读之后，本书对国内外物流指数统计现状和对北京市物流指数框架下各类指数的发展情况进行了深入的研究，并且结合国内典型城市物流指数的编制情况，分别对各项指数指标体系进行构建。之后逐个分析北京市主要物流指数编制，运用相关数学模型对北京市物流指数进行测算，最后对测算结果进行监测分析。

本书各章具体内容如下：

第一章为绪论部分。首先对研究的背景及意义进行了阐述，其次对北京市物流指数框架下各项指数的国内外现状进行分析，并对现有研究中的缺陷进行阐述，进而对研究的主要内容、研究方法、技术路线进行了详细的说明。

第二章为对物流指数理论及方法的基本概述。首先说明了物流指数的概念、分类及作用，其次分析了物流指数编制的原则、方法及步骤，同时阐述了物流指数的研究路径及方法。

第三章为国内外物流指数统计现状。首先概括了国外主要国家物流指数统计情况，其次分析了我国主要物流指数统计情况，最后通过查阅相关资料分析了我国典型城市（或区域）物流指数编制情况。

第四章为北京物流指数框架体系及指标体系设计。首先对北京物流特点及发展要求进行分析，其次对北京市物流指数体系框架进行构建和解释，并通过优序图法结合专家打分对北京市物流指数指标进行模型构建及设计。

第五章为北京主要物流指数编制。本书将北京市主要物流指数划分为北京物流业景气指数、北京物流行业发展规模指数、北京物流业与商贸业耦合指数、北京绿色物流发展指数、北京冷链物流发展指数、北京物流园区高质量发展指数、京津冀物流协同指数、京津冀物流业与制造业协同指数，对这八项指数分别进行现状分析，并且对指数进行测算。

第六章为北京物流指数监测分析。首先对北京物流指数评价模型进行构建，其次分别对上述八项主要物流指数进行监测分析。

四、研究方法及技术路线

（一）研究方法

本书采用了多种方法相结合的形式进行研究，主要方法如下：

1. 文献研究法

本书通过对国内外关于物流指数的研究综述，对其研究思路和研究方法有了最基本的认识，并从中借鉴一些理论及评价指标、评价方法作为本书的研究基础。

2. 问卷调查法

本书根据指标数据的统计以及权重计算的要求，分别设计不同指数的问卷进行调查。问卷数据的收集和整理为本书研究提供了有力的实证支撑。

3. 因子分析法

本书在构建各个指数评价指标体系的过程中，运用因子分析法，通过对指标的鉴别力分析和相关性分析完成指标筛选，从而确定最终的评价指标体系。

4. 实证分析法

本书先对各个指数的发展现状和运行机制进行分析，进而构建评价指标体系，并以此评价指标体系为基础查找实证数据，运用适合的模型进行测算分析，最后得出相关结果，提出可行建议。

（二）技术路线

本书内容主要包括五个部分，主要技术路线如图 1-1 所示。

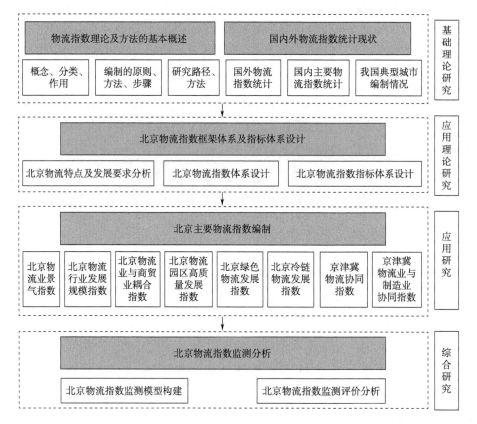

图 1-1　技术路线图

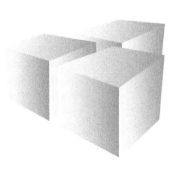

第二章 物流指数理论及方法的基本概述

一、物流指数的概念、分类及作用

（一）指数的概念及分类

1. 指数的概念

指数的产生可以追溯到几百年前，18 世纪中叶欧洲资本主义经济迅速发展，商品价格飞涨，经济运行出现波动，为了测定物价变动水平，稳定经济，于是经济学者们尝试编制物价指数。此后，经过几百年的发展至今，指数已经成为经济生活的一个组成部分，已经渗透到工业生产、金融、进出口贸易等各个经济领域中。现在统计指数不仅是分析社会经济和景气预测的重要工具，还被应用于经济效应、生活质量、综合国力、社会发展水平的综合评价研究之中。

指数是一种表明社会经济现象动态的相对数，运用指数可以测定不能直接相加和不能直接对比的社会经济现象的总动态，可以分析社会经济现象总变动中各因素变动的影响程度，可以研究总平均指标变动中各组标志水平和总体结构变动的作用。

指数可以分为广义指数和狭义指数。通常来说广义指数泛指各种相对数，如比较相对数、动态相对数、计划完成相对数等。狭义指数则是一种特殊的相对数，它是指反映总体现象中不能直接加总与不能直接对比的多种不同事物在数量上综合变动的一种相对数。统计中编制的指数通常是就狭义指数而言的。

2. 指数的分类

指数的类型也是多种多样的，从不同的角度可以对统计指数进行不同的分类。基本有以下四种：

（1）按指数所反映对象的范围分

按指数所反映对象的范围不同，指数分为个体指数和总指数。个体指数是反映某个个体或单个项目数量变动的相对数，如企业某一种产品的产量指数、一种产品的单位成本指数和一种产品的出厂价格指数。总指数是反映由多个个体或多个项目构成的复杂总体数量综合变动的相对数，如反映某企业多种产品单位成本变动的成本指数等。

（2）按指数所表明的指标性质分

按指数所表明的指标的性质不同，指数分为数量指标指数和质量指标指数。数量指标指数是根据数量指标计算的反映总体单位数、规模等数量指标变动的相对数，我们比较常见的仓储量指数、货运量指数等都是数量指标指数。质量指标指数是根据质量指标计算的，是反映总体的单位水平、工作质量等质量指标变动的相对数。常见的质量指数有物流价格指数、单位成本指数等。

（3）按指数所反映的时间状况分

按指数所反映的时间状况不同，指数分为动态指数和静态指数。动态指数也称为时间指数，是同类现象在两个不同时间上的数量对比的结果，用于反映现象随时间变化而变动的方向和程度。静态指数是随着指数研究范围和应用领域的不断扩大而产生的。由于静态指数是动态指数应用上的拓展，所以其计算原理和分析方法都与动态指数基本相同。

（4）按指数计算方法和计算公式的表现形式分

按指数计算方法和计算公式的表现形式不同，指数可分为综合指数、平均指数。由于所掌握的数据资料不同，总指数的计算方法有综合法和平均法两种。综合指数就是应用综合法由两个总量指标对比而得到的指数。平均指数是应用平均法对个体指数进行加权平均而得到的指数，平均指数又可以分为多种，如加权算术平均指数、加权调和平均指数和加权几何平均指数三种。

（二）物流指数的概念、分类和作用

1. 物流指数的概念

物流指数是综合了地区经济发展状况、物流发展基础条件以及物流发展对环境的影响的系统性评价指标，是人们对物流行业发展进行综合诊断和开展物流行业管理的必要手段，是综合衡量一个地区物流业发展程度的重要指标。

2. 物流指数的分类

（1）按照区域分

按照区域划分，物流指数划分为地区物流指数和全国物流指数。其中，地区物流指数主要有地区运价指数和地区物流业景气指数等，全国物流指数主要有全国运价指数、全国物流业景气指数、中国仓储指数等。

（2）按照物流业务分

按照物流业务分类，可以将物流指数分为运输指数、仓储指数、包装指数、装卸指数等，如中国运输生产指数、宁波公路运价指数、中国仓储指数等。

（3）按物流指数研究对象分

按物流指数研究对象划分，可以把物流指数分为个体指数和综合指数。个体指数的研究对象一般只有一个（可以是价格、订单量、营业成本等），如总业务量指数、平均库存量指数、设备利用率指数等；综合指数是由多项个体指数加权合成得到的，用以分析整体的运行情况，如中国航运景气指数、智慧物流大数据发展指数、中国物流业景气指数等。

（三）物流指数的作用

物流指数的主要作用是反映物流业的发展及为物流业发展提供决策支持，具体有：

1. 判断区域经济走势

物流指数与 GDP、第二产业、第三产业具有高度相关性，是经济发展的晴雨表，区域物流的综合发展指数有助于我们判断区域内制造业和经济总体发展趋势。

2. 分析地区物流发展水平

物流行业涉及的指标很多，过去采用的指标比较单一（如物流增加值、物流总费用与 GDP 的比率和物流总额），不足以全面表现出区域物流发展的状态。综合物流发展指数有利于政府分析地区间物流发展差异，探究各地区薄弱环节，为物流政策的制定提供依据。

3. 有针对地制定发展规划

过去采用的区域物流增加值、物流总费用与 GDP 的比率和物流总额均为综合指标，这些指标不能反映出区域各项具体的物流发展的好坏。综合物流发展指数克服了传统统计做法的弊端，利用物流业各项发展指标的权重及得分，可以有针对性地制定调控政策和投资发展重点，做到有的放矢，事半功倍。

4. 为企业决策提供帮助

①物流企业可使用物流指数判断经济走势，进而判断物流市场需求增减。②物流指数是物流企业进行网络布局的重要依据。③物流企业根据政府的调整政策，决定企业核心业务调整方向。④企业根据物流指数判断经济走势及贸易趋势决定企业的定价策略。⑤物流指数是制造业企业或服务业企业选择最佳物流投资区域的依据。

二、物流指数编制的原则、方法及步骤

(一) 物流指数的编制原则

无论编制物流价格指数、物流业景气指数还是仓储物流指数，抑或其他行业的各类物流指数，都要遵循一定的原则，以确保编制的物流指数具有科学性、合理性、准确性。

1. 选取的样本应具有代表性

物流指数的编制实际上是一个将个体汇总为总体、由样本推断总体的过程，这就要求在进行样本选取时选择具有代表性的、能够反映该样本所在类别整体情况的样本规格品。如进行物流价格指数编制时，要选取运输行业的样本规格品，若只选择运输行业中的巨头企业，该样本规格品就不能合理反映出运输行业的价格趋势，那么编制这样的价格物流指数就没有意义了。

2. 抽样方法设计应具有科学性

统计学中的抽样方法有很多，如概率抽样、分层抽样、多级抽样等，每种抽样方法都有各自适用的场景。编制物流物流指数时，在对相关样本选取的过程中，选择、设计科学合理的抽样方法能够简化样本选取工作，也能提高样本的代表性。

3. 物流指数应能够反映实际情况

由于市场是动态的、可变的，在物流指数编制过程中应考虑物流指数是否能够如实反映实际市场的变化，如物流指数中权数的确定。

4. 物流指数计算公式应简单合理，具有时效性

物流指数的发展经历了一个漫长的过程，因此物流指数公式体系也是十分庞大、多元的。以价格物流指数为例，不同的物流指数计算公式会得到不

同的价格变动结果，因此为了准确反映市场发展情况与未来走势，合理的物流指数公式选择显得尤为重要。同时，物流指数有月度物流指数、季度物流指数、年度物流指数之分，时效性也是在选择设计物流指数计算公式时需要考虑的。

本书通过对目前已有的物流行业相关物流指数的分析，可以为各类物流物流指数的编制提供理论依据和实践基础。本书主要介绍中国物流业景气指数、中国仓储物流指数这两项具有代表性和权威性的物流指数体系，作为构建物流行业新物流指数的依据。

（二）物流指数编制的方法

在编制物流指数时，加权指数法和扩散指数法是普遍被使用的方法。加权指数法，即根据各指标在总体中不同的重要度确定不同的权数，再进行加权计算指数的方法。加权指数法的常见形式如下：

$$I = \frac{\sum_{i=1}^{n} P_i^t Q_i^x}{\sum_{i=1}^{n} P_i^0 Q_i^x} \tag{2-1}$$

式中：I 代表指数；i 代表第 i 个分类指标，共有 n 个；P 代表价格；Q 代表运输量；0 代表基期；t 代表报告期；x 代表任意一个时期。加权指数法的公式又分为帕式指数公式和拉式指数公式，在公式（2-1）中，当 $x=t$ 时，即为帕式指数公式；当 $x=0$ 时，则为拉式指数公式。二者的区别在于：拉式指数公式采用基期资料做权数，只包含价格变动；而帕式指数公式采用报告期资料做权数，同时包含价格与数量两方面的变动。为了便于计算，同时简化指数分析内容，实际应用中一般使用拉式指数公式进行相关指数的编制。

扩散指数法是围绕经济指标预测未来行业景气状况的方法。先计算出一批经济指标中上升指标的扩散指数，再根据扩散指数来观测行业整体景气。因此与观测景气有关的指数一般采用扩散指数法来进行编制。

综合以上研究，对北京城市物流综合指数拟采用扩散指数法和加权指数法相结合的方法进行编制和评价。其中物流市场繁荣指数和物流企业景气指数用扩散指数进行衡量。

扩散指数细分为先行扩散指数、一致扩散指数、滞后扩散指数以及综合扩散指数，以 50% 作为物流强弱的分界点：高于 50% 时，反映北京物流市场扩张（或物流业景气）；低于 50%，则反映北京物流市场收缩（或物流企业不景气）。具体来讲，扩散指数（DI）的含义是把保持上升或者下降的指标占上风的动向看成景气逐渐渗透的过程，将其综合，用来把握整个景气状况。利用筛选出的一致、先行、滞后指标分别制作扩散指数，在计算的过程中，通常将指标加速上升赋值为 1，既没有加速也没有减速的指标赋值为 0.5，减速的指标赋值为 0，将各项加权平均即得到扩散指数。计算公式如下：

$$DI = \frac{(A_i \times 1 + B_i \times 0.5 + C_i \times 0)}{W_i} \times 100\% \qquad (2\text{-}2)$$

式中：A_i 即指标出现扩张的数目；B_i 即指标值持平的数目；C_i 即指标收缩的数目；W_i 即该类指标的总数目。扩散指数的范围表明物流运行在周期中所处的位置，以及波动方向。

① $0 < DI(t) < 50\%$：物流运行于不繁荣或景气空间后期，有扩张迹象。

② $50\% < DI(t) < 100\%$：物流运行于繁荣或景气空间，趋于繁荣。

③ $100\% > DI(t) > 50\%$：物流运行于繁荣或景气空间后期，有衰退迹象。

④ $50\% > DI(t) > 0$：物流运行于新的衰退或不景气空间前期，趋于萧条。

合成指数细分为先行合成指数、一致合成指数、滞后合成指数以及综合合成指数，通过选取代表性的指标，采用可视化效果较好、权重结果客观合理、操作简便易行的云模型的方法进行指数权重计算，最后编制出城市综合物流指数。

（三）物流指数编制的步骤

物流指数编制主要涉及几个基本问题：指标设置和问卷设计、样本选取、基准点确定、物流指数计算等。指标设置和问卷设计依研究的问题具体确定。对于样本选取、基准点确定、物流指数计算等，有可以遵循的原则或步骤。

1. 样本选取

物流指数编制依据的数据主要来自抽样调查。因此，样本选取是指数编制的重要环节。一般而言，除数据本身的准确性以外，样本还应具备"三性"：一是充分性，即调查覆盖面要广，样本容量要足够大；二是代表性，即选取的样本要能反映总体的性质；三是要具有可比性，即样本有关统计指标在定义、计算口径、计算方法、计量单位方面要保持统一，能够相互比较。

为了保证这"三性"，科学地选取抽样调查方法很重要。主要抽样调查方式有：

①简单随机抽样。也称为单纯随机抽样，是指从总体 N 个单位中任意抽取 n 个单位作为样本，使每个可能的样本被抽中的概率相等的一种抽样方式。

②分层抽样。又称为分类抽样或类型抽样，它首先将总体的 N 个单位分成互不交叉、互不重复的 k 个部分，我们称之为层；然后在每个层内分别抽选 n_1，n_2，$\cdots$，n_k 个样本，构成一个容量为 $\sum_{l=1}^{k} n_k$ 个样本。

③整群抽样。首先将总体中各单位归并成若干个互不交叉、互不重复的集合，我们称之为群；然后以群为抽样单位抽取样本。

④等距抽样。也称为系统抽样或机械抽样，它首先将总体中各单位按一定顺序排列，根据样本容量要求确定抽选间隔，然后随机确定起点，每隔一定的间隔抽取一个单位。

⑤多阶段抽样。也称为多级抽样，是指在抽取样本时分为两个及两个以上的阶段，从总体中抽取样本的一种抽样方式。其具体操作过程是：第一阶段，将总体分为若干个一级抽样单位，从中抽选若干个一级抽样单位入样；第二阶段，将入样的每个一级单位分成若干个二级抽样单位，从入样的每个一级单位中各抽选若干个二级抽样单位入样……以此类推，直到获得最终样本。

⑥双重抽样。又称二重抽样、复式抽样，是指在抽样时分两次抽取样本的一种抽样方式，其具体做法为：先抽取一个初步样本，并搜取一些简单项目以获得有关总体的信息；然后在此基础上进行深入抽样。

⑦按规模大小成比例的概率抽样（简称"PPS抽样"）。它是一种使用辅助信息，从而使每个单位均有按其规模大小成比例的被抽中概率的一种抽

样方式。

主要抽样调查方式及特征见表 2-1。

表 2-1　主要抽样调查方式特征一览

方式	名称	类型/方法	优缺点	适用性
随机抽样方式	简单随机抽样	分为重复抽样和不重复抽样两种，如掷硬币、掷骰子、抽签、查随机数表等	优点：理论上最容易处理； 缺点：样本单位较为分散，调查不容易实施	实际中应用不多
	分层抽样	分为等比例分层抽样与非等比例分层抽样两种	优点：比简单随机抽样和等距抽样更为精确，特别是当总体数目较大、内部结构复杂时，分层抽样常能取得令人满意的效果 缺点：分层抽样需要对总体进行重新组织整理，抽样手续较复杂	在要求较高精度的调查中，分层抽样在应用上较为普遍
	整群抽样	群与群之间的差异比较小，群内个体或单元差异大；整群抽取	优点：实施方便、节省经费； 缺点：不同群之间差异较大，由此引起的抽样误差往往大于简单随机抽样	特别适用于缺乏总体单位的抽样框
	等距抽样	可分为直线等距抽样、对称等距抽样和循环等距抽样三种	优点：简便易行花的时间更少，花费也少； 缺点：抽样起点决定整个样本，有可能会造成较大误差	等距抽样可以用于同调查项目相关的标志排队，防止周期性偏差
	多阶段抽样	随机原则逐阶段抽样	优点：适用于抽样调查的面特别广的情况，可以相对节省调查费用； 缺点：抽样时较为麻烦，而且从样本对总体的估计比较复杂	适用于抽样调查的面特别广的情况，不要求有具体的包括所有总体单位的抽样框的情况，因而比较容易进行
	双重抽样	二重抽样、复式抽样、相关抽样	优点：提高抽样效率，节约调查经费； 缺点：不对初级单位中的所有二级单位（基本单位）都进行调查；抽样单位往往是不同的	使用样本相对较小

续表

方式	名称	类型/方法	优缺点	适用性
随机抽样方式	按规模大小成比例的概率抽样	汉森－赫维茨方法、拉希里方法等	优点：使用了辅助信息，减少抽样误差； 缺点：对辅助信息要求较高，方差的估计较复杂	样本的选取可以在计算机程序或计算器的协助下进行；单位在样本中出现多次
非随机抽样方式	偶遇抽样	随意抽样、偶遇抽样、非概率抽样	优点：容易实施，调查的成本低； 缺点：样本单位的确定带有随意性，样本无法代表有明确定义的总体，调查结果不宜推断总体	在调查过程中由调查员依据方便的原则，自行确定入抽样本的单位
非随机抽样方式	立意抽样	依意抽样、定标抽样、判断抽样	优点：简便易行，符合调查目的和特殊需要，资料回收率高； 缺点：立意抽样结果受研究人员的倾向性影响大	用于总体小而内部差异大的情况，以及在总体边界无法确定或因研究者的时间与人力、物力有限时
非随机抽样方式	配额抽样	定额抽样、独立控制配额抽样和相互控制配额抽样	优点：费用不高，易于实施，能满足总体比例的要求； 缺点：容易掩盖不可忽略的偏差	适用于设计调查者对总体的有关特征具有一定的了解时

2. 基准点确定

所有指数都有一个用于比较的基准点或基期。就时间性指数而言，基期的选择应注意以下几点：①选择一个正常时期或典型时期作为基期；②基期的长短应根据研究现象的特点和研究目的而定；③基期距报告期不宜过长。

3. 物流指数计算

物流指数计算一般包括以下步骤：

第一步，物流指数初步计算。即依据调查数据资料，按照不同指数类型，选取不同的计算方法（具体内容参见下章），计算生成基本指数。在合成指数的计算过程中，还涉及权重的确定。

第二步，数据处理，形成最终对外发布的指数。数据处理不是人为调整数据，主要是为了保持数据的可比性，做"归一性"处理或者季节调整等技术处理。通常对具有环比意义的指数，为了突出数据波动的趋势性、剔除季节性，都需要做季节调整处理。

三、物流指数的研究路径及方法

（一）物流指数的研究路径

物流指数对区域物流发展水平的评价属于系统综合评价的范畴，因此，本书按照系统综合评价的步骤进行研究。物流指数对区域物流发展水平评价的步骤是有效地进行系统评价的保证，研究路径包括以下几个步骤。

1. 明确区域物流系统评价的目的

第一，通过物流指数，清楚分析出各地区物流企业发展的不足和市场商品供求情况，以便采取相应对策，进一步提升企业市场竞争力。

第二，根据物流指数及其结构的变动情况分析物流产业及其他产业的发展情况和结构演化趋势。

第三，通过物流指数，分析在区域开放经济条件下经济的发展程度。

第四，通过物流指数的变动分析可持续发展情况。

2. 分析影响区域物流发展的影响因素

根据区域物流发展水平评价的目的，集中收集有关的资料和数据，对组成区域物流发展系统的各个要素及区域物流发展系统的性能特征进行全面分析，找出影响区域物流发展的影响因素。

3. 确定区域物流发展水平的评价指标体系

指标是衡量区域物流发展总体目的的具体标志，对于所评价的区域物流，需要建立能够对照和衡量各个方案的统一尺度，即评价指标体系。评价指标体系要根据区域物流系统发展的目的和特点来确定，在大量的资料搜集、调查、分析的基础上得到。评价指标体系必须科学地、客观地、尽可能全面地考虑各种因素，包括组成区域物流发展系统的主要因素及有关系统性能、效果等方面的因素，由若干个单项评价指标组成，并形成一个有机整体。

4. 制定评价结构和评价准则

在区域物流发展水平评价过程中，如果只是定性地描述系统评价的目的，而没有定量的表述，就难以作出科学的评价。因而，要对所确定的指标进行定量化的处理。由于每一个要评价的系统都有不同的特性、不同的目的，所以，就有不同的评价指标体系结构；又由于各指标的评价尺度不一样，对于不同的指标，就很难在一起比较。因此，必须将指标体系中的指标规范化，制定出评价准则，并根据指标反映出的各要素的状况，确定各指标的结构和权重。综合物流指数是一种动态的物流指数，它以历年中各物流指标中的最差指标值和最好指标值为基准点，并以所有最好指标为标杆。物流指数的值界于 $0 \sim 1$，距离 1 的大小反映了该年物流行业的发展程度。越接近 1，说明该地区物流发展程度越好。

5. 选择物流指数的评价方法

评价方法根据评价对象的具体要求不同而有所不同，根据区域物流发展水平评价系统目的和系统分析的结果、评价效果等方面，拟选择综合评价方法，如层次分析法、主成分分析法以及模糊综合评价方法等进行综合评价。

6. 对区域物流发展水平进行综合评价

从区域物流发展水平评价指标体系出发，通过构建合理的评价结构，选择综合评价方法进行评价，最后得到综合评价结果，即各地区的物流发展指数。

（二）物流指数的研究方法

研究方法包括两个基本步骤：一是发现的程序，即如何获得结论，包括基本理论的运用、资料的获取、实证分析工具的选择等；二是验证的逻辑，即验证结论科学有效。

1. 数据采集研究方法

①划类选样法。选择代表物流企业时使用划类选样法，首先确定物流企业类别，其次确定代表性物流企业。

②分层抽样法。以兼顾不同经济区域和地区分布合理为原则，以层层确保代表为准则，逐层确定调查样本。

③实地调研法。数据是否真实、准确，直接关系到物流指数的科学性，为了确保资料的可靠性，各选中的区域必须派人直接到各选中的调查点调查收集必要信息。

2. 数据指表分析方法

①回归分析法。回归分析目前被公认为研究事物之间因果关系、预测未

来发展趋势最有效的方法。该方法在掌握大量观察数据的基础上，利用数理统计方法建立物流指标与相关经济社会发展指标之间的回归关系函数，研究二者之间的因果关系，预测今后的发展趋势。

②模糊聚类方法。事物之间的界限，有些是确切的，有些则是模糊的。物流指标与经济发展指标存在内在联系，物流发展既是经济发展的重要组成部分，也是经济发展水平与结构的重要反映。但二者之间的相关性并不都是可以清晰界定的，有时存在着间接、模糊的关系。因此当物流指标与经济指标之间存在模糊界限时，可使用模糊聚类法确定权数和物流指数计算公式。

③比较分析方法。比较分析也是科学研究中经常被运用的方法之一。通过同类研究对象相关指标的比较，可以发现普遍性的规律与不同特点，并对其原因进行分析。

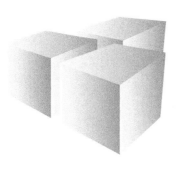

第三章 国内外物流指数
统计现状

一、国外物流指数统计情况

自 20 世纪 90 年代以来，美国、英国、日本等国家开始研究物流指数对经济发展的作用，并相应出版本国的物流指数报告，通过物流指数报告来揭示物流对国民经济的影响。1991 年美国出版了《美国联邦物流分析年鉴》，率先用物流指数研究物流行业发展状况。之后，许多发达国家开始使用此类方法发布物流业发展报告。如：2000 年英国政府发布了《新世纪英国运输白皮书》和《10 年运输规划》，不仅重视物流产业自身的发展，而且提出重视绿色物流发展的问题；2001 年日本政府制定了《新综合物流施政大纲》；2002 年澳大利亚物流业行动议程指导委员会发布了《物流行动议程》；等等。

2007 年，世界银行首次开发了物流绩效指数（LPI）。2010 年 3 月世界银行又发布了《全球经济贸易物流——物流绩效指数与其指示》，该指数描述了被调查国家的贸易物流情况，并且指出是哪些因素造成了不同国家间物流表现的巨大差异。LPI 得分高的国家，其贸易成本较低，与全球价值链的连接也更好。

（一）美国的物流指数统计情况

美国的宏观统计和评价指标主要集中在两个领域。一是交通运输领域，主要是美国运输部及其下属的职能部门，其战略计划和绩效报告中涉及相当多的评价指标；二是商业物流领域。两个领域的宏观统计和评价指标存在着较大的差异，这主要是由这两套指标的设计目的、决策对象的差异决定的。

商业物流领域主要指标包括商业物流系统成本及其占 GDP 的比例、货运指数、第三方物流服务提供商的规模（收入和增长率）、商业库存/GDP 比率、库存/销售比率、分行业的库存/货物销售成本等。

美国运输部的评价对象主要是交通运输系统及其组成部分，对交通运输系统的评价形成了包括战略目标、战略结果、绩效目标和绩效衡量等在内的分析框架，在运输安全、国家安全、机动性和经济增长、人和自然环境等四个领域共制订了 94 项绩效目标。

美国的商业物流领域评估指标和上面指标有所不同，其中最具有代表性的一些指标主要包括：①商业物流系统成本及其占 GDP 比例；②货运指数；

③第三方物流服务提供商的规模（收入和增长率）；④商业库存与 GDP 的比率；⑤库存与销售的比率；⑥分行业的库存与货物销售成本的比率。

以上就是美国在社会物流方面的评价指标，其对于不同的领域采取的评价指标也不同，在美国，运输领域与商业领域的评价指标就存在较大的区别，主要根据所要评价的社会物流的方面和侧重点的不同而不同。

（二）英国的物流指数统计情况

英国的运输流量不断上升，导致运输拥挤程度不断升级和大气环境进一步恶化。为此，英国政府发布了《新世纪英国运输白皮书》和《10 年运输规划》，提出了 5 项评价指标标准：环境影响、安全、经济、可获得性、整合，并确定了相应的发展目标和评价指标（裘炜毅，2004）。英国政府采用这 5 项指标的主要目的体现在 7 个方面：①提高货物配送的效率；②减少拥挤情况的发生；③更好地利用交通基础设施；④减少污染和温室气体的排放；⑤有效管理社会经济发展造成的土地利用压力（包括自然的和人为的）；⑥减少货物运输产生的噪声和干扰；⑦减少与货物运输相关的交通伤亡事故。

（三）日本的物流指数统计情况

日本物流系统协会由日本大型制造企业挂帅，覆盖日本制造企业、物流企业、物流设备商、综合商社、教学科研单位。日本物流系统协会从 1997 年开始每四年制定一次"综合物流施策大纲"，作为引导全行业发展的指导性文件。2001 年，日本政府制定了《新综合物流施政大纲》（以下简称"新大纲"）。其要点是 2005 年实现构筑包括物流成本在内的具有国际竞争力的物流场、建设低环境负荷的物流体系为循环型社会作出贡献的目标，并于 2002 年 8 月 7 日发布检验新大纲实施效果的 9 项量化指标：可以使用托盘运输货物的比例、标准托盘的比例、内贸运输枢纽陆上运输半日往返的区域人口覆盖率、进出口集装箱陆上运输费用消减、10 分钟内可能到达的空港和港口比率、三大都市圈人口集中地区早晚平均旅行速度、三大都市圈卡车实载率、进口集装箱货物船只进港操作时间和长距离散货比率（铁路和海运利用率）。2005 年又颁布新的大纲，重点为以下几个方面：一是构筑具有国际竞争力的社会化高效物流体系，包括物流一体化、信息化、标准化和改进商业惯例、改革规制等高效物流体系对策，采取国际物流社会资本、港口 24 小时开放制、申办手续电子化和一站式服务化等新的国际物流体系对策；二是构筑与社会课题相匹配的物流系统，包括采取降低运输工具单位耗能、推进各种运输方式的转换、促使民间企业自觉地注重环保等解决地球温室效应问题的对策，采取提高卡车运输效率、降低卡车废气排放量、有效利用船舶和铁路等减少大气污染问题的对策，采取确保交通安全的对策等；三是物流保障国民生活，包括构筑能满足国民需求的物流体系、推行事后规制转换为消费者提供方便、将物流通畅化纳入城区建设规划、确保物流的稳定性等。

日本物流系统的社会问题评价采用目标—对策—指标的评估框架，选取了抑制温室效应和减少废弃排放、减轻大气污染对环境的影响、实现循环型社会物流流通和防止事故发生、确保物流安全等 4 个目标及相应的对策与指标。

(四) 澳大利亚的物流指数统计情况

2002 年 5 月，澳大利亚物流业行动议程指导委员会发布了《物流行动议程》，它指出澳大利亚的物流发展战略是：认识和准确评估物流业对国家经济的重要性；建立一个世界级的、可靠的、服务的、革新的、具有竞争力的物流产业；建立起一个动态的、可持续发展的产业，创造具有吸引力的就业机会；加强政府、社会对物流业的认同和关注。

为此，该国政府制订了行动计划，分为优先行动和支持行动两种类型，包括工作指导、基础设施、人、技术和知识革新、可持续发展 5 个部分，共 36 项行动。结合澳大利亚物流战略和行动计划，从现在已建立的统计指标和已开展的研究来看，澳大利亚政府试图建立的评估框架还不够完善，但已形成雏形。

上述物流指数研究推动了世界各国对物流指数的研究。这些研究不仅重视物流产业自身发展的各项指标，而且从可持续发展角度出发，开始关注绿色物流的发展对经济可持续发展的影响。

二、我国主要物流指数统计情况

我国物流统计工作起步较晚。2004 年 5 月中国物流与采购联合会提出的社会物流统计核算与报表制度试行方案通过专家评审，标志着物流统计制度的正式出台。国家标准委会同国家发展改革委、商务部等部门编制的《全国物流标准 2005—2010 年发展规划》中涉及社会物流统计标准的国家标准计划项目有 10 多项。

2007 年，中国物流与采购联合会承担了编制《社会物流统计指标体系及方法》国家标准的任务。《社会物流统计指标体系及方法》国家标准在广泛调查研究和反复讨论的基础上，吸收并借鉴国内外相关经验，确定了社会物流统计指标的基本概念及计算方法。通过对社会物流统计指标体系进行规定，为我国物流统计提供了良好的技术支撑。当前我国发布的主要指数有：

（一）中国物流业景气指数

中国物流业景气指数（LPI）是由 12 个分项指数和 1 个合成指数构成的，分项指数包括业务总量、新订单、从业人员、库存周转次数、设备利用率、平均库存量、资金周转率、主营业务成本、主营业务利润、物流服务价格、固定资产投资完成额、业务活动预期等；1 个合成指数即为中国物流业景气指数，它是由业务总量、新订单、从业人员、库存周转次数、设备利用率等 5 项指数通过加权指数法进行合成的。

中国物流业景气指数用来判断物流经济强弱、预测物流发展趋势，通常标准是：以 50% 作为一个分界点，当景气指数在 50% 以上时，说明该时间段内物流业呈现经济扩张的状态；反之，当景气指数在 50% 以下，即表明该时间段内物流业经济状况是在收缩的。

在计算中国物流业景气指数时，12 个分项指数采用扩散指数方法，1 个合成指数采用加权综合指数方法。单项指数 = "增加"选项的百分比×1+"持平"选项的百分比×0.5（即正向回答的百分数加上回答不变的百分数的一半）。

（二）采购经理指数

采购经理指数（Purchasing Managers Index，PMI）是通过对企业采购经理的月度调查结果统计汇总、编制而成的指数，它涵盖了企业采购、生产、流通等各个环节，是国际上通用的监测宏观经济走势的先行性指数之一，具有较强的预测、预警作用。采购经理指数体系现包含新订单、产量、雇员、供应商配送、库存、价格、积压订单、新出口订单、进口等商业活动指标。

PMI 每项指标均反映了商业活动的现实情况，综合指数则反映制造业或服务业的整体增长或衰退。该指数调查方式采用非定量的问卷形式，被调查者对每个问题只需做出定性的判断，在（比上月）上升、不变或下降三种答案中选择一种。之后汇总统计各类答案的百分比，通过各指标的动态变化来反映经济活动所处的周期状态。PMI 通常以 50% 作为经济强弱的分界点，PMI 高于 50% 时，反映制造业经济扩张；低于 50%，则反映制造业经济收缩。

PMI 是一个综合指数，由 5 个扩散指数（分类指数）加权而成，5 个分类指数及其权数是依据其对经济的先行影响程度确定的，具体包括：新订单指数，权数为 30%；生产指数，权数为 25%；从业人员指数，权数为 20%；供应商配送时间指数，权数为 15%；原材料库存指数，权数为 10%。其中，供应商配送时间指数为逆指数，在合成 PMI 时进行反向运算。

计算公式：PMI = 订单 × 30% + 生产 × 25% + 雇员 × 20% + 配送 × 15% + 存货 × 10%。

（三）中国仓储指数

中国仓储指数体系是一套立足仓储企业，通过快捷的调查方式，以翔实、动态的数据信息，反映仓储行业经营和国内市场主要商品供求状况与变化趋势的指标体系。中国仓储指数由期末库存、新订单、平均库存周期次数和从业人员 4 个权重指数合成。中国仓储指数体系调查包含生产资料和消费品两大类。调查的地区覆盖全国（除港澳台地区和新疆、西藏等）的主要省市和地区；调查的企业主要是为社会提供第三方仓储及配套服务的物流企业（主要是指综合性仓库和专业性仓库，不包括生产企业的自营仓库和用户的自用仓库）。

中国仓储指数由 11 个单项指数和 1 个综合指数计算合成。单项指数采用扩散指数方法，综合指数采用加权综合指数方法。

单项指数的计算公式：

单项指数 = "增加"选项的百分比 × 1 + "持平"选项的百分比 × 0.5

$$(3-1)$$

综合指数的计算公式：

$$中国仓储指数=期末库存\times30\%+新订单\times25\%+从业人员\times \quad (3-2)$$
$$25\%+平均库存周转次数\times20\%$$

（四）中国电商物流指数

中国电商物流指数是反映电商物流总需求和农业电商物流需求情况的一种指数。它由9个分项指数构成，9个分项指数包括总业务量指数、农村业务量指数、物流时效指数、库存周转指数、实载率指数、履约率指数、满意度指数、人员指数、成本率指数等。

中国电商物流指数调查的地区覆盖全国（除港澳台地区外）各省、自治区和直辖市。调查方法以平台数据和企业调查相结合，平台数据来自京东集团电商物流信息平台，调查单位主要是服务于电商物流的快递企业。中国电商物流指数分为同比指数、环比指数和定基指数，其中定基指数以2015年1月为基期，基点为100。

（五）中国快递物流指数

中国快递物流指数是一套立足商务快件业务变化，通过监测行业、地区、市场主体使用商务快件情况，反映产业活动态势和快递物流行业发展的综合指标体系。中国快递物流指数由1个综合指数和若干个分项指数构成，其中综合指数由商务快件指数、农村快件指数、跨境快件指数、时效指数、人员指数和成本指数等六个分项指数加权构成。中国快递物流指数调查的地区覆盖全国（除港澳台地区外）各省、自治区和直辖市。调查单位主要是规模较大并且商务快件业务占有一定比例的快递物流企业。

（六）中国快递发展指数

中国快递发展指数体系包含发展规模指数、服务质量指数、发展能力指数和发展趋势指数等4个一级指标和11个二级指标。其中，发展规模指数包括业务量和业务收入2个二级指标，服务质量指数包括公众满意度、72小时准时率和用户申诉率3个二级指标，发展能力指数包括快递深度、网络密度、劳动生产率和支撑网络销售额等4个二级指标。发展趋势指数包括业务增长预期和快递资本市场预期2个二级指标。

中国快递发展指数评价采用指数评价方法，以2016年3月为基期，基期值设定为100，通过标准值实现数据的无量纲化，通过加权合成中国快递发展指数。

由中国物流与采购联合会发布的报告中提到，经测算，2020 年 5 月中国快递发展指数为 334.2，同比增长 73.5%，其中，发展规模指数、服务质量指数、发展能力指数和发展趋势指数分贝为 291.1、622.4、202.4 和 94.0，可见快递业增长加快、质量提升，呈现扩容体制的发展态势。

（七）中国公路物流运价指数

中国公路物流运价指数是反映一定时期内我国经济领土范围内公路物流运输价格变动程度和变动趋势的相对数。中国公路物流运价指数是基于以林安物流网为代表的公路物流平台的动态交易信息得出的。

目前，采集的价格数据涵盖了全国 9 大物流区域、38 个重点城市、74 个物流节点平台、1 406 条公路运输线路、200 万辆货运车辆。中国公路物流运价指数以 2012 年 12 月最后一周的平均价格为基期，周指数的基点为 1 000，月指数的基点为 100。

（八）运价总指数

运价总指数是反映不同时期运价水平变动趋势和程度的动态相对数。以某一固定基期的平均运价为基础，分别以各个时期（比较期）的平均运价与基期运价对比，求得各个时期平均运价与基期平均运价对比的百分数。按计算时所采用的基期不同，可分为定基运价指数和环比运价指数。指数大于 100 或小于 100，分别表示计算期运价与基期或前期相比后的上升或下降。

运价总指数方便研究运价的动态变化，分析各种运价的比例关系，可为制定商品流通费用以及调整运价提供重要依据。按运输方式又可将运价指数分为公路运价指数、铁路运价指数、水运运价指数、航空运价指数等，按货物种类可分为煤炭运价指数、石油运价指数等。此外，还可综合各种运输方式编制运价总指数，如地区运价指数与全国运价指数。运价总指数采用加权算术平均数计算。

（九）中国航运景气指数

2009 年 12 月 29 日，上海国际航运研究中心首次发布了包括中国航运景气指数（CSPI）、中国航运信心指数（CSFI）、中国航运预警指数（CSAI）、中国航运景气动向指数（CSCI）等四大指数，建立了一套能多层次、立体反映我国航运发展实际情况的景气监测指数体系。

中国航运景气指数是根据航运企业家对本企业当前生产经营状况的判断及其未来发展趋势的预期而编制的景气指数。它反映了企业决策者对自己企业当前生产经营状况及其未来走势的综合评价和判断。中国航运信心指数是根据航运企业家对企业外部市场环境与政策环境的认识、看法和对本行业发展状况的判断以及未来趋势的预测而编制的景气指数。它反映了企业决策者对当前航运业总体状况及其未来走势的感觉、体验和期望。

中国航运景气指数（CSPI）与中国航运信心指数（CSFI）选择了具有代表性的航运企业作为样本企业，建立了定期调查联系制度。每季度中后期开始调查，通过定量计算的方法对航运企业经营状况的定性问题进行分析，得出航运市场景气状况与发展趋势的判断值。该指数以 100 点为中间点，100 点以下为不景气区间，100 点到 200 点为景气区间；从微观即企业的层面上反映中国航运业的发展状况，适宜短期预测，每季度发布一次。中国航运预警指数（CSAI）主要选择与中国航运密切相关的各指标，根据其值分别赋以不同颜色的信号灯，直观形象地揭示中国航运业运行的景气状况，并可计算出景气综合评分。中国航运景气动向指数（CSCI）的原理是根据领先于中国航运业目前所处状态的先行指标来预测中国航运业未来的发展变动趋势，其主要方法是在分析中国航运各相关指标历史数据的基础上，从统计学的角度深层次挖掘中国航运的变动趋势，从客观数据方面预测中国航运业的未来变动趋势。其主要包含先行指数、一致指数和滞后指数三个分指标指数。

我国主要物流指数及其编制方法见表 3-1。

表 3-1　我国主要物流指数及其编制方法

指数名称	主要指标/含义	编制方法
中国物流业景气指数	业务、效益、效率、投入、经营发展潜力	各分项指数采用扩散指数法，再使用加权指数法取得最终的合成指数
PMI 指数	新订单、产量、雇员、供应商配送、库存、价格、积压订单、新出口订单、进口等商业活动指标	扩散指数（分类指数）加权而成

续表

指数名称	主要指标/含义	编制方法
中国仓储指数	期末库存、新订单、平均库存周期次数和从业人员	各分项指数采用扩散指数法，再使用加权指数法取得最终的合成指数
中国电商物流指数	总业务量指数、农村业务量指数、物流时效指数、库存周转指数、实载率指数、履约率指数、满意度指数、人员指数、成本率指数	加权指数法
中国快递物流指数	商务快件指数、农村快件指数、跨境快件指数、时效指数、人员指数和成本指数	加权指数法
中国快递发展指数	发展规模指数、服务质量指数、发展能力指数和发展趋势指数	加权综合指数方法
中国公路物流运价指数	公路物流运输价格变动程度和变动趋势的相对数	扩散指数（分类指数）加权而成
运价总指数	反映不同时期运价水平变动趋势和程度的动态相对数	加权算术平均数

三、我国典型城市（或区域）物流指数编制情况

我国于 2006 年首次将物流统计纳入政府统计范畴。2019 年 4 月 24 日国家发展和改革委员会修订的《社会物流统计调查制度》是我国现行的物流统计制度。当前我国大部分城市地区仍沿用物流统计制度中物流总额、物流总收入、物流增加值、物流人员、物流总费用与 GDP 的比率等较单一的指标来反映地区物流发展的水平，这种做法不能全面综合地反映各区域物流发展状态，也不能系统分析各区域物流发展中各项具体因素的影响程度。因此，逐渐有一些地方认识到物流指数的作用，开始积极编制其各自的城市物流指数。

（一）南京市物流指数

2009 年 11 月，南京物流指数作为国内首个城市物流指数发布。南京物流

指数源自该市在参加于成都举办的第四届中国国际物流节时的一个想法，提出后得到了中国交通协会的鼓励支持，随后进入实施阶段，由南京市政府牵头，南京物流行业协会和南京都市圈发展研究中心经过长达 1 年的研究，在大量数据基础上，利用回归分析、模糊聚类法和比较分析法得出了《南京市物流指数研究报告》。该指数不仅弥补了我国物流指数系统研究的空白，而且为国内研究区域物流指数提供了很好的研究样板。它以历年中各物流指标中的最差指标值和最好指标值为基准点，并以所有最好指标为标杆。物流指数的值界于 0~1，距离 1 的大小反映了该年物流行业的发展程度。越接近 1，说明该地区物流发展程度越好。

（二） 江苏省物流指数

江苏省物流指数以综合地区经济发展状况、物流发展基础条件以及物流发展对环境的影响为系统性评价目标，通过构建全省及各省辖市物流综合指数、物流增长指数、物流行业基础条件及效益指数、物流发展与经济总量关系指数等四大指数（见图 3-1），以来自北京、上海、浙江、江苏等地的几十位物流行业专家意见为指标权重计算得出。

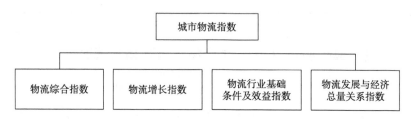

图 3-1 城市物流指数构架

物流综合指数（行业指数）以全省 2006 年物流行业综合指数为基准，进行省内 13 个地市物流行业水平比较，反映地区整体物流行业发展水平的差异程度。其值介于 0~1，距离 1 的大小反映了该地区年物流行业的发展程度。综合物流指数越大，说明该地区物流业发展越繁荣，对经济的支撑也越大。这里，物流综合指数介于 0~0.10 表明该地区物流行业发展非常差，0.10~0.25 表明该地区物流行业发展差，0.25~0.30 表明该地区物流行业发展较差，0.30~0.35 表明该地区物流行业发展一般，0.35~0.45 表明该地区物流行业发展较好，0.45～0.65表明该地区物流行业发展好，0.65～1.0表明该地区物流行业发展非常好。

物流增长指数（时间指数）以2006年为基年，对省内同一地市或江苏全省物流行业发展水平的时序列数据进行比较，反映各地市和全省物流行业发展水平在时间上的变化程度。其值越大，说明该地区物流业增长速度越快。物流行业发展受到该地区物流基础状况的制约，通常物流行业发达地区的物流业增长速度较慢。

（三）福建省物流业景气指数

福建省物流业景气指数调查对象涉及《国民经济行业分类》（GB/T 4754—2011）中物流相关行业：铁路运输业、道路运输业、水上运输业、航空运输业、管道运输业、装卸搬运和运输代理业、仓储业、邮政业的8行业大类企业。

问卷分为三部分：第一部分是物流企业基本情况，第二部分是物流企业经营指标（主营业务收入、利润、固定资产投资、新开工项目总投资），第三部分是由物流企业主管生产经营的业务（财务）总监（经理）回答问卷；问卷设置了业务总量、新订单、平均库存量、库存周转次数、资金周转率、设备利用率、物流服务价格、主营业务成本、主营业务利润、固定资产投资完成额、从业人员、业务活动预期等十二个问题，分别在增加、持平、减少（下降或降低）与企业上月进行环比选择。

福建省物流业景气指数主要计算12个分项指数和1个合成指数。对问卷中的每个问题计算分项指数，即正向回答的企业个数百分比加上回答不变的百分比的一半。

合成指数由业务总量、新订单、从业人员、库存周转次数、设备利用率5项指数加权合成，其权数分别为25、30、20、10和15，称为物流业景气指数，英文缩写为LPI。物流业景气指数反映物流业经济发展的总体变化情况，以50%作为经济强弱的分界点，高于50%时，反映物流业经济扩张；低于50%，则反映物流业经济收缩。

表3-2为福建省物流业景气指数指标体系一览。

表3-2　福建省物流业景气指数指标体系一览

指标名称	含义
业务总量指数	物流企业完成物流活动的业务数量变化情况，折射市场需求状况
新订单指数	物流企业承接客户业务的订单数量变化情况，预示物流行业发展趋势
平均库存量指数和库存周转次数指数	平均库存量指数反映物流企业储存保管的客户货物数量变化情况；库存周转次数指数反映物流企业在一定时间内库存周转次数变化情况，表明流通领域中货物供需的活跃程度和市场需求的变动趋势
资金周转率指数	指物流企业在一定时间内资金周转次数变化情况，反映物流企业的资金利用效率，折射整个经济运行活跃状况
设备利用率指数	指物流企业在经营活动中使用的相关设备、设施的利用程度变化情况，反映物流活动对基础设施和设备的需求状况
主营业务成本指数	反映物流企业的成本增减变化情况，能体现行业面临的成本状况
主营业务利润指数	反映物流企业主营业务利润增减变化情况，体现物流行业整体经济效益的变动状况
物流服务价格指数	指物流企业从事物流活动所收取的费用变化情况，反映物流市场价格行情的变动状况和变化趋势
从业人员指数	指物流企业从事物流业务活动人员数量变化情况，反映整体物流行业的景气程度
固定资产投资完成额指数	指物流企业为满足经营活动需要而完成的固定资产投入变化情况，反映当期企业的经营投入状况，预示企业对未来发展前景的判断
业务活动预期指数	指物流企业在未来三个月内业务活动整体水平变化情况，预示短期内物流活动与经济发展的活跃程度

（四）临沂商城物流指数体系

1. 概述

临沂商城物流指数体系分为商城、物流、仓储三个板块，从价格、发展和能力三个维度建立多元化商贸物流仓储评价体系。其中，价格指数衡量价格波动情况，发展指数衡量产业发展规模及效率等现状，能力指数衡量产业转型升级未来潜力。该指数全面评价临沂商贸物流业的产业现状和产业生态，提升通过数字赋能提升产业转型升级的能力，辅助政府推进产业数字化转型的进程。

具体指标体系如图3-2所示。

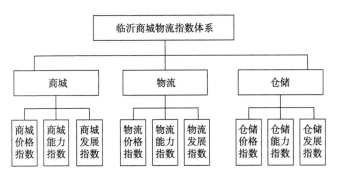

图 3-2 临沂商城物流指数体系架构

①价格指数是指临沂市场交易价格波动的相对程度，包括商城价格指数、物流价格指数和仓储价格指数。

②发展指数依据中国统计学会提出的综合发展指数体系框架，基于多家商贸物流企业及统计数据构建而成，从产业规模和产业效率等方面进行评价，反映地方产业发展现状，包括商城发展指数、物流发展指数和仓储发展指数。

③能力指数依据数字生态指数等理论框架，基于多渠道的分指数测量指标逐级构建而成，从更深层次视角评价产业竞争潜力和数字化水平，以反映临沂商贸物流转型升级的前景，包括商城能力指数、物流能力指数和仓储能力指数。

2. 临沂物流指数体系

（1）物流价格指数

物流价格指数用以衡量反映某时期区域间物流运输价格变动程度和变动趋势。它以某一固定基期的平均运价为基础，分别将各个时期（比较期）的平均运价与基期运价对比，求得各个时期平均运价与基期平均运价对比的百分数。按计算时所采用的基期不同，可分为定基运价指数和环比运价指数。编制物流价格指数有助于研究运价的动态变化，分析各种运价的比例关系，并为制定商品流通费用以及调整运价提供重要依据。

（2）物流发展指数

物流发展指数从规模、效率两个角度进行刻画（见图3-3），是衡量一个地区物流业发展程度的重要指标，反映了物流业的发展现状，基于物流企业填写的调查问卷数据及统计数据计算得出。

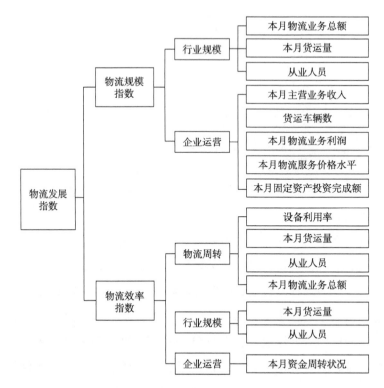

图3-3 临沂物流发展指数架构

物流发展指数上升，说明物流规模增长态势良好，经营者的收益水平有所扩张；物流发展指数下降，说明物流规模增长放缓，经营者的收益水平有所下滑，商户对商城发展信心不足。为了得到物流发展指数，先沿用物流价格指数中确定的运价水平，之后需要经过设计调查指标、明确指标权重、确定数据来源、确定指数基期和进行指数运算五个步骤。

物流规模指数通过物流行业规模和企业运营情况来刻画体量发展情况，行业规模包括本月物流业务总额、本月货运量、从业人员三个指标，来自统计数据。企业运营指标通过对企业进行问卷调查，统计本月主营业务收入、货运车辆数、本月物流业务利润、本月物流服务价格水平、本月固定资产投资完成额等情况，来反映企业运营现状和趋势。

物流效率指数是反映物流各环节中间单位时间内投入产出比、反映物流运行质量和发展趋势的指标，通过调查物流企业每月的物流周转、行业规模、企业运营情况来反映物流企业发展效率，用以指引当地政府监管某地的物流质量，推动企业提高物流水平，改善物流技术。

（3）物流能力指数

物流能力指数从深层次视角评价物流产业竞争潜力和数字化水平，以反映临沂物流产业转型升级的能力（见图3-4）。物流产业转型升级需要提升标准化、信息化、集约化、绿色化、智慧化发展水平。物流产业基础和质效是先决条件，物流创新是发展动力，绿色化发展是可持续发展的保障，数字化转型是产业转型升级的方向，可为物流产业升级赋能。指数可动态监测、精准分析数字化技术、物流效率、物流绿色化等方面的发展情况，分析物流能力短板和发展趋势，助推物流行业高质量发展。

物流能力指数通过物流质效、物流绿色、物流创新等三级指标反映物流产业竞争力，通过数字基础、数字能力、数字应用反映物流数字化水平。物流竞争力指数通过刻画临沂物流产业的基础、质效、绿色化水平、创新能力，来反映物流产业转型升级中的竞争能力。转型升级的潜力有赖于该行业既有的发展基础和效率，同时需要通过不断创新注入活力，以保障发展的可持续性，此外绿色化也是物流产业升级的重要发展方向。

物流数字化能力指数基于数字生态指数体系的理论框架，从数字基础、数字能力、数字应用三个方面刻画商城的数字化能力。其中，数字基础主要衡量物流企业对各种平台系统的使用情况。数字能力衡量物流企业数字化团队人数和本季度数字化投入等两项指标，分别以人员投入及资金来衡量商城数字化赋能情况。数字应用主要衡量数据是否在企业运营中发挥价值。

（五）盐田港（中国）物流行业指数

盐田港（中国）物流行业指数是由深圳证券信息有限公司与深圳市盐田港股份有限公司联合编制的成份股指数，以2002年12月31日巨潮指数系列发布日为基日，于2005年3月1日正式推出，以2月28日计算的1 285.57作为发布指数点位，基日指数定为1 000，选择40只新兴物流行业类上市公司股票作为样本编制而成。

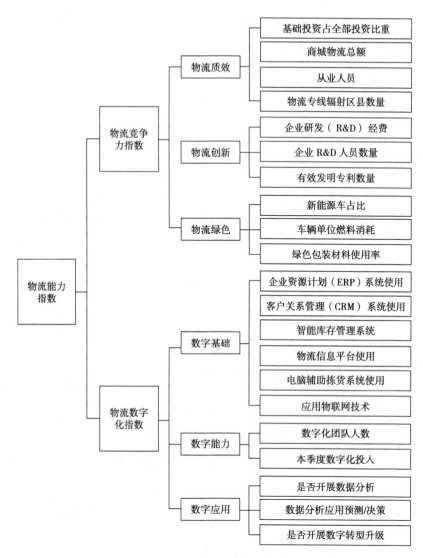

图 3-4 临沂物流能力指数架构

该指数以业务范围涉及货物、服务以及相关信息在原产地与消费地之间的流通、存储进行规划、执行和控制业务的 40 家上市公司作为样本股，选择跨传统行业的新兴行业上市公司群体。选股突破了传统的行业划分限制，其发布给市场投资者提供了新的跟踪投资参考，为激活市场再生机制、开展市场产品创新提供了有效的工具。

盐田港（中国）物流行业指数开创了指数编制机构与行业内优质上市公司合作的新模式，实现了交易所、证券信息公司及行业优质上市公司的良好结合。将行业指数冠名给行业内优质上市公司，有助于激励上市公司进一步做优做强，有利于推动资本市场的进一步活跃，从而促进资本市场和行业经济的健康发展。

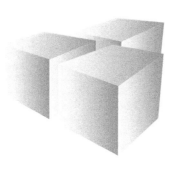

第四章　北京物流指数框架
　　　　体系及指标体系
　　　　设计

一、北京物流特点及发展要求分析

（一）北京物流系统构成及网络建设要求分析

北京物流是城市功能的重要组成部分，是城市经济生产、居民生活的必要支撑平台。从"输入、转换、输出及外部约束"的角度来衡量，北京物流系统按照行政区划和管理边界，可分为外部物流系统和内部物流系统，其中外部物流系统又可分为国际物流系统和城市间物流系统，内部物流系统又可分为城市内物流系统和城市末端物流系统。

1. 外部物流系统——"以进为主，大进小出"

外部物流系统又可分为国际物流系统和区域物流系统。其中国际物流系统主要实现北京与国际上其他城市间的货物交换。区域物流系统主要满足北京与国内其他区域及周边地区的物流需求。例如，使外省进京果蔬、日用消费品、工业品等快速输入，以及承担北京作为大宗货物区域中转的职能。

根据北京市 2017 年统计年鉴（在 2018 年后的统计年鉴中，外省市流入物流额-市外购进商品总额和再生资源物流额等数据统计取消），北京市 2016 年社会物流总额达 4.1 万亿元，其中外省市流入物品货物量最大，占 51.75%，北京地区进出口总值为 30 438.4 亿元，占 74%，城市物流呈现"以进为主，大进小出"的特点，产品从国际上或国内其他区域流入北京的进向物流占据了整个北京市社会物流的主导地位，城市内部消费需求特征突出，物流保障型服务需求明显（见图 4-1）。

根据《北京物流专项规划》中有关北京地区物流节点空间布局等内容，建议在北京新机场周边区域、北三县地区、天津武清、河北涿州等与北京相邻区域设立跨区域的大型物流集散区，利用区位和交通优势为整个京津冀地区的物资集散分拨提供服务。

2. 内部物流系统

内部物流系统又可分为城市内物流系统和城市末端物流系统。其中城市内物流系统是北京市内部物流需求的实现载体，以实现大宗货物进入北京后进一步在市内分拨，特别是面向零售业的市内配送。城市末端物流系统是面向消费终端的物流系统，最为典型的是电子商务的配送业务、邮政以及快递业务。

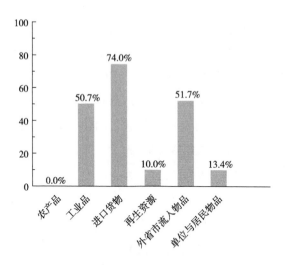

图4-1 北京市2016年全社会物流产品构成

　　根据《北京物流专项规划》中有关北京地区物流节点空间布局等内容，北京城市物流节点呈现出"大型综合物流园区（物流基地）+物流中心+配送中心"+"末端网点"的"3+1"网络格局体系。其中大型综合物流园区（物流基地）6个，包含现有顺义空港物流基地+天竺综合保税区、通州马驹桥物流基地、大兴京南物流基地、平谷马坊物流枢纽这四大物流基地以及新增的西北（昌平南口）和西南（房山窦店）两个物流基地；每个物流基地的用地面积控制在100~150公顷左右，全市6个大型物流基地（包括现有四大物流基地）总的用地面积控制在12平方公里以内。布局28个物流中心（包括16个日常综合服务型物流中心和12个专业类物流中心），结合国内外物流中心的规模和北京的实际情况，单个物流中心的用地规模控制在10~30公顷，全市物流中心总的用地面积控制在9平方公里以内。布局约46个配送中心（包括17个零售商业配送中心、17个生鲜冷链配送中心和12个快递二级分拨中心），单个零售商业配送中心和生鲜冷链配送中心的用地面积控制在2~3公顷左右，单个快递二级分拨中心的用地面积控制在3~5公顷左右，全市配送中心总的用地面积控制在1.7平方公里以内。

北京市各区规划物流节点见表4-1。

表4-1　北京市各区规划物流节点一览

地区		物流基地		物流中心			配送中心		
		现状	新增	日常综合服务型物流中心（传统实体类）	日常综合服务型物流中心（互联网电商类）	专业类物流中心	零售商业配送中心	生鲜冷链配送中心	快递二级分拨中心
核心区	东城								
	西城								
中心城区	朝阳			2	1		7	4	2
	海淀			1			4	2	3
	丰台			3		1	2	2	2
	石景山			1			1	1	1
副中心	通州	1		1	1	2			2
昌平			1		1	1		1	1
顺义		1			1	2	1	1	
大兴		1				2			
房山			1		1	2		1	1
密云							1		
平谷		1							
怀柔				1		1		1	
延庆				1		1		1	
门头沟								1	
合计		4	2	10	6	12	17	17	12

同时指出：未来随着物流专业化和集约化程度越来越高，物流配送中心功能逐步强化，物流中心和配送中心的边界会越来越不清晰，可能会逐渐形成"大型综合物流园区（物流基地）"+"公共配送中心"+"末端网点"的扁平化物流网络体系，其中末端网点（含智能快件箱等末端服务设施）也

可能会分化成末端配送场地和末端营业网点两大类。

《北京城市总体规划（2016 年—2035 年）》要求，到 2035 年，北京全市城乡建设用地为 2 760 平方公里，按照平均 3 平方公里城乡建设用地设置一个的标准配置末端配送场所，到 2035 年全市末端配送场所总量约为 900 个。另外按照服务 1 万~2 万常住人口的标准在全市设置末端营业网点，到 2035 年，北京全市常住人口为 2 300 万人，2035 年全市末端营业网点总量约为 2 000 个。同时在社区、写字楼、高校等人流集中区域加大智能快件箱等末端服务设施的配套建设。

（二）北京物流发展目标及总体发展要求分析

1. 北京物流功能定位及发展目标介绍

2020 年 12 月 3 日，北京市规划和自然资源委员会联合发布《北京物流专项规划》，提出北京物流功能定位为：与首都"四个中心"相匹配，以保障首都城市运行为基础，以提高居民生活品质为核心，以城市配送为主要形式的城市基本服务保障功能。

北京物流总体发展目标是支撑城市高效运转、居民美好生活、国际交流融合、文化科技创新、商业贸易发达，以服务居民生活消费和高精尖经济发展为核心，形成服务完善优质、技术创新和管理先进、信息汇集共享和金融交汇融通的安全、高效、绿色、共享、智慧的现代物流组织体系。

具体而言，2020 年：支撑非首都功能疏解、保障城市正常运行和居民良好生活品质（疏保结合）；2035 年：构建安全、高效、绿色、共享、智慧的物流体系，支撑建设"国际一流的和谐宜居之都"（质效齐升）；2050 年：打造引领全球物流智慧化发展和科技研发的物流创新领先城市（创新引领）。

北京物流发展主要指标评价表见表 4-2。

表 4-2　北京物流发展主要指标评价

指标	2016 年	2020 年	2035 年	2050 年
社会物流总费用占 GDP 比率	13.2%	<12%	<10%	<8%
城市流通领域标准化托盘普及率	—	>70%	>90%	>95%
规模以上连锁超市主要商品统一配送率	90%	>95%	>95%	>95%

续表

指标	2016 年	2020 年	2035 年	2050 年
大型商超及连锁便利店共同配送率	—	>40%	>85%	>95%
物流末端配送网点覆盖率（集中建设区按照服务 1 万~2 万人设置）（中心城区/多点）	—	>80%/>60%	>95%/>80%	>100%/>95%
绿色能源物流车使用量/比例	6 800 辆	10 000 辆	>80%	>95%
城市内铁路运输占比	3%	>10%	>15%	>30%
冷链流通率	30%	>50%	>80%	>95%
第三方（包括第四方）物流企业占比	30%	>40%	>60%	>80%

2. 北京物流总体发展要求分析

要求 1：首都非核心功能疏解要求实现京津冀物流有效协同联动。

京津冀协同发展的核心是疏解北京非首都功能。《北京市新增产业的禁止和限制目录（2014 年版）》对不属于首都非核心功能的产业（如一般制造业和批发业等）进行对外疏解，打破了过去通过产业要素增加促进增长的方式，首次提出要通过调整经济结构和空间结构，增强资源能源保障能力，促进创新发展，走出一条内涵集约发展的新路子，形成新的增长极。2015 年，北京市实施了更加严格的新增产业禁止和限制目录，对明显不符合首都城市战略定位的行业严格禁止准入以及对部分产业进行逐步疏解。同时在《北京物流专项规划》2020 年的发展目标中提出：支撑非首都功能疏解、保障城市正常运行和居民良好生活品质（疏保结合）。

预计随着北京市部分产业的疏解和外迁，由外省（区市）以及其他国家和地区流入北京市的货物额会占到物流总额的 80%甚至更多，区域间集散、中转物流需求突出。而被疏解的一些物流园区或物流资源作为北京市"广覆盖、立体化、多组团"格局中货运量最大的组团所在地和服务力量，应与周边的天津和河北地区加强资源联动，切实发挥城际与城市内物流服务的纽带作用。

要求 2：国际一流的和谐宜居之都打造要求物流绿色集约。

北京是中国的首都，也是全国的政治中心、文化中心、国际交往中心、科技创新中心和建成区面积最大的城市，面临着人口众多、环境污染、交通堵塞等一系列"大城市"病。2005年，国务院批复的《北京城市总体规划（2004—2020年）》对北京市的定位是国家首都、国际城市和文化名城，首次提出了"打造北京宜居城市"的目标，在城区功能疏解、城市安全、环境保护等方面突出了服务诉求。同时在《北京物流专项规划》2035年发展目标中提出：构建安全、高效、绿色、共享、智慧的物流体系，支撑建设"国际一流的和谐宜居之都"（质效齐升）。

因此，物流是首都城市发展保障的刚性需求。北京应在人口众多、服务量巨大的情况下，减少环境污染，有效利用资源，促进物流绿色集约化发展。

要求3：物流创新领先城市打造要求实现物流智慧化发展。

2014年，国家发展改革委、工信部等八部委起草的《关于促进智慧城市健康发展的指导意见》提出，到2020年，要通过信息化与城市化的高度融合，建成一批特色鲜明的智慧城市，促进城市新型生产方式和生活方式的变革与提升，促进民生保障服务改善、社会管理创新与城市综合实力提升。同时在《北京物流专项规划》2050年发展目标中提出：打造引领全球物流智慧化发展和科技研发的物流创新领先城市（创新引领）。

北京作为中国的首都和特大型城市，必然要列入第一批智慧城市建设目录并起到应有的标杆带头作用，逐渐辐射到周边，实现京津冀区域的智慧化发展。

二、北京物流指数体系设计

（一）北京物流指数体系框架构建

综合物流指数文献研究、典型城市（或区域）物流指数经验以及北京市物流网络节点建设要求及总体发展要求，本书将北京物流指数体系分为两部分，其中：综合物流指数体系，主要包含北京物流业景气指数、北京物流行业发展规模指数、北京物流业与商贸业耦合指数、北京物流园区高质量发展指数、北京绿色物流发展指数、京津冀物流协同指数和京津冀物流业与制造业协同指数等；专项物流指数，主要针对北京市重要或特殊行业（或地区）设立行业物流发展指数（如冷链物流发展指数、医药物流发展指数、航空物流指数、农产品物流指数等）和地区物流指数（如通州物流指数、顺义物流指数、大兴物流指数等）。北京物流指数体系框架图见图4-2。

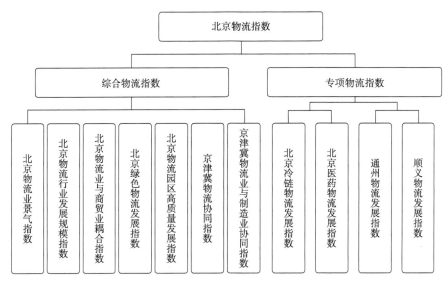

图4-2 北京物流指数体系框架

（二）北京物流指数体系指标解释

1. 北京物流业景气指数

物流业景气指数又称景气度，是通过定量方法对企业景气调查中的定性指标进行加工和汇总，综合反映特定调查群体或社会现象的状态或发展趋势的指数。物流业景气指数综合地区经济发展状况、物流发展基础条件以及企业自身发展情况，是人们对物流企业发展进行综合诊断和物流行业管理的重要指标。

物流业景气指数调查结果基本可以反映物流企业发展运行的总体情况，与货运量、快递业务量、港口货物吞吐量等物流相关指标，以及工业生产、进出口贸易、固定资产投资、货币投放等相关经济指标具有较高的关联性，增加了观察、预测、分析物流企业运行发展趋势的新视角，为进一步加强物流运行与国民经济的关联性研究奠定了基础，为指导企业生产经营与投资等活动提供了依据。

2. 北京物流行业发展规模指数

物流行业发展迅速，对社会经济的贡献不断提高。对于政府而言，了解物流行业的发展趋势，把握未来的发展方向，是制定相应政策和计划的必要前提。物流行业发展规模指数是一个非常重要的经济指标，它可以用于衡量一个地区或国家中物流行业的发展情况和趋势。因此物流行业发展规模的设定对于北京市政府进行未来趋势分析具有重要的实际意义。一方面，物流行业发展规模指数可以帮助政府快速了解该行业的总体状况。通过收集物流行业发展规模指数，政府可以了解物流行业的总体规模、增长速度、就业人数等基本情况，从而对该行业有一个全面的了解。这对于政府制定物流行业的发展计划和政策、提高政策针对性和有效性具有重要的实际意义。另一方面，物流行业发展规模指数可以帮助政府预测该行业未来的发展趋势。物流行业是随着经济全球化和市场化的发展而不断壮大的行业，政府需要预测未来的发展趋势，以便制定相应的政策和计划，促进该行业的可持续发展。物流行业发展规模指数可以提供关于该行业未来增长率、投资状况、技术发展等方面的信息，帮助政府预测该行业的发展趋势。

3. 北京物流业与商贸业耦合指数

物流业与商贸业耦合指数是衡量物流发展水平与商贸业发展水平的指数，由地区生产总值、社会物流总额、物流业固定资产投资完成额、货运量、货运周转量等指标构成。

物流是随着市场贸易的发展而衍生出的行业。随着经济的快速发展，物流业对经济增长的重要作用开始显现出来。现如今物流行业与经济相互促进、相互依托，推动彼此的发展。我们可以通过一系列物流指标来衡量一个城市的物流发展状况，通过分析物流业与商贸业耦合指数可以更好地了解北京市物流业与商贸业发展的关系，从而为后续研究打下基础。

4. 北京绿色物流发展指数

物流活动中的各个环节都会消耗大量的能源并造成环境污染，所以无论从环境保护、行业发展的宏观角度还是企业发展、居民生活的微观角度看，绿色物流的重要性都不言而喻，发展绿色物流已经成为政府宏观政策的一个方向。但是目前我国对于城市绿色物流的定义以及评价体系尚未明确，因此造成我国绿色物流发展缓慢以及滞后等问题。北京市作为我国绿色高质量发展的标杆，应在政策以及未来发展方面起到引领带头作用。

北京市作为我国绿色发展排名首位的城市，分析北京市的绿色物流绩效及其影响因素，可以准确把握北京市绿色物流发展的具体情况，发现北京市绿色物流发展过程中自身具有的优势以及存在的一些问题，加快促进北京市物流绿色化发展。

5. 北京冷链物流发展指数

冷链物流发展指数是综合地区经济发展状况、冷链物流基础设施设备条件、绿色低碳环境下冷链物流发展以及衡量未来整个行业背景下冷链物流发展潜力的系统综合性指标，能帮助人们认识冷链物流运营的全貌，也是衡量地区冷链物流发展能力的体现。

目前北京市尚未形成完整的冷链物流体系，断链现象严重。构建相关冷链物流指数，能完善冷链物流的统筹规划，提升北京市冷链物流综合发展能力，对进一步完善冷链物流整条链条的完整性具有重要意义。此外，通过冷链物流指数可以大致判断区域内生产制造业和经济的发展状况，及时对薄弱环节进行进行调整或进行策略安排。

6. 北京物流园区高质量发展指数

物流园区高质量发展指数体系是为突出北京市的四大典型物流园区发展、使传统园区转型升级发展而设计的一个指标体系。物流园区高质量发展评价指标是用于考核、评估、比较四大典型园区发展质量及运作效果的统计指标，如设施建设、网络构建、运营效率等。物流园区高质量发展指数是北京市政府评价园区是否具有高质量发展前景的重要载体，也是典型园区在绩效评价内容的外在表现，它围绕着园区运作的各个部分，建立起逻辑严密、相互联系又互为补充的体系结构。

7. 京津冀物流协同指数

京津冀物流协同指数是综合反映区域物流系统的各子系统之间及区域物流系统与外部环境系统之间相互协作、配合，促进形成良性循环态势的指数。京津冀物流协同指数意味着充分利用物流的区域特性，使物流活动适应所在区域的经济、社会等环境条件，最大限度地发挥区域物流的功能，从而更好地为所在区域的经济建设和社会发展服务。

京津冀物流协同指数准确评估京津冀区域物流协同水平，对协同度低的子系统提出对策建议，为政府制定、完善区域物流协同发展政策与措施，优化区域产业结构，实现资源跨区域整合提供理论依据；借助京津冀城市优势，整合"两市一省"区域资源，更快、更稳、更强地推进京津冀物流系统协同发展，真正体现"1+1+1>3"的效果。

8. 京津冀物流业与制造业协同指数

京津冀地区是全国经济发展的重要区域，京津冀物流业与制造业协同可以整合京津冀地区资源，提高区域经济的竞争力，提升京津冀地区在国内经济发展中的地位和作用。京津冀物流业与制造业协同指数测算有助于政府了解各个地区产业的优势以及京津冀地区的发展与协同状况；同时结合物流业与制造业协同影响因素的识别与路径提升，给予提高协同的建议。京津冀地区物流业和制造业的协同发展可以促进产业结构升级和转型，实现经济增长的内生性，推动区域经济发展和转型升级。

三、北京物流指数指标设计模型构建

（一）指标适用性分析

为了使所选取的指标能够更好地体现城市绿色物流绩效水平，本书对初选的评价指标进一步筛选，剔除不适用或难量化的评价指标。笔者向物流业从业人员和学者发放调查问卷，邀请管理人员和学者根据初选评价指标的适用性进行打分，评价指标的适用性根据李克特 5 级量表分为非常适用、比较适用、一般适用、不适用和非常不适用共 5 个等级，分别赋值 5、4、3、2、1分，共发放 60 份问卷。根据回收的问卷对各个指标数据进行统计，计算各个指标的集中度、离散度和协调度，计算过程如下。

集中度计算公式：

$$F_i = \frac{1}{m} \sum_{i=0}^{5} p_{ij} n_{ij} \qquad (4-1)$$

其中，F_i 为第 i 个指标的集中度，即指标的均值；m 为评价专家的数量；p_{ij} 为第 i 个指标所在的第 j 个等级，即 p_{ij} 取值为 5、4、3、2、1；n_{ij} 为将第 i 个指标

评价为第 j 个等级的专家数量。

离散度公式：

$$\delta_i = \sqrt{\frac{1}{m-1}\sum_{i=1}^{5} n_{ij}(p_{ij}-F_i)^2}$$ 　　　　　(4-2)

其中，δ_i 为第 i 个指标适应性评价的离散程度，即指标的标准差，剔除 $\delta_i <$ 0.63 的指标。

协调度公式：

$$V_i = \frac{\delta_i}{F_i}$$ 　　　　　(4-3)

其中，F_i 越大表示专家认为第 i 个指标越重要；δ_i 越小表示专家对第 i 个指标的意见越集中。F_i 越大，δ_i 越小，V_i 越小，说明第 i 个指标的重要程度越高。通过计算可得到疫情背景下食品冷链安全性评价初选指标的集中度、离散度和协调度。

（二）因子分析

1. 调查问卷的因子适合度分析

因子分析原理：参考每一个指标潜在的相关性，或许各指标会有某个一致或近似的特征，所以就可通过这样的相关性把所有的指标分成多个类别。因子分析，指的是利用数个少量相对独立性高的因子对各项指标的潜在关系加以描述，同时把有关因子划分到同个种类中，定义每一个种类指标是独立的因子，本质就是降维计算的分析技术，也就是在初始指标数据丢包最少的状态下，力图通过少量的未知因子来分类所有指标，利用这部分少量因子就能对大量的分类内容进行表征，得到更清楚明了的指标，让它具备更强的实效性。弗洛伊德与魏达曼（1995）的研究表明，分子分析和心理学中的有关评价指标十分适宜，如认知、行为方式、态度、精神等指标，对其可进行更深层次的探究。因子分析的特征：和初始指标数量相比，因子数量更少，因子变量可体现出某个类别指标的大部分信息，因此变量彼此没有线性相关性，对其的理解可通过命名完成，这对实际使用提供了极大的便利。因子分析的指导思想是基于相关性高低将初始变量完成分组，让同个组内包含的变量有高度的相关联系，并且各个分组变量彼此的相关程度很小，每一个分组变量表示的是独立的基础结构，同时可用单一的、无法观测的系统性变量完成表征，该基础结构的名称就是公共因子。在项目中，通过 SPSS 内的因子分析法，可检验证明问卷构思理论层面上的效度。

因子分析法是在数量众多的指标内选取数个能够反映这部分指标的因子，这就驱使部分指标在一定层面上有较为明显的相关程度，这样才可实施因子分析。对某组指标可否使用因子分析进行研判，量表内所有题目有无与因子分析要求相适宜的两个基本条件，用数学公式来表示则为：

就 KMO 检验而言，它有赖于对比变量的偏相关与简单相关，它的约束关系是全部初始变量简单相关系数平方和，除以简单相关系数平方和加上偏相关系数平方和，在数学层面上，可把它表示成以下形式：

$$KMO = \frac{\sum \sum_{i \neq j} r_{ij}^2}{\sum \sum_{i \neq j} r_{ij}^2 + \sum \sum_{i \neq j} p_{ij}^2} \tag{4-4}$$

在关系式中，r_{ij} 代表的是指标 x_i 与其余指标 x_j 的相应简单相关系数，p_{ij} 代表的是指数 x_i 与指数 x_j 之间的相应偏相关系数。

KMO 检验的统计取值区间是 0~1，这个数值越大就反映出有越大的简单相关系数，但是，偏相关系数相对越小，则这个数值就会越趋近于 1。参考研究人员 Kaiser（1974）的看法，若 KMO 数值超过 0.90，说明非常适合使用因子分析法，这一数值在 0.80 之上说明较适宜，超过 0.70 说明尚能实施因子分析，0.60 之上说明勉强可实施，0.50 说明不建议使用，0.50 之下则说明非常不建议使用。

根据 Bartlett（Bartlett's test of sphericity）检验法，当显著性水平 $P<0.05$，则表明该矩阵非单位矩阵，可以利用主成分分析法抽取共同因子。

笔者对调查问卷进行因子分析，KMO 的值为 0.932，因此本文数据适用于因子分析。

2. 公共因子的提取

本书选择了探索性因子分析内被大量引用的一个方法，也就是主成分分析法（Principal Component Analysis，PCA）。

主成分分析法的根本原理是，依赖正交变换，把变量有关的初始随机变量转换为和这个变量没有相关性的全新随机变量，接着，对于多维度的指标实施降维计算，让它可在最大程度上留存初始指标信息内容的条件下被变换成低维向量，由此使统计计算更加方便。通过主成分分析法完来实施因子分析法的过程中，在最大程度上允许获得与指标数量等同的因子，在选用或者舍弃因子的过程中，普遍采取的手段是经验法则，即把特征值认定成表征公因子影响程度高低的一个指标，将它当作获取主成分因子的根本凭据，设定特征值超过 1 的这个成分就可看作主成分，并抽取主成分中包含的因子。在对数据进行简易化处理以及反映变量之间的相关性的步骤中，可弥补多指数综合分析的缺陷，利用线性变换使得众多指标重组成为数个能有效表征整体信息且互相独立的主成分。这数个因子既留存初始变量内的关键信息又互不相干，能有效地消除产生多重共线性的不利现象，同时还可获得比较优良的模型。所以本书选择主成分分析法抽取公因子。

3. 命名因子旋转和公共因子

因子旋转，就是把上个环节抽取得到的因子利用数学变化使之清晰且容易区别，同时可体现出相应的含义。故因子旋转旨在方便对于因子的本质含义进行掌握与解释，完成旋转之后的全新坐标系内再次分配了因子载荷，所以在理解与命名因子上是非常简单的。因子宣传一般划分成两个类型，包含正交旋转与斜交旋转。前者的基础假设是：因子分析过程中抽取获得的因子，它们互相独立且没有相关性，其根本目的是得到因子的简化结构，也就是说各个变量在最少化的因子数量上具备较大的负载。后者并没有对因子间有没有相关性进行约束，这样因子旋转得到的结果或许会让各个因子相应的解释变量方差产生部分重叠。

4. 调查问卷的有效性检验

作为衡量问卷度量可靠性的一项指标，问卷信度代表的是观测获得的结果具有的内部统一性。现阶段信度测量引用最为广泛的是克朗巴哈系数（Cronbach's alpha），这个度量指标可塑造出相当的内在结构，可以评价确定度量信度；这项指标最早是 Lee Cronbach 提及的，所以它被叫作 Cronbach's alpha 系数。以下列举的是 Cronbach's alpha 系数关系表达式：

$$r_{\alpha} = \frac{k}{k-1}\left(1 - \frac{\sum s_i^2}{s^2}\right) \tag{4-5}$$

在关系表达式内，k 表示样本数，s_i^2 表示第 i 个项目的方差，s^2 代表问卷整体得分的方差。

本书基于 SPSS 工具，采用提供有效性检查的两个指标：Cronbach's alpha 系数以及基于标准化项的 Cronbach's alpha 系数进行检验。检验结果在 0.8 以上，表明此量表具有良好的信度，可以验证原有问卷设计思路的正确性和有效性。

（三）优序图主观权重计算

优序图法是穆迪（P. E. Moody）在 1983 年提出的方法。优序图法的主要原理是通过多个指标或影响因素进行两两对比，最后给出重要性次序或者优先次序。该方法较为简单，能够处理定性问题，也能够处理定量问题。

本书请专家们对二级、三级指标进行评分。优序图是一个棋盘格的图式（见表4-3），第 1 列各项为比较者，第 1 行各项为被比较者。在进行两项对比时赋值，两两比较相对"好的""优的"赋值为 1；相对"差的""次要的"赋值为 0；两项同等重要的赋值为 0.5。

表4-3 优序图法确定指标权重示意

比较指标	N_1	N_2	N_3	$\cdots$	N_n
N_1					
N_2					
N_3					
$\vdots$					
N_n					

优序图法主要步骤：假设各项影响因素为 N_1，N_2，N_3，$\cdots$，N_n，对其进行重要性排序。

①根据优序图法原理进行两两对比，结果如表4-4所示。

表 4-4　各项影响因素对比

比较指标	N_1	N_2	N_3	$\cdots$	N_n
N_1	A_{11}	A_{12}	A_{13}	$\cdots$	A_{1n}
N_2	A_{21}	A_{22}	A_{23}	$\cdots$	A_{2n}
N_3	A_{31}	A_{32}	A_{33}	$\cdots$	A_{3n}
$\vdots$	$\cdots$	$\cdots$	$\cdots$	$\cdots$	$\vdots$
N_n	A_{n1}	A_{n2}	A_{n3}		A_{nn}

②计算各项指标得分及权重。将各项指标的评分赋值进行横向求和，得到各指标的最终得分，按照各项得分高低进行排序，确定指标的相对重要程度。

计算公式为：

$$\sum_{i=1}^{n} A_{ij} = A_i (i = 1,\ 2,\ \cdots,\ n) \tag{4-6}$$

根据各项得分计算各项影响因素在整体方案中的权重：

$$A_i / \sum_{i=1}^{n} A_i = M_i \tag{4-7}$$

（四）熵值法客观权重计算

本书采用客观赋权法中的熵权法计算来计算疫情背景下食品冷链安全性评价指标的权重，可以降低指标权重的主观性。熵权法是客观赋权法的一种。熵权法以评价指标的变化程度为依据来确定指标的权重，其中评价指标的信息熵越小，说明该指标的变化程度越大，其权重就越大；评价指标的信息熵越大，其变化程度越小，其权重就越小。本书应用熵权法计算评价指标权重的步骤如下。

①构建评价矩阵：

$$H_x = (x_{ij}) = \begin{bmatrix} x_{11} & x_{12} & \cdots & x_{1n} \\ x_{21} & x_{22} & \cdots & x_{2n} \\ \vdots & \vdots & \vdots & \vdots \\ x_{m1} & x_{m2} & \cdots & x_{mn} \end{bmatrix}$$

H_x 为疫情背景下食品冷链安全性初始评价矩阵，其中 m 为评价专家数量，n 为评价指标数量，x_{ij} 表示为第 i 个专家对第 j 个指标的评价分值，$i=1$，2，3，…，n；$j=1$，2，3，…，m。

②数据归一化处理：

正向指标计算：

$$y_{ij} = \frac{x_{ij} - \min\{x_{1j}, \cdots, x_{nj}\}}{\max\{x_{1j}, \cdots, x_{nj}\} - \min\{x_{1j}, \cdots, x_{nj}\}} \tag{4-8}$$

负向指标计算：

$$y_{ij} = \frac{\max\{x_{1j}, \cdots, x_{nj}\} - x_{ij}}{\max\{x_{1j}, \cdots, x_{nj}\} - \min\{x_{1j}, \cdots, x_{nj}\}} \tag{4-9}$$

③计算评价指标的指标比重：

$$p_{ij} = \frac{x_{ij}}{\sum_{i=1}^{n} x_{ij}} \tag{4-10}$$

④各指标信息熵计算：

$$E_j = -\frac{1}{\ln n}\sum_{i=1}^{n} p_{ij\ln(p_{ij})} \tag{4-11}$$

⑤评价指标计算权重：

$$W_j = \frac{1-E_j}{\sum_{j=1}^{m} 1-E_j} \tag{4-12}$$

四、北京物流指数指标体系设计

（一）北京物流业景气指数指标体系设计

1. 北京物流业景气指数指标体系构建

对于北京物流业景气指数的构建，本书主要从物流企业自身特点出发并结合企业景气评价维度研究热度（见图4-3）。

北京物流业景气指数主要由业务量、新订单、从业人员、货物承载、货物流通、资金周转率、主营业务成本、主营业务利润、物流服务价格、固定资产投资完成情况、业务活动预期11个分项二级指标和每项二级指标维度下的量化指标共计 16 个三级指标构成，具体指数内容如表 4-5 所示。

图 4-3 物流业景气指数内容词云图

表 4-5 北京物流业景气指数指标统计

目标层	二级指标	三级指标
北京物流业景气指数	业务量	现时业务总量（订单数/件）
	新订单	现时新订单数量（订单数/件）
	从业人员	从业人员数量（个）
	货物承载	现时货运成本（元）
		现时货运量（吨）
		现时吞吐量（吨）
	货物流通	现时货运流通成本（元）
		现时货运流通量（吨）
		现时货运配送量（吨）
	资金周转率	流动资产增长率（%）
	主营业务成本	主营业务成本（元）
	主营业务利润	主营业务利润额同比增长率（%）
	物流服务价格	企业应收账款（元）
	固定资产投资完成情况	管理成本（元）
		总资产增长率（%）
	业务活动预期	同期新订单增长量（订单数/件）

2. 北京物流业景气指数指标体系权重计算

本书运用德尔菲法，对上述二级指标和三级指标分别制作调查问卷并发放。本书计算权重选取的方法为优序图法，适合大量数据处理。

用优序图法计算权重时，首先需要构建优序图权重表（SPSSAU 自动构建），如表 4-6 所示。

表 4-6　优序图权重计算

平均值	项	1	2	3	4	5	6	7	8	9	10	11
7.230	业务量（1）	0.5	1	1	1	0	1	1	1	1	1	1
7.150	新订单（2）	0	0.5	0.5	1	0	1	1	1	0.5	1	1
7.150	从业人员（3）	0	0.5	0.5	1	0	1	1	1	0.5	1	1
6.770	货物承载（4）	0	0	0	0.5	0	1	1	1	1	1	0
7.310	货物流通（5）	1	1	1	1	0.5	1	1	1	1	1	1
6.620	资金周转率（6）	0	0	0	0	0	0.5	1	1	0	1	0
6.310	主营业务成本（7）	0	0	0	0	0	0	0.5	0	0	0	0
6.460	主营业务利润（8）	0	0	0	0	0	0	1	0.5	0	0	0
7.150	物流服务价格（9）	0	0.5	0.5	0	0	1	1	1	0.5	1	1
6.540	固定资产投资完成情况（10）	0	0	0	0	0	0	1	1	0	0.5	0
6.920	业务活动预期（11）	0	0	0	1	0	1	1	1	0	1	0.5

注：第 1 行数字表示分析项的编号。

优序图权重表构建方式为：计算出各分析项的平均值，接着利用平均值大小进行两两对比。平均值相对更大时计为 1 分，相对更小时计为 0 分，平均值完全相等时计为 0.5 分。平均值越大意味着重要性越高，权重也会越高。

二级指标权重计算结果见表 4-7。

表 4-7　北京物流业景气指数二级指标权重

项	平均值	TTL（指标得分）	权重值
业务量	7.230	9.500	15.702%
新订单	7.150	7.500	12.397%
从业人员	7.150	7.500	12.397%

续表

项	平均值	TTL（指标得分）	权重值
货物承载	6.770	4.500	7.438%
货物流通	7.310	10.500	17.355%
资金周转率	6.620	3.500	5.785%
主营业务成本	6.310	0.500	0.826%
主营业务利润	6.460	1.500	2.479%
物流服务价格	7.150	7.500	12.397%
固定资产投资完成情况	6.540	2.500	4.132%
业务活动预期	6.920	5.500	9.091%

三级指标权重计算结果见图4-4和表4-8。

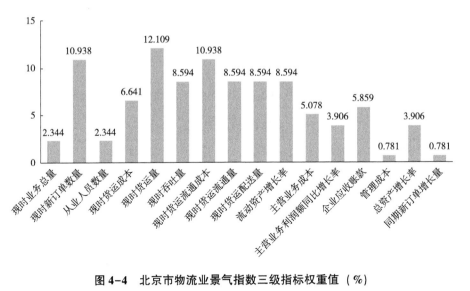

图4-4 北京市物流业景气指数三级指标权重值（%）

表4-8 北京物流业景气指数三级指标权重

项	平均值	TTL（指标得分）	权重值
现时业务总量	6.460	3.000	2.344%
现时新订单数量	6.920	14.000	10.938%
从业人员数量	6.460	3.000	2.344%

续表

项	平均值	TTL（指标得分）	权重值
现时货运成本	6.770	8.500	6.641%
现时货运量	7.080	15.500	12.109%
现时吞吐量	6.850	11.000	8.594%
现时货运流通成本	6.920	14.000	10.938%
现时货运流通量	6.850	11.000	8.594%
现时货运配送量	6.850	11.000	8.594%
流动资产增长率	6.850	11.000	8.594%
主营业务成本	6.620	6.500	5.078%
主营业务利润额同比增长率	6.540	5.000	3.906%
企业应收账款	6.690	7.500	5.859%
管理成本	6.230	1.000	0.781%
总资产增长率	6.540	5.000	3.906%
同期新订单增长量	6.230	1.000	0.781%

将上述内容进行汇总，得到北京物流业景气指数指标体系如表4-9所示。

表4-9　北京物流业景气指数指标体系

目标层	二级指标	权重	三级指标	权重
北京物流业景气指数	业务量	15.702%	现时业务总量（订单数/件）	2.344%
	新订单	12.397%	现时新订单数量（订单数/件）	10.938%
	从业人员	12.397%	从业人员数量（个）	2.344%
	货物承载	7.438%	现时货运成本（元）	6.641%
			现时货运量（吨）	12.109%
			现时吞吐量（吨）	8.594%
	货物流通	17.355%	现时货运流通成本（元）	10.938%
			现时货运流通量（吨）	8.594%
			现时货运配送量（吨）	8.594%
	资金周转率	5.785%	流动资产增长率（%）	8.594%
	主营业务成本	0.826%	主营业务成本（元）	5.078%
	主营业务利润	2.479%	主营业务利润额同比增长率（%）	3.906%

续表

目标层	二级指标	权重	三级指标	权重
北京物流业景气指数	物流服务价格	12.397%	企业应收账款（元）	5.859%
	固定资产投资完成情况	4.132%	管理成本（元）	0.781%
			总资产增长率（%）	3.906%
	业务活动预期	9.091%	同期新订单增长量（订单数/件）	0.781%

（二）北京物流行业发展规模指数指标体系设计

1. 北京物流行业发展规模指数指标体系构建

本书通过搜集大量物流与经济发展关系相关文献，按照评价指标选取的科学性、客观性、典型性、预见性、可量化性等原则，利用词云分布图计算物流对经济发展贡献度热点及发展趋势，进行指标初步遴选与框架构建，所选取数据的时间段为 2012 年至 2022 年，运行结果如图 4-5 所示。

图 4-5　物流行业发展规模词频分布图

本书结合北京市的实际情况，选取具有代表性的指标来反映北京市物流行业发展规模相关指标，最终确定将指数分为 2 个一级分指数。一级分指数下分化为 6 个二级指标，二级指标下又具体分为 16 个三级指标。具体指数指标内容如表 4-10 所示。

表 4-10 北京物流行业发展规模指数指标统计

目标层	一级分指数	二级指标	三级指标
北京物流行业发展规模指数	资源情况	物流企业数量（个）	冷链物流企业数量（个）
		从业人员数量（人）	铁路运输从业人数（人）
			道路运输从业人数（人）
			水上运输从业人数（人）
			航空运输从业人数（人）
			管道运输从业人数（人）
			多式联运和运输代理业从业人数（人）
			装卸搬运和仓储业从业人数（人）
		运输车辆数量（万辆）	公路营业性货运车辆（万辆）
			新能源货车保有量（万辆）
		仓储面积（万平方米）	物流仓储用地面积（平方公里）
			冷库容量（吨）
	市场情况	地区生产总值（亿元）	交通运输、仓储和邮政业生产总值（亿元）
		服务量（万吨）	铁路货运量（万吨）
			公路货运量（万吨）
			航空货运量（万吨）

2. 北京物流行业发展规模指数指标体系权重计算

北京物流行业发展规模指数主要由物流企业数量、从业人员数量、运输车辆数量、仓储面积、收入、服务量 6 个二级指标和每项二级指标维度下的量化指标共计 16 个三级指标构成，运用德尔菲法对上述指标分别制作调查问卷并发放。目前主流确定指标权重方法有三类，第一种是主观法，代表方法为德尔菲法和层次分析法，可操作性强，但是受到专家意见影响较大；第二种是客观法，主要代表方法是因子分析法、主成分分析法、熵值法，其客观性较强，但对数据完整性要求较高。为了真实地反映各序参量指标的重要性，本书采用综合评价法, 将主观法与客观法相结合使用, 选择 AHP (层次分析法) 与熵权法共同来确定各个指标的权重。

(1) AHP

设 A 为判断矩阵, 来表示各个指标的相对重要性, 即 $A=(a_{ij})_{m \times n}$。一般采用表 4-11 的方法进行判定。

表 4-11 重要性判断标准

a_{ij}	含义
1	i 和 j 的重要程度一样
3	i 比 j 较为重要
5	i 比 j 更为重要
7	i 与 j 相比极其重要
9	i 极端重要
2, 4, 6, 8	上述评价中的中间值

根据上文, 能够得知矩阵形式如下:

$$A = \begin{bmatrix} a_{11} & \cdots & a_{1n} \\ \vdots & \ddots & \vdots \\ a_{m1} & \cdots & a_{mm} \end{bmatrix}$$

计算出各行的几何平均数, 再计算各评价指标的重要性权数, 公式如下:

$$\overline{a_i} = \sqrt[m]{a_{i1} \times a_{i2} \times \cdots \times a_{im}} = \sqrt[m]{\prod_{j=1}^{m} a_{ij}} \qquad (4-13)$$

$$w_i = \frac{\overline{a_i}}{\sum_{i=1}^{m} \overline{a_i}} \qquad (4-14)$$

计算出判断矩阵的特征向量后, 需要进行一致性检验:

①计算判断矩阵的最大特征根:

$$\lambda_{\max} = \frac{1}{m} \sum_{i=1}^{m} \frac{(AW)_i}{w_i} \qquad (4-15)$$

②计算判断矩阵的一致性指标:

$$CI = \frac{\lambda_{\max} - m}{m - 1} \tag{4-16}$$

③计算判断矩阵的随机一致性比率:

$$CR = \frac{CI}{RI} \tag{4-17}$$

CR 值小于 0.1 则说明通过一致性检验,反之则说明没有通过。结果如表 4-12 所示。

表 4-12　物流供给一致性检验结果

最大特征根	CI 值	RI 值	CR 值	一致性检验结果
11.000	0.000	1.520	0.000	通过

(2) 熵值法

假设指标个数为 n ,时间为 m 年,将进行标准化处理后的数据带入下式:

①计算第 i 年第 j 项指标的比重 w_{ij} :

$$w_{ij} = \frac{x_{ij}}{\sum\limits_{j=1}^{m} x_{ij}} (i = 1,\ 2,\ \cdots,\ m;\ j = 1,\ 2,\ \cdots,\ n) \tag{4-18}$$

②计算第 j 个指标的熵值 e_i :

$$e_j = -\frac{1}{\ln m} \sum\limits_{j=1}^{m} w_{ij} \ln w_{ij} (i = 1,\ 2,\ \cdots,\ m;\ j = 1,\ 2,\ \cdots,\ n) \tag{4-19}$$

③计算第 j 个指标的信息效用值 e_j :

$$e_j = 1 - h_j (j = 1,\ 2,\ \cdots,\ n) \tag{4-20}$$

④计算各项指标的权重 ω_i :

$$\omega_i = \frac{e_j}{\sum\limits_{i=1}^{n} e_j} \tag{4-21}$$

根据上述公式,计算结果如表 4-13 所示。

表 4-13　北京物流行业发展规模指数指标体系

目标层	一级指标	权重	二级指标	权重	三级指标	权重
北京物流行业发展规模指数	资源情况	0.600 0	物流企业数量（个）	0.101 9	冷链物流企业数量（个）	0.101 9
			从业人员数量（人）	0.111 1	铁路运输从业人数（人）	0.015 6
					道路运输从业人数（人）	0.025 0
					水上运输从业人数（人）	0.011 0
					航空运输从业人数（人）	0.008 6
					管道运输从业人数（人）	0.005 7
					多式联运和运输代理业从业人数（人）	0.021 0
					装卸搬运和仓储业从业人数（人）	0.024 2
			运输车辆数量（万辆）	0.169 3	公路营业性货运车辆（万辆）	0.093 2
					新能源货车保有量（万辆）	0.076 1
			仓储面积（万平方米）	0.217 7	物流仓储用地面积（万平方米）	0.092 5
					冷库容量（吨）	0.125 2
	市场情况	0.400 0	地区行业生产值（亿元）	0.206 6	交通运输、仓储和邮政业生产总值（亿元）	0.206 6
			服务量（万吨）	0.193 4	铁路货运量（万吨）	0.035 9
					公路货运量（万吨）	0.105 5
					航空货运量（万吨）	0.052 0

（三）北京物流业与商贸业耦合指数指标体系设计

1. 北京物流业与商贸业耦合指数指标体系构建

本书通过搜集大量物流业与商贸业发展关系相关文献，按照评价指标选取的科学性、客观性、典型性、预见性、可量化性等原则，利用词云分布图计算北京市物流业与商贸业耦合指数热点及发展趋势，进行指标初步遴选与框架构建，所选取数据的时间段为 2010 年至 2022 年，运行结果如图 4-6 所示。

本书结合北京市的实际情况，选取具有代表性的指标来反映北京市物流业与商贸业发展关系相关指标，最终确定将指数分为 2 个一级指标。一级指标下分为 4 个二级指标，二级指标下又具体分为 10 个三级指标。具体指数内容如表 4-14 所示。

图 4-6 物流业与商贸业耦合词频分布

表 4-14 北京物流业与商贸业耦合指数指标统计表

一级指标	二级指标	三级指标
物流业系统	物流业发展规模	物流业 GDP（亿元）
		货运量（万吨）
		货物周转量（亿吨/公里）
		物流业从业人数（万人）
	物流业效益	物流业税收（亿元）
商贸业系统	商贸业发展规模	商贸业 GDP（亿元）
		社会消费品零售总额（亿元）
		对外经济贸易总额（亿美元）
		商贸业从业人数（万人）
	商贸业效益	商贸业税收（亿元）

2. 北京物流业与商贸业耦合指数指标体系权重计算

由于本书各指标的单位无法统一，序参量的数据单位与量纲不同，本书运用了极差法对原始数据标准化处理，公式如下：

$$Z'_{ij} = \frac{Z_{ij} - \min_j}{\max_j - \min_j}, \quad i = 1, 2; \quad j = 1, 2 \cdots m \tag{4-22}$$

为避免标准化时出现 0 和 1 的极限情况，所有数据在标准化后统一加 0.001，其中，Z_{ij} 为原始数据，Z'_{ij} 为标准化处理后的数据，$0.001 \leqslant Z'_{ij} \leqslant 1.001$，对于指标权重的确定，步骤如下：

①确定各指标所占比重：

$$f_{ij} = \frac{Z'_{ij}}{\sum_{j=1}^{m} Z'_{ij}} \tag{4-23}$$

②计算第 j 个指标的信息熵：

$$E_{ij} = -\frac{1}{\ln m} \left(\sum_{j=1}^{m} f_{ij} \ln f_{ij} \right) \tag{4-24}$$

③计算第 j 个指标的权重：

$$\omega_j = \frac{h_j}{\sum_{j}^{n} h_j} \tag{4-25}$$

④其中 h_j 为信息效用值：

$$h_j = 1 - E_{ij} \tag{4-26}$$

第一步：数据标准化。采用公式（4-22）对所选取的数据指标进行标准化处理。

第二步：运用熵权法计算三级指标权重。运用公式（4-23）至（4-25）计算三级指标的权重，如表 4-15 所示。

表 4-15 北京物流业与商贸业耦合指数指标体系

一级指标	二级指标	权重	三级指标	权重
物流业系统	物流业发展规模	50.28%	物流业 GDP（亿元）	10.39%
			货运量（万吨）	10.92%

续表

一级指标	二级指标	权重	三级指标	权重
物流业系统	物流业发展规模	50.28%	货物周转量（亿吨/公里）	10.12%
			物流业从业人数（万人）	9.30%
	物流业效益		交通运输、仓储和邮政业税收（亿元）	9.55%
商贸业系统	商贸业发展规模	49.72%	批发和零售业GDP（亿元）	8.72%
			社会消费品零售总额（亿元）	11.71%
			对外经济贸易总额（亿美元）	8.87%
			商贸业从业人数（万人）	9.44%
	商贸业效益		批发和零售业税收（亿元）	10.98%

（四）北京绿色物流发展指数指标体系设计

1. 北京绿色物流发展指数指标体系构建

本书通过词云分析（见图4-7）、查阅文献，使用系统性、科学性、数据可获得性、高频权威性的原则进行初选，同时考虑到实际数据的可获得性与关联性，最终确定将经济条件、基础能力、环境友好性、发展潜力作为城市绿色物流绩效评价的4个准则层，根据绿色物流的理论基础对准则层展开分解，最终确定24个指标层（见表4-16）。

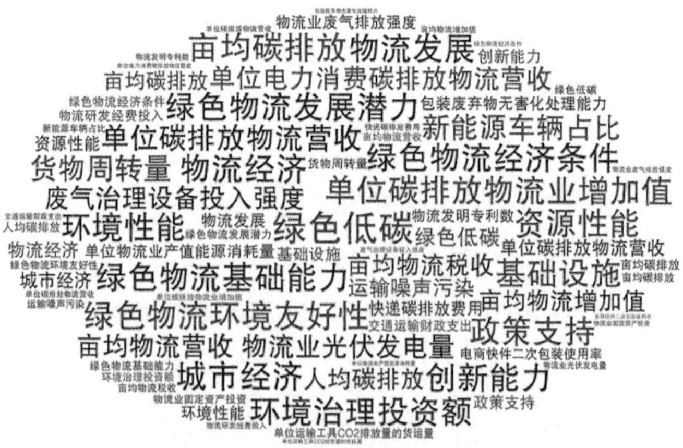

图4-7 绿色物流发展词频分布图

表 4-16　北京绿色物流发展指数指标构成

目标层	一级分指数	二级指标	三级指标
北京绿色物流发展指数	资源高效利用	物流业效率	车辆满载率（%）
			仓库使用率（%）
			单位物流从业人员效率（万件/万人）
		物流业单位效益	单位物流营业收入（万元/万吨）
			单位物流增加值（万元/万吨）
			单位物流总额（万元/万吨）
	低碳环保	物流业能源性能	新能源货运车辆占比（%）
			电商快件二次包装使用率（%）
			单位物流业产值能源消耗量（万吨标准煤/亿元）
		物流业环境性能	单位运输工具二氧化碳排放运量（亿吨/万吨）
			运输噪声污染（分贝）
	绿色发展潜力	发展投入	物流业固定资产投入（亿元）
			物流研发经费投入（亿元）
		政策支持	绿色物流政策发布量（个）
			交通运输财政支出（亿元）

2. 北京绿色物流发展指数指标体系权重计算

优序图法是穆迪（P. E. Moody）在 1983 年提出的方法。优序图法的主要原理是对多个指标或影响因素进行两两对比，据此给出重要性次序或者优先次序。该方法较为简单，能够处理定性问题，也能够处理定量问题。

本书请专家们对二级、三级指标进行评分。优序图是一个棋盘格的图式，见表 4-17，第 1 列各项为比较者，第 1 行各项为被比较者。在进行两项对比时赋值，两两比较相对"好的""优的"赋值为 1；相对"差的""次要的"赋值为 0；两项同等重要的赋值为 0.5。

假设各项影响因素为 N_1，N_2，N_3，$\cdots$，N_n，对其进行重要性排序。

根据优序图法原理进行两两对比，结果如表 4-17 所示。

表 4-17 各项影响因素对比

比较指标	N_1	N_2	N_3	…	N_n
N_1	A_{11}	A_{12}	A_{13}	…	A_{1n}
N_2	A_{21}	A_{22}	A_{23}	…	A_{2n}
N_3	A_{31}	A_{32}	A_{33}	…	A_{3n}
…	…	…	…	…	…
N_n	A_{n1}	A_{n2}	A_{n3}	…	A_{nn}

计算各项指标得分及权重。将各项指标的评分赋值进行横向求和，得到各指标的最终得分，按照各项得分高低进行排序，确定指标的相对重要程度。

计算公式为：

$$\sum_{i=1}^{n} A_{ij} = A_i (i = 1, 2, \cdots, n) \qquad (4-27)$$

根据各项得分计算各项影响因素在整体方案中的权重：

$$A_i / \sum_{i=1}^{n} A_i = M_i \qquad (4-28)$$

基于附录中北京市绿色物流指标打分数据，根据公式（4-27）和公式（4-28），计算北京市物流指标的权重。

优序图的构造方法是：先求出各个分析项的平均数，再根据平均数的数值来比较。当平均数比较大的时候，记 1 分，当比较小时，记 0 分，而当平均数相当的时候，则记 0.5 分。较大的平均数表示较大的重要程度，因此加权数也就较大。权重计算表见表 4-18。

表 4-18 北京绿色物流发展指数二级指标优序图权重计算表

平均值	项	物流业效率	物流业单位效益	物流业能源性能	物流业环境性能	发展投入	政策支持
8.31	物流业效率	0.5	1	1	1	1	1
7.31	物流业单位效益	0	0.5	1	1	1	0
7.25	物流业能源性能	0	0	0.5	1	0.5	0
7.06	物流业环境性能	0	0	0	0.5	0	0

续表

平均值	项	物流业效率	物流业单位效益	物流业能源性能	物流业环境性能	发展投入	政策支持
7.25	发展投入	0	0	0.5	1	0.5	0
7.63	政策支持	0	1	1	1	1	0.5

　　在优化后的加权表格中，再对 TTL 进行计算，最后得出加权的数值。具体步骤为：①将各条线的 TTL 与最小二乘法相加，再与最小二乘法相比较，得出最小二乘法；②将 TTL 的数值标准化，并计算出相应的加权系数权重计算结果见表 4-19 和表 4-20。

表 4-19　北京绿色物流发展指数二级指标优序图权重计算结果

项	平均值	TTL（指标得分）	权重值
物流业效率	8.31	5.50	30.556%
物流业单位效益	7.31	3.50	19.444%
物流业能源性能	7.25	2.00	11.111%
物流业环境性能	7.06	0.50	2.778%
发展投入	7.25	2.00	11.111%
政策支持	7.63	4.50	25.000%

表 4-20　北京绿色物流发展指数三级指标优序图权重计算结果

项	平均值	TTL（指标得分）	权重值
车辆满载率（%）	7.81	17.5	11.9%
仓库使用率（%）	7.69	16.5	11.2%
单位物流从业人员效率（万件/万人）	7.44	14.5	9.1%
单位物流营业收入（万元/万吨）	6.69	5.5	3.3%
单位物流增加值（万元/万吨）	6.56	13.5	8.3%
单位物流总额（万元/万吨）	6.88	7.9	4.9%
新能源货运车辆占比（%）	6.25	11.5	7%
电商快件二次包装使用率（%）	6.69	7.5	4.6%

续表

项	平均值	TTL（指标得分）	权重值
单位物流业产值能源消耗量（万吨标准煤/亿元）	6.94	2.0	1.2%
单位运输工具二氧化碳排放运量（亿吨/万吨）	6.75	1.5	5.2%
运输噪声污染（分贝）	6.00	8.5	6.7%
物流固定资产投入（亿元）	6.15	10.0	6.1%
物流研发经费投入（亿元）	6.61	5.5	3.3%
绿色物流政策发布量（个）	6.88	12.5	7.7%
交通运输财政支出（亿元）	7.35	15.5	9.5%

北京绿色物流发展指数指标体系见表4-21。

表4-21 北京绿色物流发展指数指标体系

目标层	一级分指数	二级指标	权重	三级指标	权重
北京绿色物流发展指数	资源高效利用	物流业效率	30.6%	车辆满载率（%）	11.9%
				仓库使用率（%）	11.2%
				单位物流从业人员效率（万件/万人）	9.1%
		物流业单位效益	19.4%	单位物流营业收入（万元/万吨）	3.3%
				单位物流增加值（万元/万吨）	8.3%
				单位物流总额（万元/万吨）	4.9%
	低碳环保	物流业能源性能	11.1%	新能源货运车辆占比（%）	7.0%
				电商快件二次包装使用率（%）	4.6%
				单位物流业产值能源消耗量（万吨标准煤/亿元）	1.2%
		物流业环境性能	2.8%	单位运输工具二氧化碳排放运量（亿吨/万吨）	5.2%
				运输噪声污染（分贝）	6.7%
	绿色发展潜力	发展投入	11.1%	物流业固定资产投入（亿元）	6.1%
				物流研发经费投入（亿元）	3.3%
		政策支持	25.0%	绿色物流政策发布量（个）	7.7%
				交通运输财政支出（亿元）	9.5%

(五)　北京冷链物流发展指数指标体系设计

1. 北京冷链物流发展指数指标体系构建

本书在参考相关学者已有研究的基础上，搜集相关冷链物流文献，按照评价指标选取的科学性、客观性、典型性、预见性、可量化性等原则，利用词云图汇总冷链物流领域研究热点及发展趋势，进行指标初步遴选与构建，所选取数据的时间段为 2000 年至 2022 年，运行结果如图 4-8 所示。

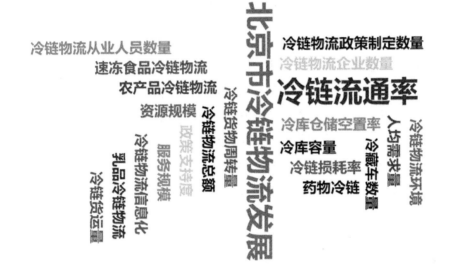

图 4-8　冷链物流热点词云分布图

本书结合北京市的实际情况，通过向专家咨询等方式，选取具有代表性的指标来反映城市冷链物流绩效情况和综合能力。最终确定用资源规模、服务规模、冷链物流环境来反映城市冷链物流绩效情况，形成一级分指数。一级分指数下有冷链物流企业数量、冷链物流从业人员数量、冷库容量、冷藏车数量、冷链物流总额、冷链存量、冷链货运量、冷链物流政策制定数量、人均需求量共 9 个二级指标。具体指标内容见表 4-22。

表 4-22　北京冷链物流发展指数指标构成

目标层	一级分指数	二级指标
北京冷链物流发展指数	资源规模	冷链物流企业数量（个）
		冷链物流从业人员数量（万人）
		冷库容量（吨）
		冷藏车数量（辆）
	服务规模	冷链物流总额（亿元）
		冷链存量（万吨）
		冷链货运量（万吨）
	冷链物流环境	冷链物流政策制定数量（个）
		人均需求量（千克）

2. 北京冷链物流发展指数指标体系权重计算

专家打分法是指通过匿名方式征询有关专家的意见，对专家意见进行统计、处理、分析和归纳，客观地综合多数专家经验与主观判断，对大量难以采用技术方法进行定量分析的因素做出合理估算，经过多轮意见征询、反馈和调整后，对债权价值和价值可实现程度进行分析的方法。

笔者根据冷链物流二级指数编制对应问卷，并发送给相关专家。专家以北京冷链物流发展背景为参考，结合各冷链物流企业实际情况、国家政策以及北京市冷链物流政策，进行综合打分（专家打分结果见附录）。

优序图法最早是由美国穆迪提出的，是基于主观判断的一种方法。优序图法的主要原理是通过对多个指标或目标进行两两相对比较，据此给出确定系统指标重要程度或者优先次序。该方法应用较为简便，既能够处理定性问题，又能够处理定量问题。

优序图法设 n 为比较对象数目，优序图是一个棋盘格的图式，共有 $n×n$ 个空格，在进行两两比较时可选择 1、0 两个数字来表示何者为优、为大。"1"表示两两相比中的相对"优的""重要的""大的"，而"0"表示相对"劣的""不重要的""小的"。

假设对系统指标 N_1，N_2，N_3，$\cdots$，N_n 进行重要性排序。

根据优序图法原理进行两两对比，结果如表 4-23 所示。

表4-23　各项影响因素对比

比较指标	N_1	N_2	N_3	$\cdots$	N_n
N_1	A_{11}	A_{12}	A_{13}	$\cdots$	A_{1n}
N_2	A_{21}	A_{22}	A_{23}	$\cdots$	A_{2n}
N_3	A_{31}	A_{32}	A_{33}	$\cdots$	A_{3n}
$\vdots$	$\cdots$	$\cdots$	$\cdots$	$\cdots$	$\vdots$
N_n	A_{n1}	A_{n2}	A_{n3}	$\cdots$	A_{nn}

下面要计算各项指标得分及权重。将各项指标的评分赋值进行横向求和，得到各指标的最终得分，按照各项得分高低进行排序，确定指标的相对重要程度。

计算公式为：

$$\sum_{i=1}^{n} A_{ij} = A_i (i = 1, 2, \cdots, n) \tag{4-29}$$

根据各项得分计算各项影响因素在整体方案中的权重：

$$A_i / \sum_{i=1}^{n} A_i = M_i \tag{4-30}$$

优序图权重表构建方式为：先计算出各分析项的平均值，接着利用平均值大小进行两两对比。平均值相对更大时计为1分，相对更小时计为0分，平均值完全相等时计为0.5分。平均值越大意味着重要性越高，权重也会越高。用优序图法计算权重时，首先需要构建优序图权重表，如表4-24所示。

表4-24　北京冷链物流发展指数二级指标优序图权重计算表

平均值	项	冷链物流企业数量	冷链物流从业人员数量	冷库容量	冷藏车数量	冷链物流总额	冷链存量	冷链货运量	冷链物流政策制定数量	人均需求量
7.72	冷链物流企业数量	0.5	1	1	1	0.5	0.5	1	1	0.5
7.47	冷链物流从业人员数量	1	0.5	1	0	0	1	1	1	1

续表

平均值	项	冷链物流企业数量	冷链物流从业人员数量	冷库容量	冷藏车数量	冷链物流总额	冷链存量	冷链货运量	冷链物流政策制定数量	人均需求量
7.37	冷库容量	1	0	0.5	0	0	1	0	0	0
7.61	冷藏车数量	1	1	1	0.5	1	1	1	0.5	0.5
7.51	冷链物流总额	1	1	1	0	0.5	1	1	1	1
7.32	冷链存量	1	0	0	0.5	0	0.5	0	0	0
7.32	冷链货运量	1	0	1	0	0	1	0.5	0	0
7.12	冷链物流政策制定数量	1	0	1	0	0	1	1	0.5	1
7.17	人均需求量	1	0	1	0	0	1	1	0	0.5

完成优序图权重计算表后，接着计算 TTL 值并最终得到权重值。具体步骤为：结合优序图权重计算表，针对每行数据求和，得到 TTL 值；针对 TTL 值进行归一化处理，最终得到权重值。具体结果见表 4-25 和表 4-26。

表4-25 北京冷链物流发展指数二级指标优序图权重计算结果

项	平均值	TTL（指标得分）	权重值
冷链物流企业数量	7.72	10.5	15.00%
冷链物流从业人员数量	7.47	6.5	8.00%
冷库容量	7.37	10.5	15.00%
冷藏车数量	7.61	9.5	14.00%
冷链物流总额	7.51	8.5	13.00%
冷链存量	7.32	7.5	12.00%
冷链货运量	7.32	7.5	12.00%
冷链物流政策制定数量	7.12	4.5	5.00%
人均需求量	7.17	6.0	6.00%

表 4-26　北京冷链物流发展指数指标体系

目标层	一级分指数	权重	二级指标	权重
北京冷链物流发展指数	资源规模	52%	冷链物流企业数量（个）	15.00%
			冷链物流从业人员数量（万人）	8.00%
			冷库容量（吨）	15.00%
			冷藏车数量（辆）	14.00%
	服务规模	37%	冷链物流总额（亿元）	13.00%
			冷链存量（万吨）	12.00%
			冷链货运量（万吨）	12.00%
	冷链物流环境	11%	冷链物流政策制定数量（个）	5.00%
			人均需求量（千克）	6.00%

（六）北京物流园区高质量发展指数指标体系设计

1. 北京物流园区高质量发展指数指标体系构建

结合北京市的实际情况，以物流园区的高质量发展现状等作为关键词，通过文献搜索的方式筛选出与物流园区综合评价有关联性的指标。云图结果见图4-9。

图 4-9　物流园区高质量发展词云图

　　本书运用问卷调查法，并结合专家意见法对指标进行修正，得到对指标重要度大小的评价，最终确定北京物流园区高质量发展评价指标体系，如表 4-27 所示。

表 4-27　北京物流园区高质量发展指数构成

一级分指数	二级指标	三级指标
基础条件指数	交通便利情况	周边高速公路数量（个）
		最近高速路口距离（公里）
		铁路数量（条）
		最近机场距离（公里）
		园区内交通密度（条）
	生产生活配套完善情况	三公里内加油站数量（个）
		三公里内车辆维修厂数量（个）
		三公里内银行数量（个）
		园区内餐饮点数量（个）
园区价格指数	租金价格	普通仓库年租金（万元/平方米）
		冷库年租金（万元/平方米）
	综合费用	物业管理费（元/平方米）
		用水费（元/平方米）
		用电费（元/平方米）
		用燃气费（元/平方米）
园区效益指数	经济效益指数	亩均营业收入（万元/亩）
		亩均纳税情况（万元/亩）
		亩均投资强度（万元/亩）
	绿色效益指数	亩均碳排放（吨/亩）
		新能源汽车使用率（%）

续表

一级分指数	二级指标	三级指标
园区贡献指数	园区贡献度指数	物流企业占比（%）
		物流用地占比（%）

2. 北京物流园区高质量发展指数指标体系权重计算

优序图法是近年来国外推出的一种新的指标权重确定方法，采用优序图配套的检验方法对指标权重进行检验，保证了研究结果的准确性。

优序图是一个棋盘格的图式，共有 $n \times n$ 个空格。图的左方数列为比较者，上方横行为被比较者，由于自身比较没有意义，故无须填写。在进行两两比较时，"1"表示两两相比中相对"大的""优的""重要的"；而"0"表示相对"小的""劣的""不重要的"，"0.5"表示同等重要的情况。按优序图的方法建立矩阵图，对指标体系中的各项指标进行提取及综合分析二级指标权重。

用优序图法计算物流园区高质量发展指标的权重时，首先需要构建优序图权重表（利用 SPSSAU 自动构建），而后计算出各分析项的平均值，接着利用平均值大小进行两两对比，平均值相对更大时计为 1 分，相对更小时计为 0 分，平均值完全相等时计为 0.5 分。平均值越大意味着重要性越高，权重也会越高，计算结果如表 4-28 所示。

结合优序图权重计算表，针对每行数据求和得到 TTL 值，针对 TTL 值进行归一化处理，最终得到权重值（见表 4-29 和图 4-10）。

表 4-28　北京物流园区高质量发展权重计算表

项	平均值	1	2	3	4	5	6	7	8	9	10	11	12	13	14	15	16	17	18	19	20	21	22
周边高速公路数量	8.10	0.5	0	1	0	1	0.5	0	1	1	1	1	1	1	1	1	1	1	1	1	1	1	1
最近高速路口路离	8.14	1	0.5	1	0	1	1	0.5	1	1	1	1	1	1	1	1	1	1	1	1	1	1	1
铁路数量	7.62	0	0	0.5	0	0	1	0	0.5	1	1	0	1	1	1	1	1	0	0	0	0	0	0
最近机场距离	7.60	0	0	0	0.5	0	0	0	0	1	0.5	0	1	1	1	1	1	0	0	0	0	0	0
园区内交通密度	7.77	0	0	0	0	0.5	0	0	0	1	1	0.5	0	0.5	1	1	0	0	0	0	1	0	0
三公里内加油站数量	7.53	0	0	0	0	0	0.5	0	0	0	0	0	0.5	1	1	0	0	0	0	0	0	0	0
三公里内车辆维修厂数量	7.33	0	0	0	0	0	0	0.5	0	0	0	0	0	0.5	1	0	0	0	0	0	0	0	0
三公里内银行数量	7.28	0	0	0	0	0	0	0	0.5	0	0	0	0	0	0.5	0	1	0	0	0	0	0	0
园区内餐饮点数量	7.59	0	0	0	0	0	0	0	0	0.5	0	0	0	0	0	0.5	1	0	0	0	0	0	0
普通仓库年租金	7.79	1	0	0	0	0	0	0	0	0	0.5	1	1	1	1	0	0	0	0.5	1	0	1	0
冷库年租金	8.04	0	0	0	0	0	0	0	0	1	1	0.5	1	1	1	0.5	0	0	1	1	0.5	1	1
物业管理费	7.60	1	1	0	0	0	0	0	0	1	0.5	0	0.5	1	1	1	1	0	0	0	0	0	0
用水费	7.60	1	0	0	0	0	0	0	0	1	0.5	0	1	0.5	1	1	1	0	0	0	0	0	0
用电费	7.88	1	0	0	0	0	0	0	1	1	1	1	1	0.5	0.5	1	1	0.5	1	0	0.5	1	1
用燃气费	7.29	0	0	0	0	0	0	0	0	0	0	1	1	0	1	0.5	0.5	0	0	0	0.5	0	0
亩均营业收入	7.82	0	0	0	0	0	0	0	1	1	1	1	1	1	1	1	0.5	0	1	1	0.5	1	0.5
亩均纳税情况	7.77	1	0	0	0	0	0	0	1	1	0.5	0.5	1	1	0	1	1	0.5	1	1	0	0.5	0
亩均投资强度	7.82	0	0	0	0	0	0	0	0.5	1	1	0.5	1	1	0	1	1	0	0.5	1	0.5	1	0.5

续表

平均值	项	1	2	3	4	5	6	7	8	9	10	11	12	13	14	15	16	17	18	19	20	21	22
7.83	苗均碳排放	0	0	0	0	0	0	0	1	1	1	1	1	1	1	1	1	0	1	0.5	1	0	1
7.41	新能源汽车使用率	1	0	0	0	0	0	0	0	0	0	0	0	1	1	0	0	0	0	0	0.5	0	0
7.88	物流企业占比	0	0	0	0	0	0	0	1	1	0	1	1	1	1	1	1	0.5	1	1	1	0.5	1
7.79	物流用地占比	1	0	0	0	0	0	0	1	1	1	0	1	1	1	1	1	0	0.5	1	0	1	0.5

表 4-29　权重计算结果

项	平均值	TTL（指标得分）	权重值
周边高速公路数量	8.10	29.5	8.07%
最近高速路口距离	8.14	30.5	8.07%
铁路数量	7.62	12.5	5.52%
最近机场距离	7.60	10.5	5.44%
园区内交通密度	7.77	16.0	4.75%
三公里内加油站数量	7.53	7.0	1.08%
三公里内车辆维修厂数量	7.33	2.5	0.39%
三公里内银行数量	7.28	0.5	0.08%
园区内餐饮点数量	7.59	8.5	2.17%
普通仓库年租金	7.79	18.0	7.61%
冷库年租金	8.04	27.5	8.09%
物业管理费	7.60	10.5	2.12%
用水费	7.60	10.5	4.70%
用电费	7.88	23.0	2.05%
用燃气费	7.29	1.5	2.13%
亩均营业收入	7.82	20.0	9.80%
亩均纳税情况	7.77	16.0	8.64%
亩均投资强度	7.82	20.0	3.09%
亩均碳排放	7.83	21.5	3.32%
新能源汽车使用率	7.41	3.5	0.54%
物流企业占比	7.88	23.0	5.55%
物流用地占比	7.79	18.0	6.79%
合计			100%

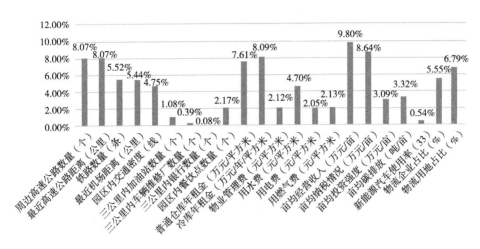

图4-10　北京物流园区高质量发展指数指标权重示意

最后，对单一权重进行加权得到一级指标的权重，如表4-30所示。

表4-30　北京物流园区高质量发展指数指标体系

目标层	一级分指数	权重	二级指标	权重	三级指标	权重
北京物流园区高质量发展指数	基础条件	35.56%	交通便利情况	31.85%	周边高速公路数量（个）	8.07%
					最近高速路口距离（公里）	8.07%
					铁路数量（条）	5.52%
					最近机场距离（公里）	5.44%
					园区内交通密度（线	4.75%
			生产生活配套完善情况	3.71%	三公里内加油站数量（个）	1.08%
					三公里内车辆维修厂数量（个）	0.39%
					三公里内银行数量（个）	0.08%
					园区内餐饮点数量（个）	2.17%
	园区价格	26.70%	园区价格	26.70%	普通仓库年租金（万元/平方米）	7.61%
					冷库年租金（万元/年/平方米）	8.09%
					物业管理费（元/平方米）	2.12%
					用水费（元/平方米）	4.70%
					用电费（元/平方米）	2.05%
					用燃气费（元/平方米）	2.13%

续表

目标层	一级分指数	权重	二级指标	权重	三级指标	权重
北京物流园区高质量发展指数	园区效益	25.39%	经济效益	21.53%	亩均营业收入（万元/亩）	9.80%
					亩均纳税情况（万元/亩）	8.64%
					亩均投资强度（万元/亩）	3.09%
			绿色效益	3.86%	亩均碳排放（吨/亩）	3.32%
					新能源汽车使用率（%）	0.54%
	园区贡献	12.34%	园区贡献度	12.34%	物流企业占比（%）	5.55%
					物流用地占比（%）	6.79%

（七）京津冀物流协同指数指标体系设计

1. 京津冀物流协同指数指标体系构建

本书从区域物流协同的特点出发，对中国知网（CNKI）等数据库进行文章检索，筛选出 2005—2022 年的文献；经过 CiteSpace 软件去重并剔除不符合要求的文献（会议摘要、新闻报告、简讯、人物访谈、报告等非学术性以及研究主题与区域物流协同研究无关的文献），共检索到相关文献 444 篇。运用文献计量学软件 CiteSpace 6.1 对文献的关键内容进行可视化展示，见图 4-11。本书查阅文献，使用系统性、科学性、数据可获得性、高频权威性的原则对指标进行初选。

图 4-11　区域物流协同词云分布图

　　本书最终确定业务协同、交通协同、资源协同、信息协同以及政策协同 5
个一级分指数，细分为 23 个二级指标，具体指数内容如表 4-31 所示。

表 4-31　京津冀物流协同指数指标统计表

目标层	一级分指数	二级指标
京津冀物流 协同指数	业务协同	北京物流企业业务出市转移量（%）
		津冀物流企业业务承接量（%）
		京津冀跨区流动货物量（万吨）
	交通协同	高速公路网里程（公里）
		跨区高速公路里程密度（公里/万平方公里）
		跨区打通"瓶颈公路"的数量（条）
		跨区打通"瓶颈公路"的里程（公里）
		跨区铁路网里程（公里）
		跨区铁路里程密度（公里/万平方公里）
		机场数量（个）
		跨区航空航线密度（公里/万平方公里）
		港口海运航线数量（条）
		跨区检查站数量（个）
	资源协同	物流园区跨区可用面积（万平方米）
		企业跨区车辆流动数量（万辆）
		区域内跨省（市）物流企业活动单位（万家）
		跨区物流从业人员流动数量（万人）
	信息协同	跨区物流信息共享平台数量（个）
		信息立档数量（条）
	政策协同	区域协同政策发布量（个）
		区域协同政策发布密度（条）
		区域协同意识（%）
		区域协同执行力度（%）

2. 京津冀物流协同指数指标体系权重计算

（1）基于层次分析法主观权重的测算

学者 A. L. Saaty 在 20 世纪构建了层次分析法（Analytic Hierarchy Process，AHP）。层次分析法是根据既定的目标和方向，通过分析问题，找到对问题产生影响的各个要素，并按照一定的准则，将要素进行重新归类，构建出一个多层次的模型。依据该模型，可以得到问题最底层（各影响因素）对于最高层（既定目标）而言的重要程度或者优劣关系排序。

构造判断矩阵：以上一级元素为准则，1—9 标度法对本级元素进行两两比较，如表 4-32 所示。

表 4-32　层次分析法 1-9 标度法

判断尺度	含义	说明
1	两要素相比，具有同样重要性	两要素对目标贡献相同
3	两要素相比，前者比后者稍重要	二者间判断差异轻微
5	两要素相比，前者比后者比较明显重要	二者间判断差异比较明显
7	两要素相比，前者比后者十分明显重要	二者间判断差异十分明显
9	两要素相比，前者比后者极其明显重要	二者间判断差异极其明显
2, 4, 6, 8	介于两个判断尺度之间的情况	协调判断值
倒数	两要素相比，后者比前者的重要性标度	

据此构造判断矩阵：

$$A = \begin{pmatrix} a_{11} & a_{12} & \cdots & a_{1n} \\ \vdots & \vdots & \ddots & \vdots \\ a_{n1} & a_{n2} & \cdots & a_{nn} \end{pmatrix}$$

其中，$a_{ij}(i = 1, 2, \cdots n; j = 1, 2, \cdots, n)$ 代表第 i 个元素相对于第 j 个元素的比较结果。

层次单排序：根据判断矩阵 A，首先计算出下一级所有元素相对于上一级的重要性，即求出 A 的最大特征值 λ_{max} 和相对应的特征向量 W，再对 W 进行归一化处理，使得归一化结果满足 $\sum_{j=1}^{n} W_j = 1$，即为元素权重值，这一过程被称为层次单排序。

本书采用方根法来获得 $\lambda_{\max}$ 和 W，具体步骤如下：

第一步，按行相乘判断矩阵 A 中的元素：$M_j = \prod\limits_{j=1}^{n} a_{ij}$。

第二步，计算 n 次方根：$\overline{W}_j = \sqrt[n]{M_j}$。

第三步，将 $\overline{W}_j$ 归一化：$W_j = \dfrac{\overline{W}_j}{\sum\limits_{j=1}^{n} \overline{W}_j}$。

获得判断矩阵 A 的特征向量：$W = (W_1, W_2, \cdots, W_n)^{\mathrm{T}}$。

第四步，计算最大特征值：$\lambda_{\max} = \sum\limits_{j=1}^{n} \dfrac{(AW)_j}{nW_j}$。

其中，$(AW)_j$ 表示 AW 的第 j 个元素。

一致性检验：通过一致性检验确定矩阵 A 不一致的允许范围。由于 λ 连续地依赖于 a_{ij}，则 λ 越比 n 大，A 就越呈现不一致性，判断误差与不一致性密切相关，不一致性越大，则判断误差越大。基于以上分析用 $\lambda - n$ 的数值大小判断 A 的不一致性，用指标 CI 判断矩阵 A 的一致性：

$$CI = \frac{\lambda_{\max} - n}{n - 1} \tag{4-31}$$

其中，n 为 A 的阶数。通常当 $CI = 0$ 时，判断矩阵完全一致；CI 值越大，一致性越差。

为了明确一致性，则计算一致性比率 CR：

$$CR = \frac{CI}{RI} \tag{4-32}$$

其中，RI 代表平均一致性，如表 4-33 所示。若 $CR < 0.1$，则 A 的不一致性在容许的范围内，即判断矩阵 A 通过一致性检验，允许将归一化向量作为权向量，否则需要调整 a_{ij}，重新构造判断矩阵 A，直至通过一致性检验。

表 4-33 与 1—9 阶矩阵对应的 RI 值

矩阵阶数	1	2	3	4	5	6	7	8	9
RI 值	0	0	0.58	0.90	1.12	1.24	1.32	1.41	1.45

根据层次分析法的计算公式，将序参量指标标准化数据带入，计算出 23

个指标的主观权重。

（2）基于 CRITIC 法客观权重的测算

CRITIC 法是一种根据数据的波动性对数据进行客观赋权的方法。其思路是：有波动性（对比强度）和冲突性（相关性）两项指标，在计算时，波动性指标与冲突性指标相乘，并做归一化处理，得到最终的权重。下面是详细的分析过程：

获取数据：设一组数据，有 m 个待评价对象、n 个评价指标，构成原始数据矩阵 X：

$$X = \begin{pmatrix} x_{11} & \cdots & x_{1n} \\ \vdots & \ddots & \vdots \\ x_{m1} & \cdots & x_{mn} \end{pmatrix}$$

数据标准化：消除量纲影响，使所有数据能用统一的标准去衡量。

对于正向指标：$x'_{ij} = \dfrac{x_{ij} - \min(x_j)}{\max(x_j) - \min(x_j)}$。

对于逆向指标：$x'_{ij} = \dfrac{\max(x_j) - x_{ij}}{\max(x_j) - \min(x_j)}$。

计算信息承载量：

波动性：$S_j = \sqrt{\dfrac{\sum\limits_{i=1}^{m}(x_{ij} - \bar{x}_j)^2}{n-1}}$，其中 $\bar{x}_j$ 为每个指标（列）数据均值。

冲突性：计算冲突性时要用到指标的相关性矩阵，计算公式如下：

$$R = \frac{\sum\limits_{j,\,k=1}^{n}(x_{ij} - \bar{x}_j)(x_{ik} - \bar{x}_k)}{\sqrt{\sum\limits_{j=1}^{n}(x_{ij} - \bar{x}_j)^2 \sum\limits_{k=1}^{n}(x_{ik} - \bar{x}_k)^2}} \tag{4-33}$$

则冲突性计公式为：$A_j = \sum\limits_{i=1}^{n}(1 - r_{ij})$，其中 r_{ij} 表示第 i 个指标与第 j 个指标的相关系数。

信息量：$C_j = S_j \times A_j$。

计算权重：

$$W_j = \frac{C_j}{\sum\limits_{j=1}^{n} C_j} \qquad (4-34)$$

根据 CRITIC 法的计算公式，将序参量指标标准化数据带入，计算出 23 个指标的权重。

（3）基于 CRITIC-AHP 复合方法的综合赋权

前文主观权重测算方法的指标数据来源于专家学者打分，主观性太强，结果比较片面，权重结果不够准确。而客观权重数据又完全来自样本本身，忽略了样本之外的信息，尽管最终结果可能是合理的，但在很大程度上受到了本身的局限。综上来看，AHP 利用数字大小信息进行权重计算，CRITIC 法利用数据的波动性或者数据之间的相关关系情况进行权重计算，两种赋权方法均具有各自的优缺点，所以本书在方法的选择上采用两者相结合的方式，弥补其各自的缺点。本书用 CRITIC 法测算客观权重，用 AHP 来计算主观权重，根据式（4-35）计算综合赋权，为下文评价测算奠定基础。复合权重具体公式如下：

$$W_j = \frac{W_{AHPj} \times W_{CRITICj}}{\sum\limits_{j=1}^{n} W_{AHPj} \times W_{CRITICj}} \qquad (4-35)$$

W_j 为第 j 个评价指标的组合权重水平，W_{AHPj} 为 AHP 法所确定的第 j 个评价指标的主观权重值；$W_{CRITICj}$ 为 CRITIC 法所确定的第 j 个评价指标的客观权重值。

根据 AHP 法和 CRITIC 法组合权重的计算公式，将序参量指标标准化数据带入，计算出 23 个指标的综合权重（如表 4-34 所示）。

表 4-34　京津冀物流协同指数序参量综合权重结果

项	客观权重（%）	主观权重（%）	综合权重
北京物流企业业务出市转移量（%）	5.87	33.67	0.091 6
津冀物流企业业务承接量（%）	8.51	32.82	0.129 4
京津冀跨区流动货物量（万吨）	3.92	33.50	0.060 9
高速公路网里程（公里）	2.55	10.85	0.012 8
跨区高速公路里程密度（公里/万平方公里）	2.55	10.94	0.012 9
跨区打通"瓶颈公路"的数量（条）	3.34	10.20	0.015 8

续表

项	客观权重（%）	主观权重（%）	综合权重
跨区打通"瓶颈公路"的里程（公里）	2.64	10.32	0.012 6
跨区铁路网里程（公里）	2.56	9.80	0.011 6
跨区铁路里程密度（公里/万平方公里）	2.51	9.76	0.011 4
机场数量（个）	4.00	9.80	0.018 2
跨区航空航线密度（公里/万平方公里）	16.20	9.73	0.073 1
港口海运航线数量（条）	2.54	9.14	0.010 8
跨区检查站数量（个）	2.84	9.47	0.012 5
物流园区跨区可用面积（万平方米）	3.12	24.29	0.035 1
企业跨区车辆流动数量（万辆）	2.64	25.39	0.031 1
区域内跨省（市）物流企业活动单位（万家）	2.48	25.16	0.028 9
跨区物流从业人员流动数量（万人）	15.43	25.16	0.179 9
跨区物流信息共享平台数量（个）	2.73	49.81	0.063 0
信息立档数量（条）	2.69	50.19	0.062 6
区域协同政策发布量（个）	2.69	24.81	0.030 9
区域协同政策发布密度（条）	3.05	24.81	0.035 1
区域协同意识（%）	2.59	25.48	0.030 6
区域协同执行力度（%）	2.54	24.90	0.0293

京津冀物流协同指数指标体系见表4-35。

表4-35　京津冀物流协同指数指标体系

目标层	一级分指数	权重	二级指标	权重
京津冀物流协同指数	业务协同	0.282 0	北京物流企业业务出市转移量（%）	0.091 6
			津冀物流企业业务承接量（%）	0.129 4
			京津冀跨区流动货物量（万吨）	0.060 9
	交通协同	0.191 6	高速公路网里程（公里）	0.012 8
			跨区高速公路里程密度（公里/万平方公里）	0.012 9
			跨区打通"瓶颈公路"的数量（条）	0.015 8
			跨区打通"瓶颈公路"的里程（公里）	0.012 6
			跨区铁路网里程（公里）	0.011 6

续表

目标层	一级分指数	权重	二级指标	权重
京津冀物流协同指数	交通协同	0.191 6	跨区铁路里程密度（公里/万平方公里）	0.011 4
			机场数量（个）	0.018 2
			跨区航空航线密度（公里/万平方公里）	0.073 1
			港口海运航线数量（条）	0.010 7
			跨区检查站数量（个）	0.012 5
	资源协同	0.275 0	物流园区跨区可用面积（万平方米）	0.035 1
			企业跨区车辆流动数量（万辆）	0.031 1
			区域内跨省（市）物流企业活动单位（万家）	0.028 9
			跨区物流从业人员流动数量（万人）	0.179 9
	信息协同	0.125 6	跨区物流信息共享平台数量（个）	0.063 0
			信息立档数量（条）	0.062 6
	政策协同	0.125 9	区域协同政策发布量（个）	0.030 9
			区域协同政策发布密度（条）	0.035 0
			区域协同意识（%）	0.030 6
			区域协同执行力度（%）	0.029 3

（八）京津冀物流业与制造业协同指数指标体系设计

1. 京津冀物流业与制造业协同指数指标体系构建

笔者从区域产业协同的特点出发，对相关文章进行检索，生成词云图（见图4-12）。

图4-12　物流业与制造业协同词云分布图

可以看出，物流业与制造业在资源利用、规模情况、结构层面以及外部环境与产业协同发展方面均存在协同性。在研究了国内外相关学者的指标体系后，本书从产业规模、产业结构、产业资源、发展环境四个方面建立评价指标。

序参量是引起系统有序度改变的重要原因，序参量确定了子系统的行为方向，并对整个系统的演变产生了影响。因此在选取序参量指标时要考虑综合性、数据可得性、客观性和动态性四个方面。

（1）物流业子系统指标选取

本书综合考虑影响物流业子系统的因素，从四个维度建立物流业序参量指标体系，即产业规模、产业结构、产业资源以及发展环境（如表4-36所示）。

表4-36　物流业子系统分指数指标体系

一级分指数	二级指标	三级指标	单位
物流业发展子系统	产业规模	物流业生产总值	亿元
		物流业货运量	万吨
		物流企业主营业务收入	亿元
	产业结构	物流业增加值占第三产业增加值比重	%
		物流业从业人员占第三产业从业人员比重	%
	产业资源	物流业企业数	个
		运输车辆保有量	万辆
		物流园区用地面积	平方公里
		物流业就业人员	万人
	发展环境	物流业支持政策发布量	个
		物流业研发经费支出	万元

①规模性指标，用来反映产业的总体规模。本书选取代表物流业总规模的指标为物流业生产总值、物流业货运量及物流企业主营业务收入。主营业务收入、物流业生产总值都可以展现物流业的经济状况。

②结构性指标，用来体现产业的经营水平及状况。本书选取代表物流业经营水平的指标为物流业增加值占第三产业增加值比重及物流业从业人员占

第三产业从业人员比重。两项指标可以分别反映物流产业在第三产业中的增长情况和重要程度。

③资源性指标。本书选取代表物流业资源水平的指标为物流业企业数、运输车辆保有量、物流园区用地面积及物流业从业人员。物流业企业数体现了整体的资源输出情况，运输车辆保有量是物流业发展的基础，物流园区用地面积和物流业就业人员可以体现物流业拥有的资源情况。

④环境性指标。外部发展环境对物流业、制造业两业协同的影响深远，产业协同的关键是系统内各子系统相互关联的相互作用，而环境协同对这种作用起着催化剂的作用。本书选取代表物流业环境水平的指标为物流业支持政策发布量和制造业研发经费支出。

（2）制造业子系统指标选取

本书从四个维度建立制造业序参量指标体系，即产业规模、产业结构、产业资源以及发展环境。具体如表4-37所示。

表4-37　制造业子系统分指数指标体系

一级分指数	二级指标	三级指标	单位
制造业发展子系统	产业规模	规模以上制造业企业主营业务收入	亿元
		制造业能源消费量	万吨
		制造业生产总值	亿元
	产业结构	制造业增加值占第二产业增加值比重	%
		制造业从业人员占第二产业从业人员比重	%
	产业资源	规模以上制造业企业数	个
		规模以上制造业存货量	万元
		工业用地面积	平方公里
		制造业就业人员	万人
	发展环境	制造业支持政策发布量	个
		制造业研发经费支出	万元

①规模性指标，用来反映制造业的规模，本书选取规模以上制造业企业主营业务收入、制造业能源消费量及制造业生产总值来表现制造业的总体规模。

②结构性指标，用来体现制造业的经营状况。此处选取制造业增加值占第二产业增加值比重及制造业从业人员占第二产业从业人员比重两项指标来体现制造业的经营状况。制造业增加值占第二产业增加值比重是衡量行业发展水平的重要经济指标。制造业从业人员占第二产业从业人员比重反映制造业企业的重要程度。

③资源性指标。本书选取代表制造业资源水平的指标为规模以上制造业企业数、规模以上制造业存货量、工业用地面积及制造业就业人员。企业数和存货量体现了整体的资源输出情况，工业用地面积及制造业就业人员可以体现制造业拥有的资源情况。

④环境性指标，用来反映外部环境对制造业的支持能力。本书选取制造业支持政策发布量及制造业研发经费支出来表现制造业产业在环境方面获得的支持情况。

2. 京津冀物流业与制造业协同指数指标体系权重计算

为了客观地反映各序参量指标的重要性，本书使用熵权法来确定各个指标的权重。

假设指标个数为 n，时间为 m 年，将进行标准化处理后的数据带入下式，计算第 i 年第 j 项指标的比重 w_{ij}：

$$w_{ij} = \frac{x_{ij}}{\sum\limits_{j=1}^{m} x_{ij}} (i = 1, 2, \cdots, m; j = 1, 2, \cdots, n) \qquad (4-36)$$

计算第 j 个指标的熵值 e_j：

$$e_j = -\frac{1}{\ln m} \sum\limits_{j=1}^{m} w_{ij} \ln w_{ij} (i = 1, 2, \cdots, m; j = 1, 2, \cdots, n) \qquad (4-37)$$

计算第 j 个指标的信息效用值 d_j：

$$d_j = 1 - e_j (j = 1, 2, \cdots, n)$$

计算各项指标的权重 ω_i：

$$\omega_i = \frac{d_j}{\sum\limits_{i=1}^{n} d_j} \qquad (4-38)$$

根据熵值法的计算公式，将序参量指标标准化数据带入，计算出 22 个指标的权重（如表4-38所示），物流业子系统序参量指标权重和制造业子系统序参量指标权重数据比较均匀，没有出现明显偏大或偏小的情况。

表4-38　物流业与制造业协同指数指标体系

一级分指数	二级指标	权重	三级指标
物流业发展子系统	产业规模	0.124	物流业生产总值
			物流业货运量
			物流企业主营业务收入
	产业结构	0.086	物流业增加值占第三产业增加值比重
			物流业从业人员占第三产业从业人员比重
	产业资源	0.120	物流业企业数
			运输车辆保有量
			物流园区用地面积
			物流业就业人员
	发展环境	0.170	物流业支持政策发布量
			物流业研发经费支出
制造业发展子系统	产业规模	0.136	规模以上制造业企业主营业务收入
			制造业能源消费量
			制造业生产总值
	产业结构	0.107	制造业增加值占第二产业增加值比重
			制造业从业人员占第二产业从业人员比重
	产业资源	0.164	规模以上制造业企业数
			规模以上制造业存货量
			工业用地面积
			制造业就业人员
	发展环境	0.093	制造业支持政策发布量
			制造业研发经费支出

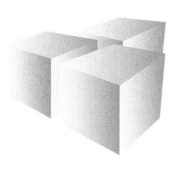

第五章　北京主要物流
指数编制

一、北京物流业景气指数编制

(一) 北京物流市场现状分析

北京市的物流企业主要指在北京市行政区域内从事货物运输业、仓储业、装卸搬运业、运输服务业、工业、批发业、商业连锁配送的企业和专业物流企业等。

1. 物流企业收入现状分析

根据对规模以上 800 余家物流及相关企业统计，2022 年全年，物流企业总业务收入为 6 201.6 亿元，资产总额为 18 270.9 亿元，利润总额为 757.6 亿元，从业人员为 222 619 人。从物流收入上看，与 2021 年的 5 490.2 亿元相比，2022 年增长 9.7%，高于全国水平，表明在投资、消费、制造逐步恢复与增产的拉动下，物流的需求比较通畅，带动经营收入的上升。各板块收入如图 5-1 所示。与 2021 年相比，除多式联运和运输代理业、包装服务业与航空运输业外，2022 全年各业态均实现正增长；其中，管道运输业增速最高，达 87.9%。

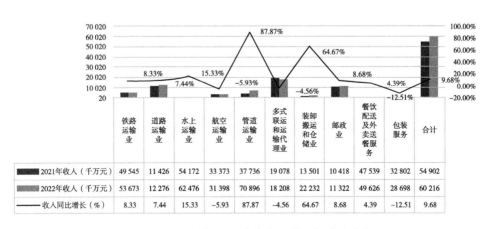

	铁路运输业	道路运输业	水上运输业	航空运输业	管道运输业	多式联运和运输代理业	装卸搬运和仓储业	邮政业	餐饮配送及外卖送餐服务	包装服务	合计
2021年收入（千万元）	49 545	11 426	54 172	33 373	37 736	19 078	13 501	10 418	47 539	32 802	54 902
2022年收入（千万元）	53 673	12 276	62 476	31 398	70 896	18 208	22 232	11 322	49 626	28 698	60 216
收入同比增长（%）	8.33	7.44	15.33	−5.93	87.87	−4.56	64.67	8.68	4.39	−12.51	9.68

图 5-1　2021 年与 2022 年各行业收入与增速对比

数据来源：《2022 年全年规上企业经营情况》。

2. 物流企业资产现状分析

从资产上看，与 2021 年的 15 255.4 亿元相比，2022 年物流企业资产增长

19.8%，资产性的投入是支撑企业发展的基础。2022 年负债率达 43.6%，主要原因是在疫情影响下企业增加借贷来支撑企业发展。各板块资产如图 5-2 所示。其中，装卸搬运和仓储业实现 33.9% 的增长，主要受益于经济回暖，制造业与流通业需求增加，相应的要素投入加大；航空运输业增速最低，为 -7.6%，该行业持续大面积、大幅度亏损拉低了资产。

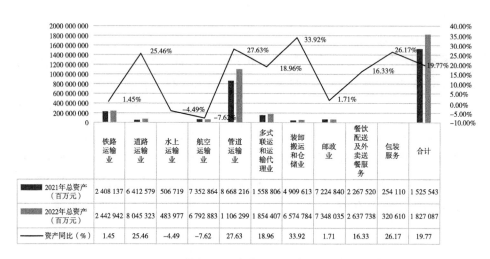

	铁路运输业	道路运输业	水上运输业	航空运输业	管道运输业	多式联运和运输代理业	装卸搬运和仓储业	邮政业	餐饮配送及外卖送餐服务	包装服务	合计
■ 2021年总资产（百万元）	2 408 137	6 412 579	506 719	7 352 864	8 668 216	1 558 806	4 909 613	7 224 840	2 267 520	254 110	1 525 543
▨ 2022年总资产（百万元）	2 442 942	8 045 323	483 977	6 792 883	1 106 299	1 854 407	6 574 784	7 348 035	2 637 738	320 610	1 827 087
— 资产同比（%）	1.45	25.46	-4.49	-7.62	27.63	18.96	33.92	1.71	16.33	26.17	19.77

图 5-2 2021 年与 2022 年各行业总资产与增速对比

数据来源：《2022 年全年规上企业经营情况》。

3. 物流企业负债现状分析

2022 年物流企业负债总额同期增长 43.02%，总体负债率与同期相比有所提高，由 2021 年的 36.54% 提高到 43.64%。一方面，由于经济恢复，企业经营加快提升，企业加大借贷或应付增加，造成负债的提高；另一方面，管道运输业负债提升 103.13%，而且负债占比也最大。

从负债情况上看，道路运输业和邮政业负债率位列前两名，分别为 85.46%、80.84%，这主要由两个行业的特性决定（业务环节多、参与方多带来应付多，账期长、垫款多，企业增加贷款应对业务资金周转，以及扩大产能或资产投入）。管道业负债率最低，为 30.4%，这跟该行业的业务形态有关（具有业务环节少、相对封闭，一次性投入、长期使用等特点，而且利润率极高）（如图 5-3、图 5-4 所示）。

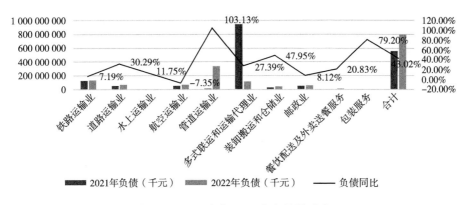

图 5-3　2021 年与 2022 年负债及对比

数据来源：《2022 年全年规上企业经营情况》。

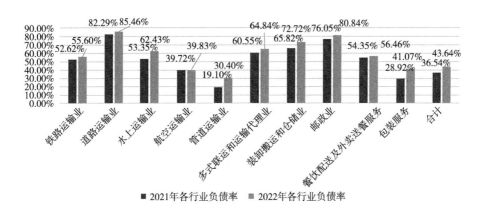

图 5-4　2021 年与 2022 年各行业资产负债率对比

数据来源：《2022 年全年规上企业经营情况》。

4. 物流企业成本现状分析

从各行业成本情况来看，近几年，随着人力成本、车耗、仓储成本等的不断升高，叠加疫情的影响，以及在经济回暖的带动下企业需要再投入相关要素支撑发展，2022 年物流企业总体成本比同期提高 9.43%，成本占收入比下降 0.18 个百分点（从 2021 的 81% 到 2022 的 80.82%）。分行业看成本收入比，航空运输业与多式联运和运输代理业位列前两名，分别为 91.78%、91.83%（前者是劳动密集型行业，人力、交通工具等的支出较大，后者虽是代理但上下游资源协同成本高）；管道运输业最低，为 56.78%，跟该行业的业务形态有关（具有业务环节少、相对封闭，一次性投入、长期使用等特点）（如图5-5、图5-6所示）。

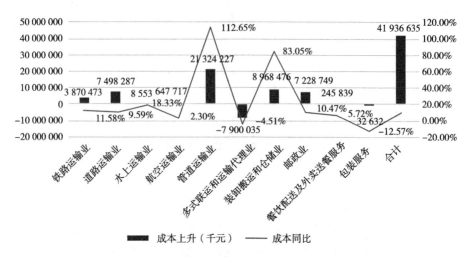

图例：
■ 成本上升（千元）　—— 成本同比

图5-5　2022年各行业成本及增速情况

数据来源：《2022年全年规上企业经营情况》。

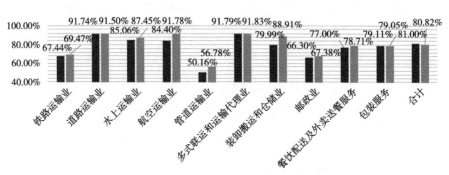

图例：
■ 2021年各行业成本所收入比　■ 2022年各行业成本所收入比

图5-6　2021年与2022年各行业成本收入比对比

数据来源：《2022年全年规上企业经营情况》。

5. 物流企业利润现状分析

从利润上看，在政策和市场主体的综合作用下，经济发展逐步恢复，企业业务得到较大程度的恢复，带动经营效益上升。2022年，规模以上物流企业利润总额较2021年提高27.64%，企业平均利润率也由2021年的10.8%提高到 2022 年的 12.57%。分行业看，管道运输业利润率最高，为 73.37%（该行业具有业务环节少、相对封闭、一次性投入、长期使用等特点）；航空运输业最低，利润率为-3.7%（如图 5-7、图 5-8 所示）。

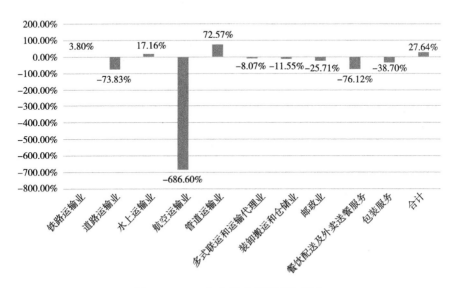

图 5-7　2022 年各行业利润同比增速

数据来源：《2022 年全年规上企业经营情况》。

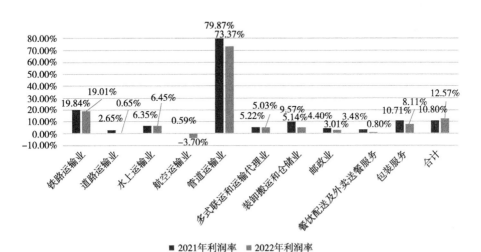

图 5-8　2021 年与 2022 年各行业利润率对比

数据来源：《2022 年全年规上企业经营情况》。

6. 物流企业从业人数现状分析

从平均人数情况来看，如图 5-9 所示，北京市规模以上物流各行业平均人数由 2021 年的 235 309 人降至 2022 年的 222 619 人，同比下降 5.39%。主要原因是疫情导致人员需求下降、人员效率提升等。邮政业的平均人数占比最高，达到了 42.76%，水上运输业平均人数占比最低，为 0.08%。

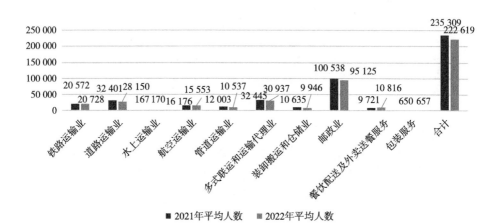

图 5-9　2021 年与 2022 年各行业平均人数（人）

数据来源：《2022 年全年规上企业经营情况》。

7. 物流企业劳动生产率分析

从劳动生产率情况来看，在 2022 年经营收入大幅提高、行业平均人数稳中有降的叠加带动下，劳动生产率为 131 万元/人，同比增长 17.4%，劳动生产率的提高也为企业经营效益提升奠定了基础。分行业看，多式联运和运输代理业最高，主要与该行业轻资产经营有关（如图 5-10 所示）。

（二）北京物流业景气指数测算

1. 数据标准化处理

本书根据北京市物流业发展指数每个指标的上、下限阈值来计算单个指标指数（即进行无量纲化）。将第 i 个指标的实际值记为 X_i，下限阈值和上限阈值分别为 X_{min}^i 和 X_{max}^i，无量纲化后的值为 Z_i。

正指标无量纲化计算公式：

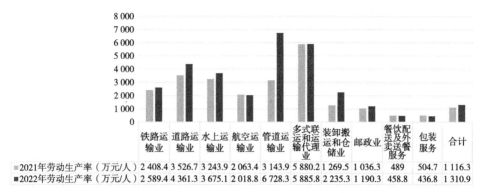

图 5-10　2021 年与 2022 年各行业劳动生产率对比

数据来源：《2022 年全年规上企业经营情况》。

$$Z_i = \frac{X_i - X_{min}^i}{X_{max}^i - X_{min}^i} \qquad (5\text{-}1)$$

2. 分类指数和总指数的合成

（1）分类指数的合成方法

北京物流业景气指数体系由业务量、新订单、从业人员、货物承载、货物流通、资金周转率、主营业务成本、主营业务利润、物流服务价格、固定资产投资完成情况、业务活动预期共 11 个二级指标组成。将某一类的所有指标无量纲化后的数值与其权重代入公式（5-2）计算就得到类指数。无量纲化后的值为 Z_j，据专家对各项指标重要程度的判断确定一级、二级指标权重记为 W_i。

$$I_i = \frac{\sum Z_j W_j}{\sum W_j} \qquad (5\text{-}2)$$

对原始数据进行无量纲化处理后，分类合成后的 2022 年第二、三、四季度结果如表 5-1 至表 5-3 所示。

表 5-1　第二季度北京物流业景气指标测算

三级指标	归一化 MMS	权重	二级指标	权重	二级类指数
现时业务总量（订单数/件）	0.56	0.02	业务量	0.16	0.08
现时新订单数量（订单数/件）	0.56	0.11	新订单	0.12	0.49

续表

三级指标	归一化MMS	权重	二级指标	权重	二级类指数
从业人员数量（个）	0.38	0.02	从业人员	0.12	0.07
现时货运成本（元）	0.36	0.07	货物承载	0.07	1.63
现时货运量（吨）	0.57	0.12			
现时吞吐量（吨）	0.33	0.09			
现时货运流通成本（元）	0.36	0.11	货物流通	0.17	0.79
现时货运流通量（吨）	0.57	0.09			
现时货运配送量（吨）	0.56	0.09			
流动资产增长率（%）	0.65	0.09	资金周转率	0.06	0.97
主营业务成本（元）	0.36	0.05	主营业务成本	0.01	2.21
主营业务利润额同比增长率（%）	0.59	0.04	主营业务利润	0.02	0.93
企业应收账款（元）	0.5	0.06	物流服务价格	0.12	0.24
管理成本（元）	0.33	0.01	固定资产投资完成情况	0.04	0.42
总资产增长率（%）	0.38	0.04			
同期新订单增长量（订单数/件）	0.56	0.01	业务活动预期	0.09	0.05

表5-2 第三季度北京物流业景气指标测算

三级指标	归一化MMS	权重	二级指标	权重	二级类指数
现时业务总量（订单数/件）	0.56	0.02	业务量	0.16	0.08
现时新订单数量（订单数/件）	0.56	0.11	新订单	0.12	0.49
从业人员数量（个）	0.38	0.02	从业人员	0.12	0.07
现时货运成本（元）	0.36	0.07	货物承载	0.07	1.63
现时货运量（吨）	0.57	0.12			
现时吞吐量（吨）	0.33	0.09			
现时货运流通成本（元）	0.36	0.11	货物流通	0.17	0.79
现时货运流通量（吨）	0.57	0.09			
现时货运配送量（吨）	0.56	0.09			
流动资产增长率（%）	0.65	0.09	资金周转率	0.06	0.97

续表

三级指标	归一化MMS	权重	二级指标	权重	二级类指数
主营业务成本（元）	0.36	0.05	主营业务成本	0.01	2.21
主营业务利润额同比增长率（%）	0.59	0.04	主营业务利润	0.02	0.93
企业应收账款（元）	0.58	0.06	物流服务价格	0.12	0.27
管理成本（元）	0.62	0.01	固定资产投资完成情况	0.04	0.47
总资产增长率（%）	0.37	0.04			
同期新订单增长量（订单数/件）	0.56	0.01	业务活动预期	0.09	0.05

表5-3　第四季度北京物流业景气指标测算

三级指标	归一化MMS	权重	二级指标	权重	二级指数
现时业务总量（订单数/件）	0.56	0.02	业务量	0.16	0.08
现时新订单数量（订单数/件）	0.56	0.11	新订单	0.12	0.49
从业人员数量（个）	0.38	0.02	从业人员	0.12	0.07
现时货运成本（元）	0.36	0.07	货物承载	0.07	1.63
现时货运量（吨）	0.57	0.12			
现时吞吐量（吨）	0.33	0.09			
现时货运流通成本（元）	0.36	0.11	货物流通	0.17	0.79
现时货运流通量（吨）	0.57	0.09			
现时货运配送量（吨）	0.56	0.09			
流动资产增长率（%）	0.65	0.09	资金周转率	0.06	0.97
主营业务成本（元）	0.36	0.05	主营业务成本	0.01	2.21
主营业务利润额同比增长率（%）	0.59	0.04	主营业务利润	0.02	0.93
企业应收账款（元）	0.58	0.06	物流服务价格	0.12	0.27
管理成本（元）	0.65	0.01	固定资产投资完成情况	0.04	0.49
总资产增长率（%）	0.39	0.04			
同期新订单增长量（订单数/件）	0.56	0.01	业务活动预期	0.09	0.05

以第二季度为例，经计算，二级类指数及一级类指数分类指数如图5-11所示。

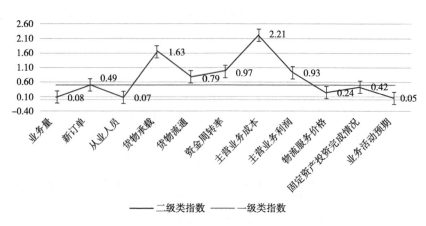

图 5-11 第二季度北京物流业景气指数测算

(2) 总指数的合成方法

将综合发展评价指标体系中的 11 个指标无量纲化后的数值与其权重代入公式 (5-3) 计算就得到总指数，即物流业景气指数。

$$I = \frac{\sum_{i=1}^{10} Z_i W_i}{\sum_{i=1}^{10} W_i} \qquad (5-3)$$

按照以上公式及计算过程，计算北京市第三季度、第四季度物流业景气指数，最终得到三个季度的北京物流业景气指数数据（如表 5-4 所示）。

表 5-4 北京物流业景气指数第二季度至第四季度数据一览

项目	第二季度	第三季度	第四季度
北京物流业景气指数	48.93%	49.59%	49.69%

二、北京物流行业发展规模指数编制

（一）北京物流行业发展规模现状分析

1. 资源情况

构成一个行业，除了交通这一条件，还需要人员、相关车辆等基础资源，而物流行业除了这些，为了确保货物可以储存及在需要时配送给顾客，还需要中转站、仓库等其他资源，方可运行。

（1）物流企业数量

近年来，我国积极深化现代物流业供给侧结构性改革，深入实施物流专项活动并且积极布局国家物流枢纽建设，进而加快建设物流基础设施，建立城乡物流配送网络体系。北京也在积极响应国家的号召，关注物流相关企业的数量以及相应发展情况，帮助分析本地物流产业基础和发展环境条件，进而持续优化物流资源配置。据统计，2023 年北京市从事道路货运的企业共 2.4 万个，其中房山区数量最多，有 3 767 个企业（见表 5-5），占全市的 15.70%。

表 5-5 2023 年北京市道路货运企业数量及占比

所属区	企业数量（个）	企业比例（%）
东城区	110	0.50
西城区	193	0.80
朝阳区	2 121	8.80
海淀区	459	1.90
丰台区	1 534	6.40
石景山区	236	1.00
门头沟区	253	1.10
房山区	3 767	15.70
通州区	2 618	10.90
顺义区	2 862	11.90
昌平区	1 753	7.30
大兴区	2 455	10.20
怀柔区	1 039	4.30
平谷区	1 843	7.70
密云区	1 435	6.00
延庆区	923	3.80
经济技术开发区	266	1.10
燕山	192	0.80
合计	24 059	100.00

数据来源：北京交通委员会。

随着北京经济水平的不断提高，人们在膳食平衡方面越来越讲究，对于禽肉、果蔬、乳制品、水产等生鲜产品的需求也越来越旺盛，在一定程度上对于冷链物流行业的迅速崛起起到了促进的作用。除此之外餐饮连锁医药产品、快销产品也是当前冷链物流中的主要运输产品，这些产品的需求量也是日益增加的（见图5-12），这就使得冷链系统在各个行业、各个领域都是必不可少的。

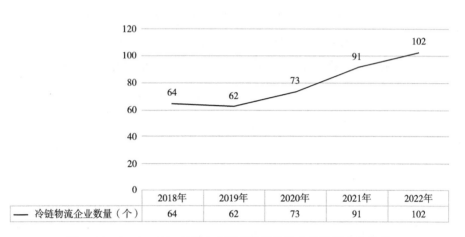

	2018年	2019年	2020年	2021年	2022年
── 冷链物流企业数量（个）	64	62	73	91	102

图5-12　2018—2022年北京市重点冷链物流企业数量变化趋势

数据来源：中冷联盟。

（2）从业人员数量

目前北京市物流业发展迅速，但也存在物流相关人才紧缺现象，因此了解物流相关行业的从业人员数量有助于分析该行业的发展情况以及未来走向。从2018年开始，物流行业的从业人数处于持续下降阶段，总人数由517 179人开始逐年下降至2022年的429 215人，降低约17.01%（见表5-6）。

表5-6　2018—2022年北京市从业人数

行业类别	2018年	2019年	2020年	2021年	2022年
总计（人）	517 179	493 136	465 234	451 665	429 215
铁路运输（人）	105 933	103 262	102 144	99 786	98 002
道路运输（人）	279 774	262 211	236 560	223 219	204 889
水上运输（人）	304	278	212	246	235

续表

行业类别	2018年	2019年	2020年	2021年	2022年
航空运输（人）	83 122	80 757	82 797	77 872	78 014
管道运输（人）	4 287	4 522	4 423	9 315	10 797
多式联运和运输代理业（人）	29 218	28 773	27 247	30 808	26 589
装卸搬运和仓储业（人）	14 541	13 333	11 851	10 419	10 689

数据来源：国家统计年鉴。

（3）运输车辆数量

根据交通部门统计，北京市 2022 年载货机动车保有量达到了 61.5 万辆，较上年增长 4.87 万辆，同比增长 8.6%。其中汽油载货机动车 37.82 万辆、柴油载货机动车 19.98 万辆、新能源载货机动车 3.7 万辆，占比分别为 61.49%、32.49%、6.02%，较上年分别提升 11.5%、1.8%、19.7%（如图 5-13 所示）。

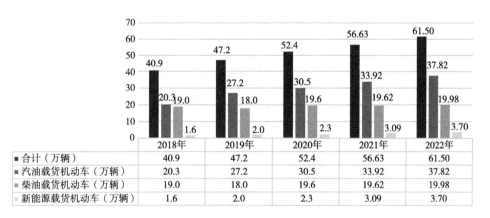

	2018年	2019年	2020年	2021年	2022年
■ 合计（万辆）	40.9	47.2	52.4	56.63	61.50
■ 汽油载货机动车（万辆）	20.3	27.2	30.5	33.92	37.82
■ 柴油载货机动车（万辆）	19.0	18.0	19.6	19.62	19.98
■ 新能源载货机动车（万辆）	1.6	2.0	2.3	3.09	3.70

图 5-13 2018—2022 年北京市各类货车数量情况

数据来源：北京交通委员会。

北京市营业性载货机动车保有量有所上升，为 11.9 万辆，较上年上升 10.2%，主要由于冷藏等专用运输车增长较快。2019 年 9 月起北京市推动"放管服"专项工作，取消 4.5 吨以下普通载货机动车的运营许可证办理工作，自 2019 年 9 月起北京营业性载货机动车保有量较 2018 年及以前有大幅下降趋势，如图 5-14 所示。

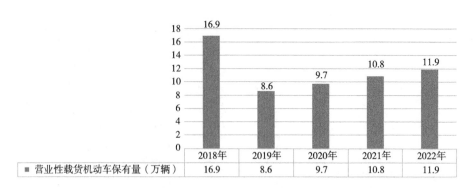

图 5-14　2018—2022 年北京市营业性载货机动车保有量情况

数据来源:《2022 北京市交通发展年度报告》。

　　我国是冷链大国,冷链运输与人民群众日益增长的高频生活需求息息相关,其中冷藏运输及配送是冷链物流过程中的重要一环,更是生产地与仓储、仓储与销售门店各部分实现上下游有效整合的重要环节。有关部门数据显示,2022 年北京市冷藏专用车数量约为 1.4 万辆(个)(包含整车、车厢、牵引车头、挂车等),厢式油车占多数,如图 5-15 所示。

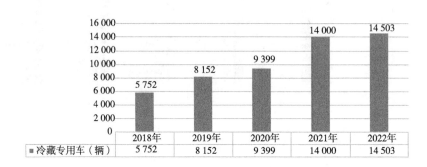

图 5-15　2018—2022 年北京市冷藏专用车数量情况

数据来源:中冷联盟。

(4)仓储面积

　　①北京整体仓储市场分析:北京整体市场覆盖园区总面积为 720.6 万平方米,可租面积为 63.9 万平方米,空置率为 8.87%;高标仓市场覆盖园区总面积为 204.6 万平方米,可租面积为 6.3 万平方米,空置率为 3.07%(见表 5-7)。

表5-7　北京整体市场情况表

市场类型	园区总面积（万平方米）	园区可租面积（万平方米）	空置率（%）
整体市场	720.6	63.9	8.87
高标仓市场	204.6	6.3	3.07

数据来源：物联云仓。

②可租面积及空置率分析：

整体市场：可租面积主要集中在顺义区，其次为大兴区、通州区。其中顺义区可租面积为25.1万平方米，占39.3%；大兴区可租面积为10.3万平方米，占16.2%；通州区可租面积为10.3万平方米，占16.2%。

高标仓市场：可租面积主要集中在密云区（2.1万平方米）、通州区（2.0万平方米）、大兴区（2.0万平方米）。

北京分区域空置率中位值为9.70%。其中，密云区空置率最高，为26.91%；平谷区空置率最低，为1.64%（见图5-16）。

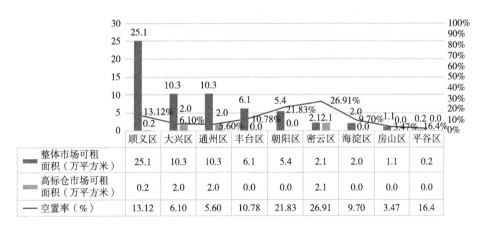

	顺义区	大兴区	通州区	丰台区	朝阳区	密云区	海淀区	房山区	平谷区
▇ 整体市场可租 面积（万平方米）	25.1	10.3	10.3	6.1	5.4	2.1	2.0	1.1	0.2
▤ 高标仓市场可租 面积（万平方米）	0.2	2.0	2.0	0.0	0.0	2.1	0.0	0.0	0.0
— 空置率（%）	13.12	6.10	5.60	10.78	21.83	26.91	9.70	3.47	16.4

图5-16　2020年7月北京市仓源结构分布情况

数据来源：物联云仓数字研究院。

2021年仓储需求总量为54.8万平方米，2017—2021年年均需求量为51.0万平方米（见图5-17）。

2021年，北京市共有食品相关的冷库8 079个（包括单位食堂、餐饮、商超市场等内部的微型冷库或冷柜等），总面积约为 177 万平方米。其中，冷库面积为 1 000 平方米及以上的有 189 个，总面积约为 149.7 万平方米，总容积约为 898 万立方米，按照行业通用折算方法，北京冷库容量约 359 万吨。

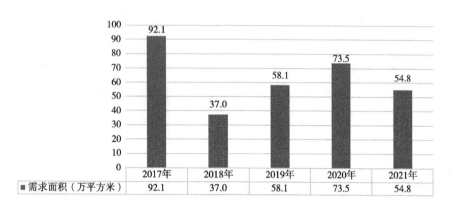

图 5-17　2016—2021 年北京市仓储市场需求面积情况

数据来源：物联云仓数字研究院。

从 189 个冷库的分布看，在面积规模方面，1 000～5 000 平方米的冷库有 124 个，合计面积为 248 336 平方米；5 000～10 000 平方米的冷库有 28 个，合计面积为 186 439 平方米；10 000～20 000 平方米的冷库有 23 个，合计面积为 304 041 平方米；20 000 平方米以上的冷库有 14 个，合计面积为 758 385 平方米。在区域分布方面，冷库数量及面积排名前五的城区如表 5-8 和表 5-9 所示。

表 5-8　2021 年北京市冷库数量前五城区情况表

区域名称	冷库数量（个）
顺义区	42
大兴区	28
通州区	21
朝阳区	17
房山区	15

数据来源：中冷联盟。

表 5-9　2021 年北京市冷库面积前五城区情况表

区域名称	冷库面积（平方米）
顺义区	722 829
丰台区	212 922
大兴区	197 119
经济开发区	88 833
通州区	69 126

数据来源：中冷联盟。

此外，四大物流基地以及顺义临空经济区、综保区（非保库）冷库总面积约为 17.3 万平方米，占比为 11.6%。在冷库类型方面，公共型（出租）冷库数量为 73 个，面积为 68.2 万平方米；自用 104 个，面积为 71.6 万平方米。在存储货品方面，国产与进口冷链食品均贮存的冷库数量为 96 个，占比为 50.8%；只贮存国产冷链食品的冷库有 90 个，占比为 47.6%；只贮存进口冷链食品的冷库只有 1 个。

近几年来，随着北京市响应国家号召，根据自身情况推动冷库的发展，冷库容量正在逐年增加，相较于 2018 年 157 万吨的容量，到 2022 年北京市冷库容量约为 222.8 万吨，增长 50%，如图 5-18 所示。

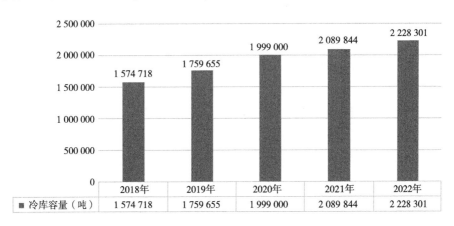

图 5-18　2018—2022 年北京市冷库容量情况

数据来源：中冷联盟。

北京仓储总面积随着北京物流发展的落实逐步增加，由 2018 年的 616.7 万平方米增加至 2022 年的 720.6 万平方米（如图 5-19 所示）。《北京市 2022 年度建设用地供应计划》宣布将推出 30 万平方米仓储用地，释放供地持续放宽信号，其中一半将坐落于大兴临空经济区，其余面积分别位于房山区、亦庄新城及平谷区。租户和开发商可选度增加，短期内仓储物流布局将以京内为重点。

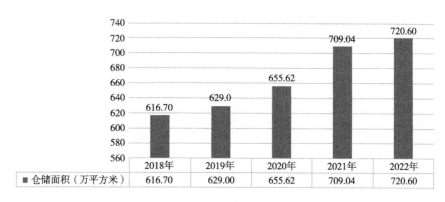

图 5-19　2018—2022 年北京市仓储面积情况

数据来源：《2022 北京市交通发展年度报告》。

北京市域铁路货场共有 28 个，总占地面积为 127.55 万平方米，分别位于丰台、朝阳、怀柔、门头沟、石景山等区域。其中，五环内货场有 4 个，占地面积为 35.21 万平方米；五环与六环之间货场有 8 个，占地面积为 48.79 万平方米；六环外货场有 16 个，占地面积为 43.55 万平方米。

2. 市场情况

物流收入与货运量的变化趋势能够为预测未来某一时间段的物流行业发展情况提供大致的方向。

（1）收入情况

2022 年物流体系建设稳步推进，适应市场物流需求变化，物流供给服务保持快速增长，支撑产业链、供应链韧性提升。交通运输、仓储和邮政业生产总值恢复至正常年份平均水平。交通运输、仓储和邮政业生产总值为 879.2 亿元，同比降低 2.4%，但总体来看，相较于 2019 年而言处于稳步回暖状态，如图 5-20 所示。

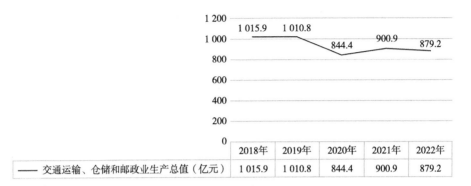

图 5-20　2018—2022 年北京市交通运输、仓储和邮政业生产总值情况

数据来源：北京市统计年鉴。

（2）服务量

运输服务主要考察铁路、公路、水路、航空、邮政五个主体的货运量与货物周转量。货运量是指在一定时期内（本书以年为单位），各种运输工具实际运送的货物数量。它是反映运输业为国民经济和人民生活服务的数量指标。其中货运按吨计算。货物周转量是指在一定时期内（本书以年为单位），由各种运输工具运输的货物数量与其相应运输距离的乘积之和。它是反映运输业生产总成果的重要指标，计算公式为：货物周转量 = $\sum$ 货物运输量×运输距离。

①总体数据：2022 年，货运需求有所回升。全年公路、铁路、航空货运总量实现 19 023 万吨。其中，公路货运量依旧占据主导地位，完成 18 549 万吨，同比降低 19.61%，占货运总量的 97.51%；铁路货运量完成 346 万吨，同比增长 11.25%，比 2020 年降幅收窄 8.57 个百分点，货运量占比为 1.81%；航空货运航班逐步适度恢复，货运量有较大提升，2022 年民航货运量为 128 万吨，同比降低 20.99%，两年平均下滑 6.46%，货运量占比为 0.67%（如表 5-10 和图 5-21 所示）。

表 5-10　2018—2022 年北京市货物运输综合情况表

项目	2018 年	2019 年	2020 年	2021 年	2022 年
铁路货运量（万吨）	569	449	360	311	346
公路货运量（万吨）	20 278	22 325	21 789	23 075	18 549
民航货运量（万吨）	177	166	147	162	128
合计（万吨）	21 024	22 940	22 296	23 548	19 023

数据来源：北京统计年鉴；北京交通运输行业发展统计公报。

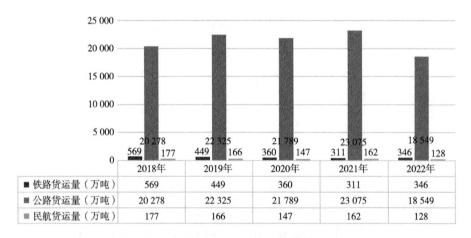

	2018年	2019年	2020年	2021年	2022年
■ 铁路货运量（万吨）	569	449	360	311	346
■ 公路货运量（万吨）	20 278	22 325	21 789	23 075	18 549
■ 民航货运量（万吨）	177	166	147	162	128

图 5-21　2018—2022 年北京市货物运输构成

数据来源：北京统计年鉴、北京交通运输行业发展统计公报。

②铁路：货运量指在一定时期内（本书以年为单位）运用铁路运输实际运送的货物数量。近年来铁路货运量虽然呈增长趋势，但是增长幅度在不断收缩。2022 年，北京市铁路货物到发量下降 5.06%，为 1 860.6 万吨。其中，货物发送量为 328.2 万吨，较上年增加 5.70%；到达量为 1 532.4 万吨，较上年减少 7.08%（见图 5-22）。

③公路：自 2021 年起货运场站无须备案。由表 5-11 和图 5-23 可以看出 2020 年，北京市公路货运场站数量为 5 个，与上年保持一致，其中一级站 1 个，三级站 4 个。2022 年公路营业性货运量略有下降，为 18 549 吨，较上年下降 19.61%；货物周转量为 225.43 亿吨公里，较上年下降 17.85%，平均运距有所下降，为 121.5 公里，较上年增加 2.17%。

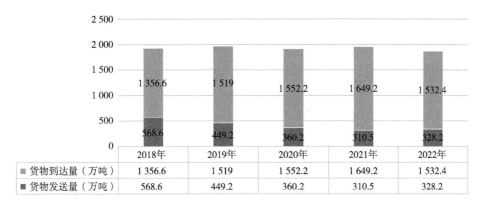

	2018年	2019年	2020年	2021年	2022年
货物到达量（万吨）	1 356.6	1 519	1 552.2	1 649.2	1 532.4
货物发送量（万吨）	568.6	449.2	360.2	310.5	328.2

图 5-22　2018—2022 年北京市铁路货物到发量变化

数据来源：国家统计年鉴、北京交通运输行业发展统计公报。

表 5-11　2018—2022 年北京市公路道路营业性货运基本情况表

年份	货运场站数量（个）	货运量（万吨）
2018	9	20 278
2019	5	22 325
2020	5	21 789
2021	—	23 075
2022	—	18 549

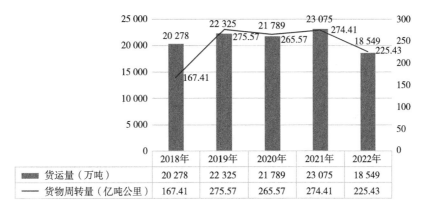

	2018年	2019年	2020年	2021年	2022年
货运量（万吨）	20 278	22 325	21 789	23 075	18 549
货物周转量（亿吨公里）	167.41	275.57	265.57	274.41	225.43

图 5-23　2018—2022 年北京市公路营业性货运量年度变化

数据来源：国家统计年鉴、北京交通运输行业发展统计公报。

④航空：货运量指在一定时期内（本书以年为单位）运用航空运输实际运送的货物数量。新冠疫情期间，客运航班大面积停飞，客机腹舱货运能力大幅下降，货运网络通达性削弱，航空物流链受到冲击，后在政府扶持下逐渐恢复。2022年，北京航空货物吞吐总量为111.6万吨，比上年下降29.7%。其中，货物发送量为57.1万吨，比上年下降28.4%；到达量为54.5万吨，比上年下降30.9%。分机场来看，首都国际机场货物吞吐总量为98.9万吨，比上年下降29.4%；大兴国际机场货物吞吐总量为12.8万吨，比上年下降31.4%（见图5-24）。

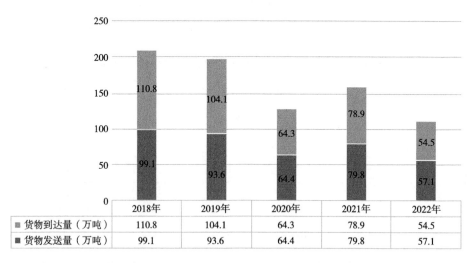

	2018年	2019年	2020年	2021年	2022年
■ 货物到达量（万吨）	110.8	104.1	64.3	78.9	54.5
■ 货物发送量（万吨）	99.1	93.6	64.4	79.8	57.1

图5-24　2018—2022年北京市航空货物到发量变化

数据来源：国家统计年鉴、北京交通运输行业发展统计公报。

（二）北京物流行业发展规模指数测算

1. 指标数据无量纲化

通过数据标准化，可以减少数据波动和误差的影响，更准确地反映出每个指标的长期变化趋势。计算得出的五年数据将为后续计算指标数据提供更可靠的信息，以制定战略计划和政策，推动物流业的发展。

无量纲化也叫数据的标准化，是通过数学变换来消除原始变量（指标）量纲影响的方法。

正指标无量纲化计算公式：

$$Z_i = \frac{X_i - X_{\min}^i}{X_{\max}^i - X_{\min}^i} \text{ 或 } Z_i = \frac{\ln(X_i) - \ln(X_{\min}^i)}{\ln(X_{\max}^i) - \ln(X_{\min}^i)} \tag{5-4}$$

逆指标无量纲化计算公式：

$$Z_i = \frac{X_{\max}^i - X_i}{X_{\max}^i - X_{\min}^i} \text{ 或 } Z_i = \frac{\ln(X_{\max}^i) - \ln(X_i)}{\ln(X_{\max}^i) - \ln(X_{\min}^i)} \tag{5-5}$$

标准化结果见表5-12。

表5-12 2018—2022年三级指标标准化表

三级指标	2018年	2019年	2020年	2021年	2022年
冷链物流企业数量（个）	0.400 0	0.447 9	0.588 6	0.691 9	0.900 0
铁路运输从业人数（人）	0.900 0	0.731 6	0.661 1	0.512 5	0.400 0
道路运输从业人数（人）	0.900 0	0.782 7	0.611 5	0.522 4	0.400 0
水上运输从业人数（人）	0.900 0	0.758 7	0.400 0	0.584 8	0.525 0
航空运输从业人数（人）	0.900 0	0.674 8	0.869 0	0.400 0	0.413 5
管道运输从业人数（人）	0.400 0	0.418 0	0.410 4	0.786 2	0.900 0
多式联运和运输代理业从业人数（人）	0.711 6	0.658 8	0.478 0	0.900 0	0.400 0
装卸搬运和仓储业从业人数（人）	0.900 0	0.753 5	0.573 7	0.400 0	0.432 8
公路营业性货运车量（万辆）	0.900 0	0.400 0	0.466 9	0.569 3	0.648 2
新能源货车保有量（万辆）	0.400 0	0.517 6	0.605 9	0.855 9	0.900 0
物流仓储用地面积（万平方米）	0.400 0	0.459 4	0.587 3	0.844 4	0.900 0
冷库容量（吨）	0.400 0	0.541 5	0.794 0	0.794 1	0.900 0
交通运输、仓储和邮政业生产总值（亿元）	0.900 0	0.885 1	0.400 0	0.564 7	0.501 5
铁路货运量（万吨）	0.900 0	0.667 4	0.495 0	0.400 0	0.467 8
公路货运量（万吨）	0.591 0	0.817 1	0.757 9	0.900 0	0.400 0
航空货运量（万吨）	0.900 0	0.785 4	0.587 5	0.743 8	0.400 0

2. 计算发展规模特征值

$$I = \frac{\sum_{i=1}^{44} Z_i W_i}{\sum_{i=1}^{44} W_i} \tag{5-6}$$

发展规模特征值结果见表 5-13。

表 5-13　2018—2022 年北京物流行业发展规模指数特征值

指标		2018 年	2019 年	2020 年	2021 年	2022 年
目标层	北京物流行业发展规模指数	0.100 0	0.965 2	0.955 8	0.958 4	0.967 5
一级分指数	资源情况	0.100 0	0.095 2	0.096 6	0.097 3	0.100 5
	市场情况	0.100 0	0.098 5	0.093 8	0.093 7	0.090 9

3. 北京物流行业发展规模指数及环比测算

（1）总指数的环比测算方法

为了直观展示出物流行业发展规模情况，本书设定 2018 年为基期，基期值为 100，在综合发展指数数据及各项比例的基础上合成 2018—2022 年北京物流行业发展规模指数。为更清晰地观测各项指标每年的波动幅度大小，书中引入环比用于观测各年的增降率，其中环比依据公式"环比=（本期指数－上期指数）/上期指数×100%"进行计算。计算结果见表 5-14。

表 5-14　2018—2022 年北京物流行业发展规模总指数

年份	等级特征值	指数	环比
2018	0.100 0	100	—
2019	0.096 5	97	−3.48
2020	0.095 5	95	−1.07
2021	0.095 8	96	0.37
2022	0.096 7	97	0.86

从物流行业发展规模总值来看，2020 年受到新冠疫情的影响有下降趋势，较 2018 年依旧处于上升趋势，2021 年北京市政府大力扶持物流企业的发展，推动物流发展，其规模总值开始回升。

（2）分指数的环比测算方法

北京物流行业发展规模指数体系将资源情况和市场情况作为一级指标，下设物流企业数量、从业人员数量、运输车辆数量、仓储面积、收入、服务量六个指标作为二级指标，其总值计算方法同上，计算结果见表 5-15。

表 5-15　2018—2022 年北京物流行业发展规模分指数

分指数	2018 年指数	2019 年		2020 年		2021 年		2022 年	
		指数	环比（%）	指数	环比（%）	指数	环比（%）	指数	环比（%）
资源规模分指数	60	60	-3.48	58	-1.07	57	0.37	58	0.86
市场规模分指数	40	39	-3.48	38	-1.07	38	0.37	39	0.86

三、北京物流业与商贸业耦合指数编制

（一）北京市物流业现状

1. 北京市物流总额

由表 5-16 和图 5-25 可看出，北京市物流总额从 2018—2022 年整体降中有增，但 2020 年受新冠疫情影响有所下降，2021 年起有所提升，由此可见，随着经济的发展变化，物流业发展稳中有进，对全市经济发展起到了重要的支撑作用。

表 5-16　2018—2022 年北京市社会物流总额情况统计

项目	2018 年	2019 年	2020 年	2021 年	2022 年
社会物流总额（亿元）	77 720.16	83 119.05	79 944	84 689.78	87 686.68

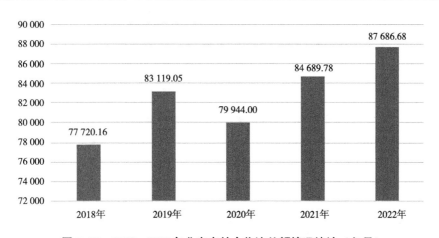

图 5-25　2018—2022 年北京市社会物流总额情况统计（亿元）

数据来源：北京市统计局。

2. 北京市货物运输情况

（1）货运量

由表 5-17 和图 5-26 可知，对于铁路运输的货运量而言，2018 年之后铁路运输的货运量都有小幅度的持续下降，公路运输行业作为物流运输的重要组成部分，是我国国民经济、社会发展的重要支撑。近年来，随着我国国民经济的增长和国家政策的支持，我国公路运输行业迅速发展，近两年我国公路运输的货运量数据有了明显的上升。铁路运输的货运量从 2018 年的 762 万吨下降到了 2022 年的 352.5 万吨，出现了近半数的下降总量。

表 5-17　2018—2022 年北京市货运量统计

一级指标	二级指标	2018 年	2019 年	2020 年	2021 年	2022 年
货运量（万吨）	铁路（万吨）	762.0	596.0	484.0	414.0	352.5
	公路（万吨）	19 972.0	20 278.0	22 325.0	21 789.0	22 849.9

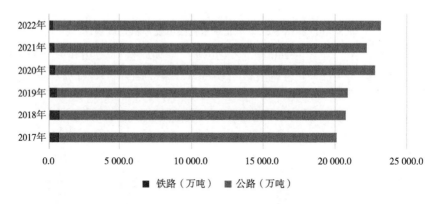

图 5-26　2018—2022 年北京市货运量统计图

数据来源：国家统计局、北京统计局。

（2）货物周转量

由表 5-18 和图 5-27 可以看出，我国公路的货物周转量相较于 2018 年已经有了明显的提升，而铁路的货物周转量则在 2019 年达到了顶点，2019 年之后也有了明显的下降。

表5-18 2018—2022年北京市货物周转量情况统计

一级指标	二级指标	2018年	2019年	2020年	2021年	2022年
货物周转量	铁路（亿吨公里）	799.2	866.8	813.7	767.1	758.5
	公路（亿吨公里）	159.2	167.4	275.7	265.7	325.8

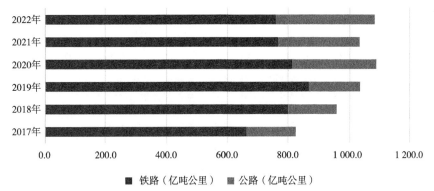

图5-27 2017—2022年北京市货物周转量统计图

数据来源：国家统计局、北京统计局。

（3）货物运输总量

新冠疫情期间企业复工延迟、货物运输需求降低、航空熔断机制等多重因素给物流和运输行业带来了较大冲击。2020年北京市货物运输总量为23 829.9万吨，较上年整体呈下降趋势，其中，公路营业性货运量较上年下降2.4%，为21 789万吨；铁路货物到发量为1 912.4万吨，较上年下降3.0%；航空货运相比较其他货运方式受到的影响最大，仅为128.7万吨，较上年下降34.9%。但2022年所有数据都呈现强劲回升状态（见表5-19和图5-28）。

表5-19 2018—2022年北京市货物运输总量统计

货运量	2018年	2019年	2020年	2021年	2022年
公路营业性货运量（万吨）	20 278	22 325	21 789	22 878	23 736
铁路货物到发量（万吨）	1 932.2	1 972.2	1 912.4	1 916.2	1 908.7
航空货邮吞吐量（万吨）	209.9	197.8	128.7	115.4	89.8
口岸监管货运量（万吨）	8 856.3	10 395.6	11 775.7	13 178.5	14 581.2
货运总量（万吨）	31 276.4	34 890.6	23 829.9	38 088	40 316

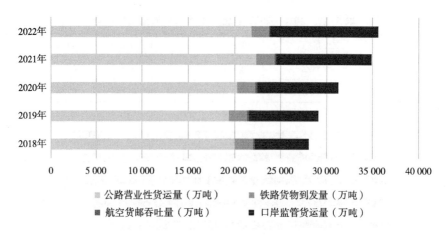

图 5-28 2018—2022 年北京市货物运输总量统计

数据来源：北京市交通委员会、中国铁路北京局集团有限公司、中国民用航空华北地区管理局、首都机场集团公司、北京市商务局、北京交通发展年度报告。

（4）公路货物运输

2022 年，北京市公路货运场站数量为 5 个，与上年保持一致。公路货运量呈上升趋势，为 23 908.5 万吨；货物周转量为 367 亿吨公里，较上年也呈现上升趋势（见表 5-20 和图 5-29）。

表 5-20 2018—2022 年北京市公路货物运输统计

三级指标	2018 年	2019 年	2020 年	2021 年	2022 年
货运场站数量（个）	9	5	5	5	5
货运量（万吨）	20 278	22 325	21 789	23 017.5	23 908.5
货物周转量（万吨公里）	1 674 068	2 756 801	2 656 831	3 257 736.7	3 674 103.6
平均运距（公里）	82.6	123.5	121.9	144.8	160.5

（5）铁路货物运输

2022 年，北京市铁路货物到发量较上年有所提升，提升至 2 189.68 万吨，其中货物发送量为 467.7 万吨，到达量为 1 721.98 万吨，货运周转量提升至 447.6 亿吨公里（见表 5-21、图 5-30、表 5-22、图 5-31）。

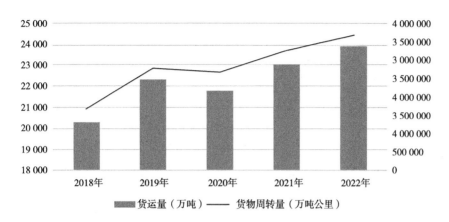

图 5-29　2018—2022 年北京市公路货物运输统计图

数据来源：北京市交通委员会、2022 年北京交通发展年度报告。

表 5-21　2018—2022 年北京市铁路货物到发量统计

货物到发量	2018 年	2019 年	2020 年	2021 年	2022 年
货物发送量（万吨）	568.6	449.2	360.2	466.12	467.7
货物到达量（万吨）	1 363.6	1 523	1 552.2	1 639.57	1 721.98

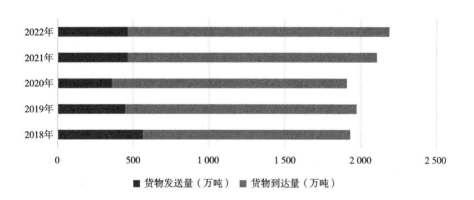

图 5-30　2018—2022 年北京市铁路货物到发量统计图

表 5-22　2018—2022 年北京市铁路货物周转量统计表

项目	2018 年	2019 年	2020 年	2021 年	2022 年
货物周转量（亿吨公里）	866.6	813.5	244.3	430.06	447.6

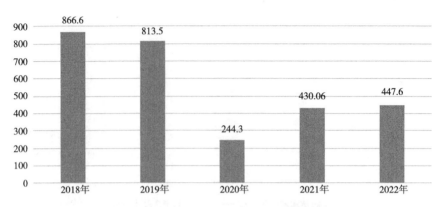

图 5-31　2018—2022 年北京市铁路货物周转量统计图（亿吨公里）

数据来源：中国铁路北京局集团有限公司、2022 年北京交通发展年度报告。

（6）航空货物运输

新冠疫情期间，客运航班大面积停飞，客机腹舱货运能力大幅下降，货运网络通达性削弱，航空物流链受到冲击。2020 年，北京航空货物发送量和到达量双双下降，但 2021 年起强劲回升，2022 年货物吞吐总量达到 164.73 万吨（见表 5-23 和图 5-32）。

表 5-23　2018—2022 年北京市航空货物到发量统计

到发量	2018 年	2019 年	2020 年	2021 年	2022 年
航空货物发送量（万吨）	99.1	93.6	64.4	70.91	80.58
航空货物到达量（万吨）	110.8	104.1	64.3	73.51	84.15

图 5-32　2018—2022 年北京市航空货物到发量统计图

数据来源：中国民用航空华北地区管理局、首都机场集团公司、2022 年北京市交通发展年度报告。

3. 北京市快递业务情况

（1）快递行业运输

从各类快递业务量构成看，2022 年北京市快递业务量以异地快递为主，异地快递业务量达 12.1 亿件，同城快递业务量达 10.4 亿件，国际及港澳台业务量达 0.26 亿件（见表 5-24 和图 5-33）。

表 5-24　2018—2022 年北京市各类快递业务量统计

业务量	2018 年	2019 年	2020 年	2021 年	2022 年
同城业务量（万件）	115 561.47	72 746.98	67 609.48	85 899.34	103 814.45
异地业务量（万件）	102 152.09	153 592.21	169 453.71	106 868.59	121 019.93
国际及港澳台快递业务量（万件）	3 162.06	2 377.24	1 159.93	3 261.09	2 617.72

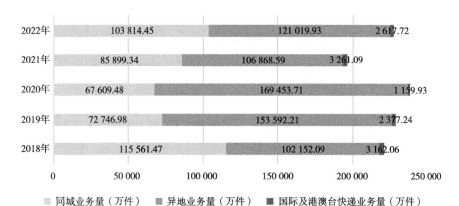

图 5-33　2018—2022 年北京市各类快递业务量统计图

数据来源：北京市邮政管理局、2022 年北京交通发展年度报告。

（2）邮政业网点及投递线路

由表 5-25 可知，2018—2022 年北京邮政业营业网点处有了明显的减少，从 2018 年的 5 106 个减少到了 2022 年的 4 301 个，虽减少了地面使用，但是也同时减少了从业人数；信筒信箱数量也随着营业网点的数量在逐渐减少；2019 年农村投递路线达到了 49 649 公里，达到了五年内的最高值，2020 年后逐渐减少，里程逐渐变短；城市投递路线在 2020 年之后有了明显的增加；邮路总长度也在增加，尤其是航空邮路，在 2022 年达到了 1 522 511 公里。

表 5-25   2018—2022 年北京市邮政业网点及投递线路情况统计

情况		2018 年	2019 年	2020 年	2021 年	2022 年
营业网点（处）		5 106	5 425	4 927	4 495	4 301
信筒信箱（个）		5 200	4 562	4 397	4 229	3 893
农村投递路线（公里）		20 178.0	49 649.0	26 538.0	25 409.0	28 642.0
城市投递路线（公里）		52 139.0	53 376.0	80 885.0	79 218.0	94 607.0
邮路总长度（公里）	航空邮路	480 220.0	480 220.0	480 220.0	1 404 699.0	1 522 511.0
	铁路邮路	19 007.0	19 655.0	20 429.0	20 418.0	21 046.0
	汽车邮路	65 804.0	67 829.0	80 659.0	81 517.0	89 370.0

数据来源：国家统计局、北京统计局。

4. 北京市物流从业人员情况

（1）运输及仓储人数

根据表 5-26 和图 5-34 可以得出，从 2018 年到 2022 年，运输业及仓储业人数无明显变化。但其中装卸搬运和仓储业人数与 2018 年相比大幅度减少；邮政业人数相较于 2018 年有较大涨幅，整体走向趋于平稳。

表 5-26   2018—2022 年北京市运输及仓储人数统计

人数	2018 年	2019 年	2020 年	2021 年	2022 年
铁路运输业（人）	107 648	105 933	103 262	102 144	99 284
道路运输业（人）	282 494	279 744	262 211	236 560	231 977
水上运输业（人）	242	304	278	212	226
航空运输业（人）	81 327	83 122	80 757	82 797	83 828
管道运输业（人）	5 548	4 287	4 522	4 423	4 765
多式联运和运输代理业（人）	40 532	29 218	28 773	27 247	29 934
装卸搬运和仓储业（人）	9 975	14 541	13 333	11 851	5 252
邮政业（人）	49 169	84 799	96 389	94 395	117 274

（2）交通运输、仓储和邮政业单位就业人员

由表 5-27 和图 5-35 可以看出，2019 年的交通运输、仓储及邮政业从业人数达到了顶点，但 2020 年起从业人数显著减少，从 2019 年的 60.2 万人减少到了 2022 年的 57 万人。可见经济发展的变化对于交通运输、仓储及邮政

业有极大的影响。

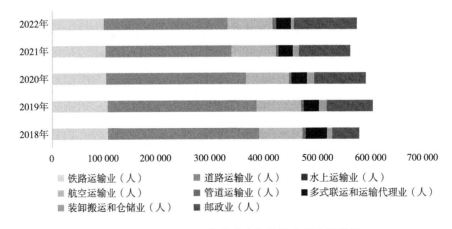

图 5-34　2018—2022 年北京市运输及仓储人数统计

数据来源：国家统计局、北京统计局。

表 5-27　2018—2022 年北京市城镇非私营人员交通运输、仓储和邮政业就业人数统计

项目	2018 年	2019 年	2020 年	2021 年	2022 年
交通运输、仓储和邮政业（万人）	57.7	60.2	59	56	57

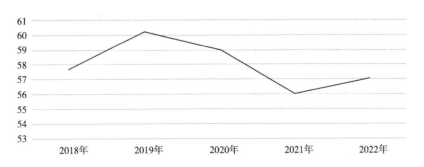

图 5-35　2018—2022 年北京市城镇非私营人员交通运输、仓储

和邮政业就业人数统计图（人）

数据来源：国家统计局、北京统计局。

（3）工资总额

由表 5-28 和图 5-36 可知，虽然就业人数下降，但交通运输、仓储及邮政业的工资总额有上升趋势，可见经济的发展变化虽然影响了就业人数，但是为了增加就业，北京市上调了交通运输、仓储及邮政业的工资。

表5-28　2018—2022年北京市城镇非私营人员交通运输、仓储和邮政业工资总额统计

项目	2018年	2019年	2020年	2021年	2022年
交通运输、仓储和邮政业（亿元）	584.1	694.5	742.3	699	756

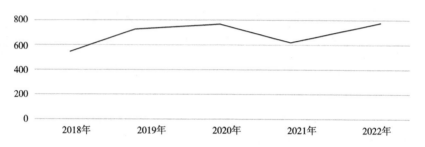

图5-36　2018—2022年北京市城镇非私营人员交通运输、仓储
和邮政业工资总额统计（亿元）

数据来源：国家统计局、北京统计局。

5. 北京市运输口岸及路线现状

（1）运输口岸现状

北京市现有国家批复的正式口岸3个，分别是北京首都国际机场航空口岸、北京西站铁路口岸、北京大兴国际机场航空口岸；临时开放口岸1个，为北京平谷国际陆港，于2010年3月12日正式启动运行，以陆海联运方式与天津港联通，进一步畅通了海运货物入京通道；后续监管点2个，分别是丰台货运口岸、朝阳口岸。目前北京已形成以北京首都国际机场航空口岸、北京西站铁路口岸、北京大兴国际机场航空口岸为核心，北京平谷国际陆港、丰台货运口岸、朝阳口岸为重要补充，空间布局均衡，航空、铁路、公路口岸互补，客、货口岸功能配套，口岸与保税等功能区对接的口岸体系。

（2）运输路线情况

根据表5-29可以看出，近年北京市的运输路线长度几乎无明显的差异及变化。由于北京无水上运输方式，故无内河航道里程数据统计。

表5-29　2018—2022年北京市运输路线长度统计表

里程		2018年	2019年	2020年	2021年	2022年
铁路营业里程（公里）		1 264.0	1 264.0	1 367.0	1 404.0	1 454.0
内河航道里程（公里）		—	—	—	—	—
公路里程（公里）	高速公路	22 226.0	22 256.0	22 366.0	22 264.0	23 310.0
		1 013.0	1 115.0	1 168.0	1 173.0	1 237.0
	一级	1 450.0	1 457.0	1 494.0	1 369.0	1 375.0
	二级	3 985.0	4 029.0	4 024.0	3 996.0	4 006.0

数据来源：国家统计局、北京统计局。

（二）北京市商贸业现状

1. 国民经济相关指标

（1）地区生产总值

通过表5-30和图5-37可以看出，在北京市的地区生产总值中，第三产业数据逐年增长。

商贸业增加值整体呈下降趋势（见表5-30和图5-38）。2019年达到了最高值，但从2020年开始逐年下降。

表5-30　2018—2022年北京市三次产业增加值情况统计

增加值	2018年	2019年	2020年	2021年	2022年
第三产业（亿元）	22 567.76	24 553.64	29 542.53	30 278.57	33 623.52
商贸业（亿元）	2 421.0	2 599.3	2 197.6	2 182.6	2 070.9

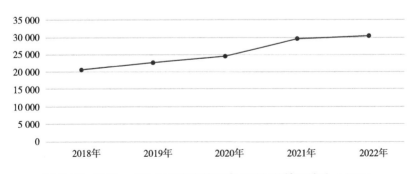

图5-37　2018—2022年北京市第三产业增加值情况统计（亿元）

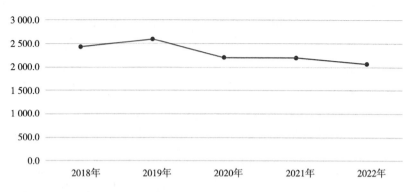

图 5-38 2018—2022 年北京市商贸业产业增加值情况统计（亿元）

数据来源：国家统计局、北京统计局。

（2）社会消费品零售总额

表 5-31 和图 5-39 显示，社会消费品零售总额在 2018 年到 2020 年呈持续上涨的趋势，但 2021 年相比 2020 年有大幅度降低，2022 年起有所回升。

表 5-31 2018—2022 年北京市社会消费品零售总额统计表

项目	2018 年	2019 年	2020 年	2021 年	2022 年
总额（亿元）	13 933.7	14 422.3	15 063.7	13 716.4	14 484.3

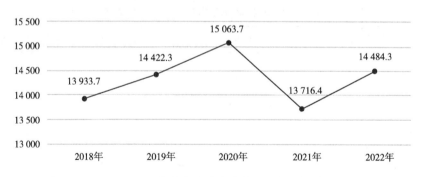

图 5-39 2018—2022 年北京市社会消费品零售总额统计（亿元）

数据来源：国家统计局、北京统计局。

2. 对外经济贸易

由表 5-32 可以看出，北京市的货物进出口总值均在 2019 年和 2020 年两年中达到最高，出口总额均突破了 4 100 亿美元，进口总额则均突破了 3 300

亿美元。

表 5-32　2018—2022 年北京市对外交际贸易情况统计

进出口情况	2018 年	2019 年	2020 年	2021 年	2022 年
总计（亿美元）	3 237.2	4 124.3	4 160.8	3 350.4	3 911.6
出口（亿美元）	585	741.7	749.8	670.1	762.9
进口（亿美元）	2 652.2	3 382.6	3 411	2 680.3	2 865.6

数据来源：国家统计局、北京统计局。

3. 税收收入

（1）第三产业税收

由表 5-33 和图 5-40 可以看出，从 2018 年的 10 836 亿元到 2022 年的
11 661.1 亿元，北京市的第三产业税收整体呈上升趋势。可见随着经济不断
变化发展，北京市第三产业的税收水平逐年提升，对经济的发展也起到了促
进作用。

表 5-33　2018—2022 年北京市第三产业税收情况统计

项目	2018 年	2019 年	2020 年	2021 年	2022 年
第三产业税收（亿元）	10 836	11 339.1	11 193.8	11 456.4	11 661.1

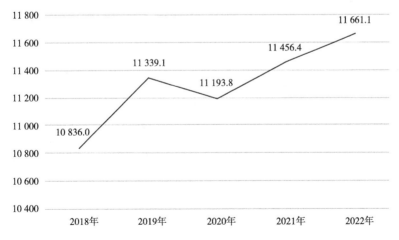

图 5-40　2018—2022 年北京市第三产业税收情况统计（亿元）

数据来源：国家统计局、北京统计局。

（2）商贸业税收

由表5-34和图5-41可知，北京市商贸业税收逐年上升。北京市政策引导使得北京市商贸业发展逐年向好。

表5-34　2018—2022年北京市商贸业税收情况统计

项目	2018 年	2019 年	2020 年	2021 年	2022 年
商贸业税收（亿元）	1 420.6	1 468.5	1 645.7	1 736.7	1 849.3

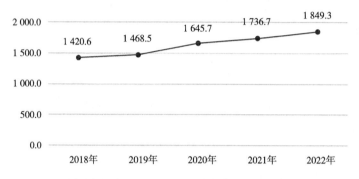

图5-41　2018—2022年北京市商贸业税收情况统计（亿元）

数据来源：国家统计局、北京统计局。

4. 固定资产投资

由表5-35可知，2018年交通运输、仓储和邮政业固定资产投资相比上年增长14.8%，2018年后开始不断减少，2020年、2021年及2022年都呈负增长。经济的变化对交通运输、仓储和邮政业固定资产投资有较大的影响。

表5-35　2018—2022年北京市交通运输、仓储和邮政业固定资产投资比上年增长情况统计

项目	2018 年	2019 年	2020 年	2021 年	2022 年
固定资产投资比上年增长情况（%）	14.8	11.3	−15.4	−9.4	−27.3

数据来源：国家统计局、北京统计局。

（三）北京物流业与商贸业耦合指数测算

第一步：综合发展指数测算。运用公式（5-7）计算物流业与商贸业的综合发展指数 u_i，其中 $i=1$，2，ω_j 为指标权重，测算结果详见表5-36。

$$u_i = \sum_{j=1}^{m} \omega_j Z'_{ij} \quad i = 1, 2 \tag{5-7}$$

表 5-36　综合评价指数

年份	u_1	u_2	比较	
2018	0.227 34	0.066 63	$u_2 < u_1$	$u_1 < u_2$ 为物流发展滞后型；$u_2 <$ u_1 为商贸发展滞后型；$u_1 = u_2$ 为发展同步型
2019	0.326 41	0.192 19	$u_2 < u_1$	
2020	0.345 13	0.227 96	$u_2 < u_1$	
2021	0.104 84	0.232 36	$u_1 < u_2$	
2022	0.267 08	0.337 15	$u_1 < u_2$	

从表 5-36 可以看出，2018—2022 年北京物流业与商贸业发展综合水平呈上升趋势，发展状况越来越好，2021 年发展速度放缓。从商贸业系统看，商贸业综合发展水平呈直线上升的趋势；从物流业系统看，总体同样呈上升态势，从 2018 年的 0.227 34 增加到了 2022 年的 0.267 08。

第二步：运用耦合协调度模型进行指数测算。

耦合协调度模型用于分析事物的协调发展水平，耦合协调度模型涉及耦合度、协调指数和耦合协调度的计算，公式如下：

$$C = 2 \times (u_1 u_2)^{\frac{1}{2}} / (u_1 + u_2) \tag{5-8}$$

C 为两系统的耦合度，值域为 [0, 1]，其值越大，说明两系统间的耦合程度越高。C 值仅反映两系统间的相互作用关系的强弱，无好坏之分。仅凭耦合度 C 值不能有效判断系统的耦合协调水平，可能存在"伪耦合"现象。

本书从生活实际出发，引入耦合协调度以反映区域物流与区域经济的整体协调效应。耦合协调度为：

$$D = \sqrt{C \times T} \quad D \in [0, 1] \tag{5-9}$$

其中，$T = \varphi u_1 + \theta u_2$，$\varphi + \theta = 1$，$\varphi$ 和 θ 为 u_1 和 u_2 的系数。T 为两系统的综合协调指数。D 为两系统耦合指数，值域为 [0, 1]，其值越大，说明两系统间的协调度越高。

由于物流业发展和商贸业发展同等重要，因此本书确定一级指标的权重时，令 $\varphi = \theta = 0.5$。

根据公式（5-8）和公式（5-9）计算出耦合度，结果如表5-37所示。

表5-37 耦合度计算结果

年份	耦合度 C 值	协调指数 T 值	耦合协调度 D 值	协调等级	协调程度
2018	0.374	0.443	0.407	5	濒临失调
2019	0.742	0.452	0.677	7	初级协调
2020	0.383	0.437	0.399	4	轻度失调
2021	0.511	0.432	0.449	5	濒临失调
2022	0.429	0.449	0.47	5	濒临失调

从耦合度，即表5-38以及表5-39来看，北京市物流业与商贸业的耦合度在2020年处于轻度失调的状态，在2021年后状态有所改善。由以上数据可以看出，北京物流业与商贸业协调水平已经达到了较为协调的状态，但也有待进一步提高，政府及企业应助力物流业的发展，促进北京物流业与商贸业的耦合协调发展。

表5-38 耦合协调度等级划分标准

耦合协调度 D 值区间	协调等级	耦合协调程度
(0.0~0.1)	1	极度失调
[0.1~0.2)	2	严重失调
[0.2~0.3)	3	中度失调
[0.3~0.4)	4	轻度失调
[0.4~0.5)	5	濒临失调
[0.5~0.6)	6	勉强协调
[0.6~0.7)	7	初级协调
[0.7~0.8)	8	中级协调
[0.8~0.9)	9	良好协调
[0.9~1.0)	10	优质协调

表5-39 2018—2022年北京物流业与商贸业耦合总指数

年份	等级特征值	指数	环比
2018	0.407	100	—
2019	0.677	102	2%

续表

年份	等级特征值	指数	环比
2020	0.399	99	−3%
2021	0.449	97	−2%
2022	0.47	102	5%

表 5-40 为北京物流业与商贸业耦合分指数及环比计算结果，以 2018 年为基准年，分别计算出 2019—2022 年的北京市物流业与商贸业耦合分指数及环比情况。由数据可得，环比情况整体呈上升趋势。

表 5-40　2018—2022 年北京物流业与商贸业耦合分指数

分指数	2018 年	2019 年		2020 年		2021 年		2022 年	
	指数	指数	环比（%）	指数	环比（%）	指数	环比（%）	指数	环比（%）
规模耦合分指数	51	52	2	50	−4	49	−2	52	6
效益耦合分指数	49	51	4	49	−4	48	−2	50	4

四、北京绿色物流发展指数编制

（一）北京市绿色物流发展现状

北京市是全国经济发展水平最高的城市之一，对北京市的经济和社会发展状况进行研究，能够更好地了解北京市经济和社会发展的实际状况，从而找到北京市经济和社会发展的有利条件和不足之处，加速推动北京市经济和社会的绿色化发展。

根据《中国净零碳城市发展报告（2022）》，北京位居第二（见图 5-42）。北京每一年的人均 GDP 能耗是全国最低的，只有 2%。可见研究北京市绿色物流发展具有现实可操作性。以北京市为研究对象，能够为我国其他省市的绿色物流发展提出指导性建议。

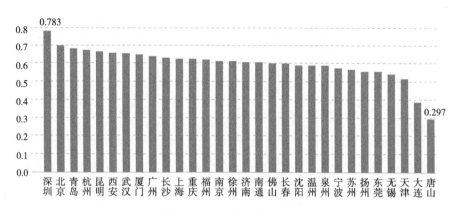

图 5-42　净零碳城市指数

数据来源：《中国净零碳城市发展报告（2022）》。

1. 北京市物流业资源利用现状

（1）物流能源消耗现状分析

从图 5-43 可以看出北京市能源消耗量呈现出降低的趋势，2020 年我国提出双碳政策后，2021 年北京市物流能源消耗量开始下降，在物流总量不减的基础上北京市物流业迅速调整，在三年时间内持续降低物流业能源消耗量，当然距离我国碳中和的目标还有一定距离。

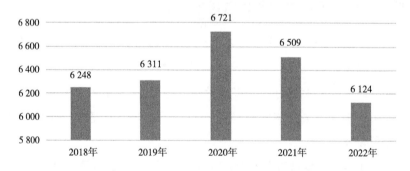

图 5-43　2018—2022 年北京市物流能源消耗量（万吨标准煤）

数据来源：中国能源年鉴。

（2）车辆满载率逐年提升

本书根据需要对北京市物流企业发布了调查问卷，问卷内容见附录。物流企业车辆满载率是通过调查问卷得到的结果。从图5-44中可以看出北京市物流车辆满载率呈现出逐年上升的趋势，在2022年达到了81%。

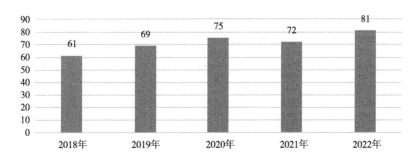

图 5-44 2018—2022 年北京市物流车辆满载率（%）

数据来源：《北京市交通研究报告》。

2. 北京市物流业低碳环保现状

（1）噪声污染水平逐年降低

2022年北京市各城区的交通噪声较去年有所下降，其中，城市近郊建成区的平均车流量较去年下降了2 012辆/小时，交通噪声下降了1.1dB（A）；远郊区县建成区的公路车流较前一年度下降了406台，车辆噪声较前一年度下降了1.4dB（A）（见表5-41）。从整体上来说，北京市城市建成区的道路噪声水平仍然偏高，需要加大力度进行防治。

表 5-41 2013—2022 年北京市城市建成区道路交通噪声年际变化情况统计

年份	城近平均 等效声级［dB（A）］	城近平均 车流量（辆/小时）	远郊平均 等效声级［dB（A）］	远郊平均 车流量（辆/小时）
2013	69.6	6 287	67.9	1 447
2014	69.7	6 113	67.7	1 555
2015	69.8	5 902	67.2	1 712
2016	69.8	5 872	67.2	1 572
2017	69.8	5 969	67.2	1 553
2018	69.8	5 934	67.4	1 711
2019	69.9	6 049	67.4	1 964

续表

年份	城近平均 等效声级［dB（A）］	城近平均 车流量（辆/小时）	远郊平均 等效声级［dB（A）］	远郊平均 车流量（辆/小时）
2020	69.8	6 032	68.5	1 764
2021	70.3	6 763	68.3	1 958
2022	69.2	4 751	66.9	1 552

数据来源：《北京市交通研究报告》。

（2）机动车排放管理较为严格

2022 年，北京市继续开展机动车排放污染控制相关监管，共进行重型柴油车污染排放检查 310.93 万辆，处罚 17.23 万辆。其中，路检 290.71 万辆，处罚 15.89 万辆，入户抽检 20.22 万辆，处罚 1.34 万辆。开展非道路移动机械入户抽检 2.04 万辆，处罚 1 541 辆。2020 年，在进京口执法检查 234.03 万辆，超标 11.5 万辆。其中，外地车 107.18 万辆，超标 6.29 万辆；本地车 126.85 万辆，超标 5.21 万辆。根据机动车排放检验机构检测数据，2022 年在用车年检 262.6 万辆，不符合标准的有 8.2 万辆，占 3.1%；重型柴油车检查 13.5 万辆，不符合标准的有 0.9 万辆，占 7.0%。全年新车上牌检查数为 63.6 万辆，不符合标准的有 597 辆，占 0.09%；重型柴油车检查 4.0 万辆，不符合标准的有 145 辆，占 0.37%（见表 5-42）。

表 5-42　机动车排放检验机构检测情况统计

项目	检查数	不符合标准车辆	重型柴油车检查	不符合标准重型柴油车
在用车年检（台）	2 625 615	81 621	134 532	9 439
新车上牌（台）	634 400	597	39 617	145

数据来源：《北京市交通研究报告》。

（3）新能源物流货运车辆占比

《北京市"十四五"时期交通发展建设规划》提出，"十四五"期间，全国所有 4.5 吨及以上货运车辆 100%使用新能源。当前，北京拥有 4.5 吨以内的物流运输汽车（不包括专用车、危险品、冷冻）数量已达 450 000 多台；而新燃料汽车的数量只有 21 000 台。而且，按照当前新能源货车补贴的有关政策，在 2023—2025 年这三年中，新能源物流车将会出现快速发展。在新能源汽车配套方面，全市已有 26.22 万个汽车充电站。在邮政、快件等具有代表意义的行业中，新能源的发展已经取得了初步的成果，新能源的快递车所占的比重已经从 2020 年的 2% 提升至 2022 年的 5%。2022 年北京新能源物流车辆占比见图 5-45。

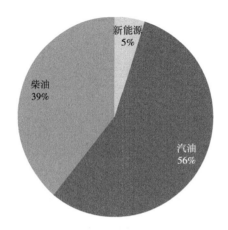

图 5-45　2022 年北京新能源物流车辆占比

数据来源：《北京市交通研究报告》。

以顺丰为例，它在北京自有 1 800 余辆电动车，积极实现对民生物资的绿色化保障。此外，北京市积极推广氢燃料新能源，大兴、昌平、房山等区将此列入重点新型战略产业发展计划，开展示范试点工作。目前大型物流企业积极响应政府号召，大力推进新能源车辆发展。

（4）物流业碳排放量逐年降低

物流业是一个高能耗、高二氧化碳排放的行业，其绿色发展的核心问题在于其是否能够达到节能、减排的目的。目前，尚没有物流的能量消耗和二氧化碳的排放统计数据。因此本书按照前面的描述，仍然将交通运输、仓储和邮政业大致等于物流业。根据《中国能源统计年鉴》，物流行业的发展需要多种能源类型，根据现有的资料，本书选择了原煤、汽油、柴油、煤油、燃料油、电能作为主要的能耗指标，并对其进行了统计，得出了以下具体的计算方法：

$$E_j = \sum_{i=1}^{n} G_i \times \delta_i \qquad (5\text{-}10)$$

其中，E_j 为 j 个城市能源消耗，G_i 表示第 i 种消耗量，δ_i 表示第 i 种能源转换系数，根据我国颁布的碳排放指南计算物流业二氧化碳排放，公式如下：

$$C_j = \sum_{i=1}^{n} G_i \times \delta_i \times \eta_i \qquad (5\text{-}11)$$

其中，η_i 为碳排放转换系数，能源转换系数 η_i 的数据来源于各类年鉴，具体系数如表 5-43 所示。

表 5-43　能源换算系数表

项目	原煤	汽油	煤油	柴油	燃料油	电力
折算标准煤系数	0.714 3	1.471 4	1.471 4	1.457 1	1.428 6	0.122 9
二氧化碳排放系数	1.900 3	2.860 4	3.017 9	3.095 9	3.170 5	0.714 0

利用公式 5-10 和公式 5-11 可分别计算出北京地区 2018—2022 年北京市的物流能源消耗量和碳排放量，准确地反映北京市绿色物流发展情况。根据相应年鉴的数据即可计算出北京市具体碳排放量，具体过程不再赘述。计算结果见图 5-46。

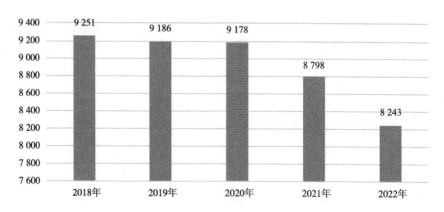

图 5-46　2018—2022 年北京物流业碳排放量（万吨）

数据来源：能源统计年鉴。

从图 5-46 中可以看到北京市物流业碳排放量呈现出逐年下降的趋势，可见北京市低碳化物流发展较为成功。

3. 北京市物流业绿色发展潜力现状

（1）绿色发展相关政策不断发布

表 5-44 为北京市在绿色物流方面发布的相关政策。《北京市"十四五"时期能源发展规划》提出在"十四五"期间会将北京市全部汽油、柴油消费量降低 20%，对运输车辆结构优化提供方案。同时北京市积极参与国家多项双碳物流领域专项行动，成为国家邮政局快递绿色包装应用试点城市、供应链创新与应用示范城市，并入选国家级多式联运示范项目库。

表 5-44　2017—2022 年北京绿色物流发展相关政策

年份	政策	主要内容
2017	党的十九大报告	提出必须坚持创新、协调、绿色、开放、共享的新发展理念，发展绿色产业是绿色发展的重要举措
2019	《交通强国建设纲要》	打造绿色高效的现代物流系统
2020	《关于完整准确全面贯彻新发展理念 做好碳达峰碳中和工作的意见》	"力争 2030 年前实现碳达峰，2060 年前实现碳中和"，物流业成为我国经济发展的重要支柱产业。同时，其本身高能耗的特点也造成了不容忽视的环境问题
2020	《北京物流专项规划》	提出到 2035 年构建安全、高效、绿色、共享、智慧的物流体系
2020	《2020 年北京市新能源轻型货车运营激励方案》	激励资金总额最高为 7 万元/车
2022	《北京市"十四五"时期交通发展建设规划》	明确"办理货车通行证的 4.5 吨以下物流配送车辆（不含危险品运输车辆、冷链运输车辆）100% 为新能源汽车"

（2）物流业固定资产投资额增长

图 5-47 为北京市物流业固定资产投资额，由于疫情的影响，2020 年呈现出下降的趋势，但是随着这两年经济的复苏，北京市物流业固定资产投资额呈现出逐年增长的趋势。

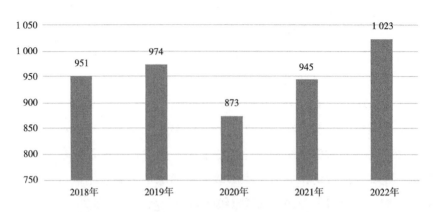

图 5-47 2018—2022 年物流业固定资产投资额（亿元）

数据来源：中国物流与采购联合会。

（二） 北京绿色物流发展指数测算

下面运用云模型，从整体和局部两个角度对北京绿色物流发展指数进行测算。

本书利用模糊隶属度，通过三级指标的评价结果，结合上文计算出的综合权重，对北京市绿色物流绩效进行综合分析。为了直观表现出隶属等级，本书引入等级特征值这一数值。设定 2018 年为基期，基期值为 100，通过云模型合成 2018—2022 年北京绿色物流发展指数。指数测算结果如表 5-45 和图 5-48 所示。

表 5-45 2018—2022 年北京绿色物流发展指数

年份	等级特征值	指数总值	环比
2018	4.120	100	—
2019	3.910	112	+12%
2020	3.493	135	+20%
2021	2.892	158	+17%
2022	2.128	196	+24%

从评价结果可以看出北京市绿色物流发展总体呈现出逐年向好的趋势。并且置信度数值较高，说明评价结果的合理性。从数据可以看出北京市绿色物流发展是较为迅速的，2020 年绿色物流呈现出较快的增长趋势，这是由于

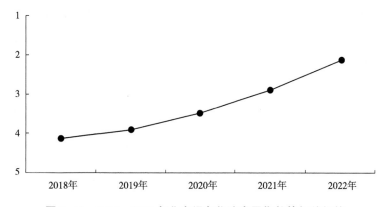

图 5-48　2018—2022 年北京绿色物流发展指数等级特征值

双碳政策的推行在政府层面上推行了一系列的绿色物流发展相关政策。2018年5G信息网络兴起，为物流业的信息流带来了契机，缴纳碳税也逐步向企业扩散，这几年大型物流企业大力推行新能源物流车辆，也使得物流行业的碳排放量逐年降低。北京市在这几年间从传统物流逐渐向绿色物流方向发展，绿色物流绩效水平持续稳定提升。2022年北京市发布了多项针对绿色物流发展的政策，并且依靠前几年搭建的基础，绿色物流发展水平大幅度提升。但是从评价结果可以看到北京市整体绿色物流发展水平刚刚达到较为绿色的水平，与实现绿色化还有一定的距离。

五、北京冷链物流发展指数编制

（一）北京冷链物流现状分析

首先，现阶段，北京农产品消费水平较高，但在在途运输、冷库建设、冷藏设施设备、冷链物流人才培养等方面仍存在较大的缺口。其次，由于北京地价较高，部分现有冷库质量不达标，设施设备落后，造成产品质量的差异。最后，现阶段部分冷库位置较为偏僻，远离主干线公路地段或生产厂所在地，造成冷链物流运输链条不完全的局面，缺乏产销配一体化冷链物流中心。

1. 北京市冷链物流企业分布分析

结合天眼查及冷链委等资料可知，2022 年北京市冷链物流企业约有 769

家，主要分布在平谷、通州、大兴、顺义、丰台、朝阳、房山等区。其中，平谷区137家，占比为17.86%；顺义区98家，占比为12.78%；海淀区76家，占比为9.91%；大兴区71家，占比为9.26%；通州区68家，占比为8.87%；朝阳区62家，占比为8.08%；石景山区61家，占比为7.95%；丰台区53家，占比为6.91%；房山区31家，占比为4.04%。北京市各区冷链物流企业数量比例如图5-49所示。

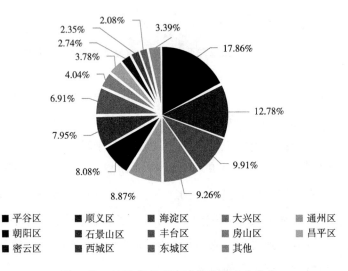

图5-49　2022年北京市冷链物流企业分布

数据来源：天眼查。

根据2022版中冷联盟全国重点冷链物流企业分布图，目前北京市重点冷链物流企业数量达102家，其数量在全国排名第八，可见北京市重点冷链物流企业在数量及规模上占据一定优势。且由图5-50可以看出，北京市重点冷链物流企业数量呈现显著增长，这表明北京市冷链物流发展步伐的加快。

2. 北京市冷库库容量分布分析

截至2022年，北京市冷库总库容量达222.83万吨，较2021年有所增长。总体来看（见图5-51），北京市冷库库容量呈逐年上升的态势，这与冷链物流需求量密不可分，从侧面反映出北京市对冷链产品的消费需求较高。

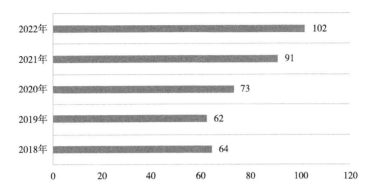

图 5-50　2018—2022 年北京市重点冷链企业数量分布图（家）

数据来源：中冷联盟。

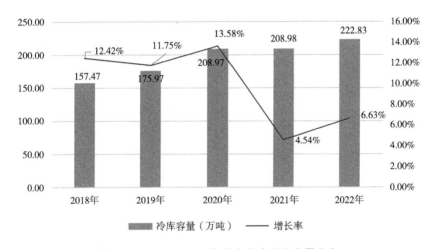

图 5-51　2018—2022 年北京市冷库库容量分布

数据来源：中冷联盟。

根据物联云仓与调研数据（见图 5-52），北京市近年冷库空置率整体呈现波动下降趋势，特别是在 2021 年达到了 3% 的低点。这表明北京市冷库利用率相对较高，接近饱和状态。

3. 北京市人均冷库库容量分布分析

虽然北京市冷库容量缓慢增长，但人均冷库容量已多年不变（见图 5-53），保持在 0.1 万吨/万人，远低于天津市 0.16 万吨/万人的水平（如图 5-54所示）。

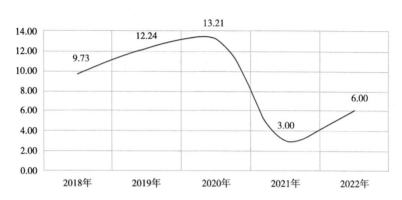

图 5-52   2018—2022 年北京市冷库空置率分布（%）

数据来源：物联云仓。

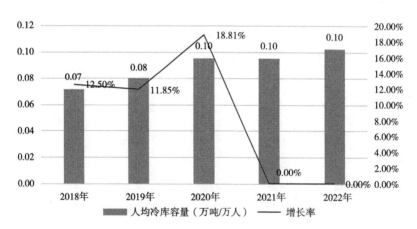

图 5-53   2018—2022 年北京市人均冷库容量

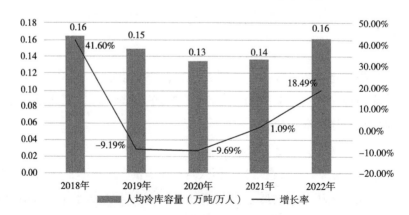

图 5-54   2018—2022 年天津市人均冷库容量

4. 北京市冷藏车保有量分析

有关部门数据显示，2022 年北京市冷藏车数量约为 1.45 万辆（包含整车、车厢、牵引车头、挂车等），厢式油车占多数，如图 5-55 所示。

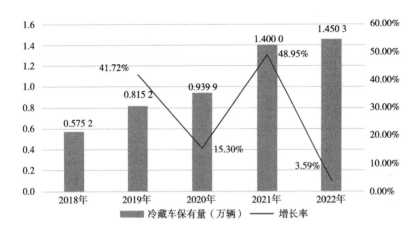

图 5-55　2018—2022 年北京市冷藏车数量情况

数据来源：中冷联盟。

北京市人均冷藏车保有量从 2018 年的 2.62 辆/万人增加到了 2022 年的 6.64 辆/万人，平均增长率为 10.24%，如图 5-56 所示。车辆保有数量不断增加，高于全国平均水平（见图 5-57）。

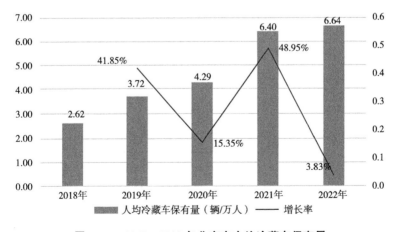

图 5-56　2018—2022 年北京市人均冷藏车保有量

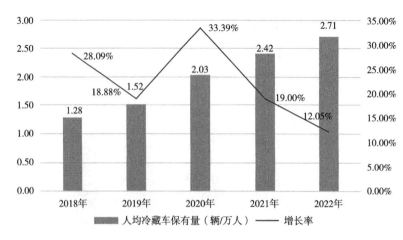

图 5-57　2018—2022 年全国人均冷藏车保有量

5. 北京市冷链货运量及总额分析

从表 5-46 来看，冷链物流的需求量逐年波动上升。其中 2022 年冷链货运量达到 5 564.7 万吨；2022 年冷链物流总额达 499 亿元。

表 5-46　2018—2022 年北京市冷链货运量及总额

货运情况	2018 年	2019 年	2020 年	2021 年	2022 年
冷链物流总额（亿元）	423	443	462	493	499
冷链货运量（万吨）	6 083.28	5 832.42	6 536.64	6 922.53	5 564.7

数据来源：中冷联盟。

6. 北京市冷链品类需求量分析

总体来看，新冠疫情使北京市近几年各类产品产量受到不同程度的影响，但从居民在蔬菜及食用菌、禽蛋肉类、水产品、水果、奶制品品类的人均消费量来看（见表 5-47），需求量整体上在增加。

表 5-47　2018—2022 年北京市居民各类食品人均消费量

品类	2018 年	2019 年	2020 年	2021 年	2022 年
居民人均蔬菜及食用菌消费量（千克）	106.3	114.9	122.7	119.0	109.9
居民人均肉类消费量（千克）	25.9	25.7	27.3	31.8	29.3
居民人均禽类消费量（千克）	5.8	6.5	7.9	7.6	6.9

续表

品类	2018 年	2019 年	2020 年	2021 年	2022 年
居民人均水产品消费量（千克）	8.9	10.1	9.5	10.0	9.4
居民人均蛋类消费量（千克）	14.6	14.5	16.9	16.2	16.3
居民人均奶类消费量（千克）	26.0	28.9	30.1	29.8	22.0
居民人均干鲜瓜果类消费量（千克）	74.7	85.5	81.9	77.2	62.9

数据来源：国家统计局。

根据北京市统计局汇总的 2018—2022 年北京市农产品冷链物流需求量（见图 5-58），北京市在农产品冷链物流方面的需求量逐年上升。这一方面由于居民人均可支配收入的提高，另一方面由于居民生活水平的提高和生活质量的提升。这两个因素令北京市农产品冷链物流的需求不断提升。从统计数据可看出，2022 年北京市农产品冷链物流需求量达到 663.5 万吨，同比增长 2%。

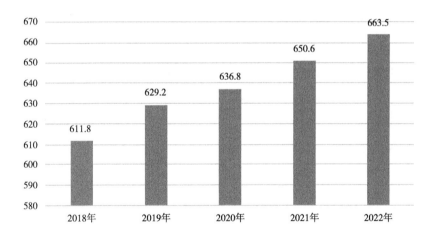

图 5-58　2018—2022 年北京市农产品冷链物流需求量（万吨）

数据来源：国家统计局。

7. 北京市冷链物流需求总额分析

从北京市农产品冷链物流需求总额及增长幅度来看（见图 5-59），2018—2022 年北京市冷链物流需求总额由 423 亿元上涨至 500 亿元，增长了 77 亿元，平均增速为 5%，虽有一定程度减缓，但北京市冷链物流需求总额仍在不断增加，需求规模持续增大。

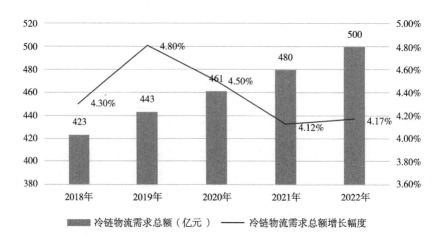

图 5-59　2018—2022 年北京市冷链物流需求总额及增长幅度

数据来源：中物联冷链委。

（二）北京冷链物流发展指数测算

1. 数据标准化处理

本书根据城市冷链物流发展指数每个指标的上、下限阈值来计算单个指标指数（即进行无量纲化）。指标的上、下限阈值主要参考 2018—2022 年北京市冷链物流中相应指标的最大值和最小值，将第 i 个指标的实际值记为 X_i，下限阈值和上限阈值分别为 $X^i_{\min}$ 和 $X^i_{\max}$，无量纲化后的值为 Z_i。

正指标无量纲化计算公式：

$$Z_i = \frac{X_i - X^i_{\min}}{X^i_{\max} - X^i_{\min}} \qquad (5-12)$$

对原始数据进行无量纲化后的结果如表 5-48 所示。

表 5-48　2018—2022 年城市冷链物流绩效指标归一化结果

归一化（MMS）	2018 年	2019 年	2020 年	2021 年	2022 年
冷链物流企业数量（个）	0.001	0.095 8	0.377 2	0.583 8	1
冷链物流从业人员数量（万人）	0.206 2	1	0.010 3	0.001	0.845 4
冷库容量（吨）	0.001	0.283 0	0.787 9	0.788 2	1

续表

归一化（MMS）	2018 年	2019 年	2020 年	2021 年	2022 年
冷藏车数量（辆）	0.001	0.199 9	0.457 3	0.788 6	1
冷链物流总额（亿元）	0.001	0.263 2	0.513 2	0.921 1	1
冷链存量（万吨）	0.001	0.431 4	0.882 6	0.910 5	1
冷链货运量（万吨）	0.381 9	0.197 2	0.715 8	1	0.001
冷链物流政策制定数量（个）	0.039 0	0.001	0.311 7	1	0.688 3
人均需求量（千克）	0.001	1	0.630 5	0.732 8	0.819 4

2. 总指数和分指数的合成

（1）总指数的合成方法

将综合发展评价指标体系中的 10 个指标无量纲化后的数值与其权重代入公式（5-13）计算，就得到综合发展指数（无量纲化后的值为 Z_j，据专家对各项指标重要程度的判断确定一级、二级指标权重记为 W_i）。

为了直观展示出冷链物流发展情况，本书设定 2018 年为基期，基期值为 100，在综合发展指数数据及各项比例的基础上合成 2018—2022 年北京市冷链物流发展指数。

$$I = \frac{\sum_{i=1}^{10} Z_i W_i}{\sum_{i=1}^{10} W_i} \tag{5-13}$$

为更清晰地观测各项指标每年的波动幅度大小，书中引入环比用于观测各年的增降率，其中环比依据公式：环比 =（本期指数-上期指数）/上期指数×100%进行计算。计算结果见表 5-49。

表 5-49　2018—2022 年北京冷链物流发展总指数

年份	等级特征值	指数	环比
2018	0.343 526 1	100	—
2019	0.350 396 6	102	+3%
2020	0.353 831 9	103	+2%
2021	0.360 702 4	105	+2%
2022	0.374 443 4	109	+3%

从北京冷链物流发展指数总值来看，2018—2022 年总指数总体呈现上升趋势，发展势头良好。从环比来看，除 2020 年与 2021 年的环比较之前有所下降外，其余年份环比都较前年有所增长。

（2）分指数的合成方法

北京冷链物流发展指数体系由资源规模指数、服务规模指数、冷链物流环境指数三个一级分指数组成。将某一类的所有指标无量纲化后的数值与其权重代入公式（5-14）计算，就得到分指数。

$$I_i = \frac{\sum Z_j W_j}{\sum W_j} \qquad (5-14)$$

经计算，2018—2022 年分指数如表 5-50 所示。

表 5-50 2018—2022 年北京冷链物流分指数结果

一级分指数	2018 年	2019 年		2020 年		2021 年		2022 年	
	指数	指数	环比（%）	指数	环比（%）	指数	环比（%）	指数	环比（%）
资源规模指数	54	55	2.00	57	4.00	59	4.00	60	2.00
服务规模指数	26	27	4.00	28	4.00	29	4.00	30	3.00
冷链物流环境指数	20	21	5.00	20	-5.00	19	-5.00	20	5.00

从各分指数及其环比结果来看，资源规模指数于 2022 年达到了最大值，为 60，环比为 2%；服务规模指数在 2022 年达到峰值（30），服务规模指数在 2018—2022 年出现整体上升的趋势；冷链物流环境指数在 2018—2022 年呈现波动上升的趋势，2019 年冷链物流环境指数达到了最大值 21。

六、北京物流园区高质量发展指数编制

（一）北京物流园区发展现状（以四大物流基地为例）

北京市四大物流基地目前功能不健全、不完善，仍然以物流的单个或者几个业务形态为主，物流一体化、供应链业务形态较少，亟待融入区域产业链、供应链的格局。功能不健全、业态单一等原因使得园区整体的产出与效益不高，并且近年来受新冠疫情影响有所下滑。因此，须通过建立物流园区

高质量发展指数来提高园区内部积极性，提升管理效率。

1. 物流基地简介

四大物流基地介绍如表 5-51 所示。

表 5-51　北京四大物流基地简介

名称	地理位置	功能定位	环境分析
大兴京南物流基地	位于东六环外和京开高速交会处，距市区 30 公里，距大兴机场 29 公里	多式联运、铁路运输，负责医学药品等的运输	位于京开高速沿线，临近生物医药基地
通州马驹桥物流基地	位于东南六环路和京津塘高速交会处	商业储运基地，为进出口企业服务，作为集装箱中转站场；多式联运	四环、五环、六环贯穿京开、京哈、京沈、京津塘高速
平谷马坊物流枢纽	位于京平高速公路与物流园桥交汇处，距首都机场 35 公里，距天津新港 135 公里	公铁联运，海关、货代、银行、港务等配套服务已入驻	融入环首都经济圈及环渤海经济区之中，坐落于镇域之内，连接国道
顺义空港物流基地	与首都机场相连，距市区 15 公里，距天津港 180 公里	毗邻京津塘高速北京出口	毗邻京津塘高速北京出口

大兴京南物流基地位于东六环外和京开高速交会处，距市区 30 公里，距大兴机场 29 公里。天宫院街道计划与区内生物医药基地、大兴经开区、国际氢能示范区、中日创新合作示范区形成双向联动发展，助推大兴构建"高精尖"产业体系。

通州马驹桥物流基地是在全国 45 个公路主枢纽之一的北京东南公路货运枢纽的基础上开发建设的，是依托天津港、京津塘高速路和城市六环路建立的公路-海运国际货运枢纽型物流园区。园区位于北京东南方向的通州区马驹桥镇，距离北京市区 15.5 公里，距首都国际机场 30 公里，距天津塘沽新港 120 公里。

平谷马坊物流枢纽是北京市重点发展的口岸型物流基地，作为北京东北地区的"进出口物流主枢纽"和京津冀地区重要的物流集散地，未来将建设成集中转、国际分拨、货物配送、保税仓储、物流加工及陆路口岸等多功能于一体的大型海陆联运枢纽。平谷马坊物流枢纽将完善口岸功能，运营机制创新已现成效。运转环节推出了海关和检验检疫的一票分批验放、上门验放等形式。企业进口生产设备，未经天津港转站而直接抵达平谷，监管模式的创新和进出口成本的降低为招商引资创造了有利条件。

顺义空港物流基地是主要依托首都机场、101国道和城市六环路建立的航空-公路国际货运枢纽型物流园区，也是目前北京市唯一的航空-公路国际货运枢纽型物流园区。该基地位于北京东北方向，南与首都国际机场紧密相连，西距北京市区15公里，东距天津海港180公里，周边形成由101国道（京密公路）、城市轻轨、六环路、京承高速路、机场高速路、顺通路等构成的四通八达的路网系统；还有贯穿园区南北的机场北门路和贯穿东西的顺平路、顺于路主干道。园区内设有集空运、陆运于一体的物流信息及多式联运交易中心、集采购、商务办公、"一站式"大通关于一体的跨国采购商务中心和北京市重点规划的国家一级货运主枢纽等。

2. 物流基地规划面积

大兴京南物流基地规划面积为671公顷，规模排第一位；通州马驹桥物流基地规划面积为525公顷，排第二位；平谷马坊物流枢纽规划面积为301公顷（原马坊物流基地130公顷），排第三位；顺义空港物流基地规划面积为276公顷，排第四位（见表5-52）。

表5-52　四大物流基地规划面积对比

基地名称	规划面积（公顷）
大兴京南物流基地	671
通州马驹桥物流基地	525
平谷马坊物流枢纽	301
顺义空港物流基地	276

数据来源：《北京市物流基地现状与高质量发展建议》。

3. 物流基地现有仓储设施情况

四大物流基地现有仓储物流设施面积如表5-53所示。根据对四大物流基地现有仓储物流设施面积统计及对比可知，大兴京南物流基地现有仓储物流设施面积为 110 万平方米，仓储物流设施面积最大，占四大物流基地仓储物流设施面积之和的 37%。通州马驹桥物流基地现有仓储物流设施面积为 98 万平方米，排第二位，占四大物流基地仓储物流设施面积之和的 33%。平谷马坊物流枢纽现有仓储物流设施面积为 66 万平方米，排名第三，占四大物流基地仓储物流设施面积之和的 23%。顺义空港物流基地现有仓储物流设施面积为 21 万平方米，排名第四，占四大物流基地仓储物流设施面积之和的 7%（见表 5-53）。

表 5-53　北京四大物流基地仓储物流设施面积

基地名称	仓储面积（万平方米）
大兴京南物流基地	110
通州马驹桥物流基地	98
平谷马坊物流枢纽	66
顺义空港物流基地	21

数据来源：《北京市物流基地现状与高质量发展建议》。

4. 物流基地企业数量

从注册企业数量看，平谷马坊物流枢纽的注册企业有 2 675 家，顺义空港物流基地注册企业有 309 家，通州马驹桥物流基地注册企业有 300 家，大兴京南物流基地无注册企业数量统计。

从实体入驻企业角度看，顺义空港物流基地拥有实地入驻企业数量最多，多达 334 家，平谷马坊物流枢纽有 54 家实体入驻企业。通州马驹桥物流基地实地入驻企业共有 57 家，大兴京南物流基地 24 家实地入驻企业（见表 5-54）。

表 5-54　北京四大物流基地企业数量

基地名称	注册企业数量	实地入驻数量
大兴京南物流基地	—	24
通州马驹桥物流基地	300	57
平谷马坊物流枢纽	2675	54
顺义空港物流基地	309	334

数据来源：《北京市物流基地现状与高质量发展建议》。

5. 物流基地营业收入和税收

从入园企业营业收入看，顺义空港物流基地营业收入为 490.05 亿元，排名第一。通州马驹桥物流基地营业收入为 410.76 亿元，排名第二。大兴京南物流基地营业收入为 20.49 亿元，排名第三。平谷马坊物流枢纽营业收入为 20.49 亿元，排名第四。

从入园企业税收看，顺义空港物流基地税收为 20.74 亿元，排名第一。通州马驹桥物流基地税收为 5.44 亿元，排名第二。平谷马坊物流枢纽税收为 1.16 亿元，排名第三。大兴京南物流基地税收为 0.82 亿元，排名第四（见表 5-55）。

表 5-55　北京四大物流基地营收和税收情况

基地名称	收入（亿元）	税收（亿元）
大兴京南物流基地	35.49	0.82
通州马驹桥物流基地	410.76	5.44
平谷马坊物流枢纽	20.49	1.16
顺义空港物流基地	490.05	20.74

数据来源：《北京市物流基地现状与高质量发展建议》。

如果想要建立物流园区，需要向政府申请土地征用。北京的典型物流园区虽远离城区，但土地征用面积十分有限，园区需要通过价格收费的变化使收益最大化。因此，选取四项最具有代表性的收费的平均水平作为衡量园区高质量发展情况的指标。

6. 物流基地产出效益情况

四大物流基地产出效益情况如表 5-56 所示。从亩均税收看，顺义空港物流基地以 50.11 万元/亩的税收排名第一；通州马驹桥物流基地以 12.76 万元/亩的税收排名第二；平谷马坊物流枢纽以 5.94 万元/亩的税收排名第三；大兴京南物流基地以 1.76 万元/亩的税收排名第四。

从人均税收看，通州马驹桥物流基地以 708 万元/人的税收排名第一；平谷马坊物流枢纽以 193 万元/人的税收排名第二；大兴京南物流基地以 48 万元/人的税收排名第三；顺义空港物流基地暂无人均税收统计数据。

表 5-56　北京四大物流基地亩均税收和人均税收

基地名称	亩均税收（万元/亩）	人均税收（万元/人）
大兴京南物流基地	1.76	48
通州马驹桥物流基地	12.76	708
平谷马坊物流枢纽	5.94	193
顺义空港物流基地	50.11	—

数据来源：《北京市物流基地现状与高质量发展建议》。

以上数据只是众多园区运作指标的一部分，物流园区的运作还受流程设计、机器运作、产业布局、防护疫情等多个复杂因素作用，因此在制定高质量发展指标时要充分考虑到单位装载耗能量、区域机械化程度、对区域贡献度、人工智能的普及情况、卫生消杀频率、检验检疫畅通度等因素。

（二）北京物流园区高质量发展指数测算

本书根据专家对各项指标重要程度的判断确定二级、三级指标及评价标准的权重，即每位专家对指标的重要性给予评分，将某二级指标的得分值除以该一级指标下所有二级指标的总得分值，即为该二级指标的权重系数。

在计算单个指标指数时，首先必须对每个指标进行无量纲化处理，将第 i 个指标的实际值记为 X_i，权重为 W_i，下限阈值和上限阈值分别为 X^i_{min} 和 X^i_{max}，无量纲化后的值为 Z_i。

无量纲化也叫数据的标准化，是通过数学变换来消除原始变量（指标）量纲影响的方法。

正指标无量纲化计算公式：

$$z_i = \frac{X_I - X^i_{min}}{X^i_{max} - X^i_{min}} \tag{5-15}$$

将综合发展评价指标体系中的 30 个指标无量纲化后的数值与其权重代入公式计算，即得到合成指数：

$$I = \frac{\sum_{i=1}^{22} Z_i W_i}{\sum_{i=1}^{22} W_i} \qquad (5-16)$$

经计算 2018—2022 年四大物流基地合成指数如表 5-57 所示。

表 5-57　2018—2022 年北京四大物流基地合成指数

名称	2018 年	2019 年	2020 年	2021 年	2022 年
大兴京南物流基地	0.49	0.49	0.50	0.50	0.50
通州马驹桥物流基地	0.62	0.63	0.64	0.64	0.64
平谷马坊物流枢纽	0.51	0.51	0.51	0.52	0.52
顺义空港物流基地	0.70	0.70	0.71	0.72	0.71

为更清晰地观测各项指标每年的波动幅度大小，书中引入环比用于观测各年的增降率（见表 5-58），依据公式：合成指数的环比增长率＝（本期合成指数−上期合成指数）/上期合成指数×100% 进行计算。

表 5-58　2019—2022 年北京物流园区高质量发展指数环比分析　　单位:%

名称	2019 年	2020 年	2021 年	2022 年
大兴京南物流基地	−0.49	2.61	0.36	0.17
通州马驹桥物流基地	0.85	1.05	0.48	−0.68
平谷马坊物流枢纽	1.17	0.30	0.80	−0.29
顺义空港物流基地	0.16	0.67	1.12	−0.59

由于北京物流园区首都特色较为鲜明，各物流园区自身特色和区位条件存在差异。为使本书所及的相关研究更加具有说服力，并且更客观地展示出北京市物流园区高质量发展情况，本书拟定北京市早期（2014—2017）的"优秀物流园区"——通州马驹桥物流基地作为衡量标准。设定该基地 2018年的物流园区高质量发展指标作为衡量标准，折合为基期值 100，在综合发展指数数据及各项比例的基础上合成 2018—2022 年北京物流园区高质量发展指数（如表 5-59 所示）。

表 5-59 2018—2022 年北京物流园区高质量发展指数

名称	2018 年	2019 年		2020 年		2021 年		2022 年	
	指数	指数	环比（%）	指数	环比（%）	指数	环比（%）	指数	环比（%）
大兴京南物流基地	78.29	77.91	-0.49	79.94	2.61	80.23	0.36	80.37	0.17
通州马驹桥物流基地	100.00	100.85	0.85	101.91	1.05	102.39	0.48	101.69	-0.68
平谷马坊物流枢纽	81.12	82.07	1.17	82.32	0.30	82.98	0.80	82.73	-0.29
顺义空港物流基地	112.59	112.76	0.16	113.52	0.67	114.79	1.12	114.12	-0.59

综上，顺义空港物流基地具有航空运输优势，高质量发展指数排名第一，通州马驹桥物流基地第二，平谷马坊物流枢纽第三，大兴京南物流基地第四。

七、京津冀物流协同指数编制

（一）京津冀物流协同发展现状

京津冀三地物流发展情况各有不同，本书分别从交通、资源、业务、信息、政策等方面进行京津冀三地物流发展现状梳理，分析三地物流的发展情况。

1. 京津冀交通协同现状

京津冀地区根据国家提出交通一体化的战略，率先在交通基础设施建设上发展工作，并取得了一定的成效。京津冀公路铁路的互联互通使物流通道得以畅通，为物流节省了大量的时间。

（1）公路基本情况

京津冀地区有良好的公路基础设施，但当前京津冀路网结构呈现出单中心、放射状的特征，造成了北京地区运输压力较大、周边地区交通联系弱等。目前，京津冀地区正在努力构建"一环六放射二航五港"的综合运输系统。其中"一环"代表长达 940 公里的北京绕城公路，"六放射"就是京津冀三个城市之间的高速路接口相互连接，而其中 6 条高速公路接口连接北京和河北，9 条高速公路接口连接天津和河北，4 条高速公路接口连接天津和北京。北京高速路交界处与河北交界处最多，因此对接口也最多，所以解决"断头路"

问题，构建各个方向高速公路网，成为当前的首要任务。

（2）铁路基本情况

京津冀城际铁路网发展到现在，以"京津、京保石、京唐秦"三大通道为主轴，与现有路网联合衔接地区内地级及以上城市，基本达到京津石中心地区和周边城市之间 0.5~1 小时的通勤时间，对区域空间布局进行调整，产业转型进行有效支撑与指导。到 2030 年，将初步建成"四纵、四横、一环"的城市轨道交通网。在铁路基础设施建设上，铁路部门充分发挥自己的优势，积极参与物流发展，把京津冀打造成区域物流枢纽。数据显示，北京铁路局在京津冀等地区已设立了 76 个货物快运作业站，北京市域铁路货场共 28 个，总占地面积 127.55 万平方米，覆盖京津冀区域内 200 多个县市地区。

（3）机场群基本情况

截至 2023 年，京津冀共有 9 个民航机场，其中北京 2 个、天津 1 个、河北 6 个，邢台褡裢机场正在建设中。天津滨海机场将充分发挥天津港和区域铁路网络的作用，将其打造成一个国际性的空运物流枢纽；石家庄正定机场将成为区域性的交通枢纽；北京大兴国际机场开通运营；天津滨海机场三期扩建项目正加速进行中；三地已设立了一批综合保税区、跨境电商及自由贸易试验区以及其他区域。随着首都国际机场的扩大，京津冀地区的民用交通得到了快速发展，形成了"双核两翼多节点"的京津冀地区的机场集群的格局。2021 年，我国邮政货运吞吐量继续保持良好势头，累计完成 1 782.8 万吨，较 2020 年增加了 10.9%，远远高于 2019 年 1 710 万吨的水平。京津冀航空实现了 8 126.31 万人的客运吞吐量，比 2020 年增加了 9.3%，但由于新冠疫情的影响，只回升到了 2019 年的 55.4%。

京津冀物流通道互通互联现状见表 5-60。

表 5-60　京津冀物流通道互通互联现状

运输方式	成果
公路运输	已累计打通"断头路""瓶颈路"1 600 公里
	国家高速公路网 7 条首都放射线北京段已全部建成
	京津冀交通一卡通在三省市实现互联互通

续表

运输方式	成果
铁路运输	京津冀铁路快运班列开通
	京津城际实现"月票制",京津城际列车实现"公交化"班次,京津两市地铁 App 支付互认
	京津城际延长线、石济客专、京保铁路、津保铁路、张唐铁路和京哈高铁京承段等已建成通车
	京雄城际、京张城际铁路开通运营,京唐、京滨、津兴高铁加快建设,津静线市域(郊)铁路首段开工
航空运输	京津冀共建成 9 个运营机场
	京津冀机场一体化运营机制初步形成
	河北机场集团纳入首都机场集团统一管理
海洋运输	扩建天津港东疆港区、南疆港区、大港港区和大沽口港区
	推进秦皇岛港东港区扩建工程
	加快唐山港曹妃甸港区水曹铁路、天津港南疆港区铁路系统扩容等港口专用线和支线项目建设,以配合水铁联运项目

资料来源:《京津冀协同发展报告(2022)》。

(4)港口群基本情况

京津冀地区主要有四大港口,按照年货物吞吐量从小到大排序为秦皇岛港、黄骅港、天津港、唐山港。其中,天津港为我国北方航运中心,天津港年货物吞吐量超过 5 亿吨,靠泊能力最大为 30 万吨级。秦皇岛港是我国首条煤运通道干线铁路——大秦铁路的终端港口,秦皇岛港年货物吞吐量在 22 000万吨左右,靠泊能力最大为 15 万吨级。黄骅港主营业务为煤炭,年货物吞吐量在 28 000 万吨左右,靠泊能力最大为 20 万吨级。唐山港是我国最大的煤炭货物转运枢纽,年货物吞吐量超过 6.5 亿吨,靠泊能力最大为 25 万吨级。

当前,以天津港为核心的京津冀地区已形成了渤海西岸海港体系,这一体系是中国北部广阔地区对外交往的重要窗口,也是重要的海运通道。天津港作为中国北部地区最大的综合运输枢纽,在 2022 年上半年实现了 2.36 亿吨的货物吞吐量,较上年同期增加了 2.3%;秦皇岛港是我国北方的一个主要港口,港口海岸线较长,面积较大,且常年不结冰,主要运输煤炭,在 2022

年上半年完成了 1.2 亿吨的货运吞吐量，较上年同期增加了 1.5%。黄骅港以煤炭运输为主，是北方地区一个重要的口岸，于 2022 年前半年完成 1.8 亿吨的货物量，比去年该时期上升了 2.5%。京唐港、曹妃甸港共同组成了唐山港，其位于河北省，是一个综合性地区港口，截至 2021 年上半年成交量 4.3 亿吨，对比去年同期上升了 5.3%。

京津冀口岸通关合作典型事件见表 5-61。

表 5-61　京津冀口岸通关合作典型事件

年份	参与方	事件
2008	京津海关	签订关际合作备忘录，标志着京津两地海关合作进入了新阶段
2014	京津冀	京津冀实现海关一体化通关，检验检疫一体化
2017	京津冀三地口岸主管部门	签署《京津冀口岸深化合作框架协议》，口岸通关业务一体化步伐加快
2017	冀津	实施《河北省人民政府 天津市人民政府关于积极推进河北雄安新区建设发展战略合作协议》，共同打造雄安新区物流出海口
2021	京冀	北京海关与河北在大兴综保区、自贸区大兴片区建设方面开展密切合作，共同探索形成海关管理机制
2021	京津冀	三地海关开展跨关区附条件提离、合并检查等业务，实现三地海关"两段准入"监管协同
2021	京津	建立京津海关优化营商环境固定协调配合机制，共同推动跨境贸易便利化水平提升
2022	京津冀	创新推出了进口货物"船边直提"和出口货物"抵港直装"业务模式改革

资料来源：《京津冀协同发展报告（2022）》。

（5）京津冀交通运输财政支出

交通运输是物流的重要组成部分，公路铁路网是交通的基础。在交通一体化的进程之中，首先就要完善公路、铁路等基础设施，所以政府应该加大这一部分的财政支出，为物流及其他产业做好铺垫，并为其提供支持。从图 5-60 中可以看出，在京津冀地区，河北省在 2010—2015 年的交通运输财政支出及其在本省（市）财政支出中所占的比重要大于北京市、天津市，而在 2015—2020 年则有下降趋势。北京市的交通运输财政支出在逐年增加，天津市在三省市之间的交通运输财政支出处于较低水平，且呈下降趋势。

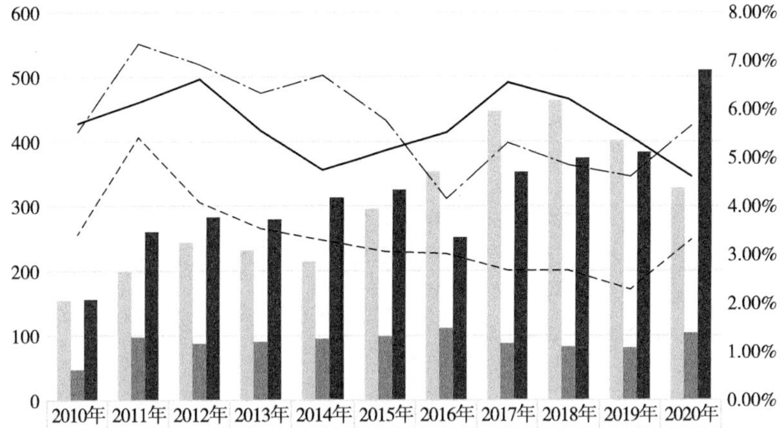

	2010年	2011年	2012年	2013年	2014年	2015年	2016年	2017年	2018年	2019年	2020年
北京（亿元）	154.99	199.12	243.76	231.79	214.55	295.63	353.48	446.48	462.99	401.59	327.97
天津（亿元）	46.95	97.36	87.21	90.02	94.95	98.88	111.52	87.69	82.84	81	103.92
河北（亿元）	156	260	282	279	313	325	251	352	374	383	510
北京占比	5.70%	6.14%	6.61%	5.55%	4.74%	5.15%	5.52%	6.54%	6.20%	5.42%	4.61%
天津占比	3.41%	5.42%	4.07%	3.53%	3.29%	3.06%	3.01%	2.67%	2.67%	2.28%	3.30%
河北占比	5.53%	7.35%	6.91%	6.33%	6.69%	5.77%	4.15%	5.30%	4.84%	4.61%	5.65%

图 5-60 京津冀交通运输财政支出及占本省（市）财政支出比例

数据来源：2010—2020 年中国统计年鉴、北京统计年鉴、天津统计年鉴、河北统计年鉴。

2. 京津冀资源协同现状

（1）京津冀物流园区数量

物流园区作为物流设施中不可或缺的节点，其转移和衔接代表着京津冀物流的再规划和再布局。此外，物流运作最重要的基地也在物流园区，园区内各部分的功能区规划布局直接关系到物流活动的效率和成本费用。截至2022年，京津冀共有398家物流园区，其中北京36家，天津93家，河北269家。通过查阅资料可以了解到，京津冀物流园区在空间上分布呈现聚集状态。北京和天津的物流园区在空间上分布较为均匀，但是河北省的物流园区大部分聚集在南部地区，北部地区分布稀疏。地理位置是重要原因，河北西北部地区山脉资源较为丰富，不适宜建设物流园区。

京津冀物流园区共建与承接典型成果见表 5-62。

表 5-62　京津冀物流园区共建与承接典型成果

年份	参与方	事件
2010	北京新发地与河北保定高碑店人民政府	签订《北京新发地高碑店农产品物流园区项目协议书》，并成立河北新发地农副产品有限公司
2015	京津冀	签订《京津冀商贸物流发展规划》
2015	京津冀	签订《北京（曹妃甸）现代产业发展试验区产业发展规划》
2017	京津冀	印发《关于加强京津冀产业转移承接重点平台建设的意见》，廊坊市永清临港经济保税商贸园区、香河万通商贸物流城等被列为京津冀产业转移承接服务业平台
2021	首衡智慧冷链物流园	践行京津冀协同发展战略、承接北京非首都功能疏解又一重大民生工程
2021	居然之家京津冀智慧物流园	全国最大的家居物流中心，可以为京津冀地区品牌家居生产、经销商提供仓储、加工、展示、配送、安装、售后全套解决方案
2022	京津物流园	助力天津港世界一流枢纽港口建设，更好服务京津冀协同发展
2022	京平物流枢纽产业园	锚定"大流量"、创新"大地块"、吸引"大企业"、营造"大生态"，打造首都物流高地
2022	廊坊宝湾国际物流园	建设立足京津冀、辐射全国的现代商贸物流体系
2022	京津冀智能物流园	建设智能化、网联化、科技化、新能源化汽车物流智能园区

资料来源：《京津冀协同发展报告（2022）》。

（2）京津冀仓库共用面积

根据物联云仓储数据，截至 2018 年底，京津冀城市群仓库面积超 2 499 万平方米。其中，通用仓库面积超 1 999 万平方米，立体库约占 1.33%、高台库约占 49.76%、平库约占 41.58%、楼库约占 11.58%。京津冀城市群冷库面积超 103 万平方米，冷冻库约占 52.08%、冷藏库约占 47.92%。按仓库资源分布来看，京津冀城市群资源主要集中在北京、天津、石家庄三个核心城市。

截至 2022 年，京津冀地区可租赁的通用仓库面积为 629 万平方米。其中，天津市拥有的可租赁土地最多，达 292 万平方米，占总租赁土地的 46%；其次是廊坊市，面积为 131 万平方米，占 20%；北京市的租赁面积为 87 万平方米，占比为 13%。

（3）京津冀物流从业人员数量

物流从业人数是反映物流规模的指标之一。京津冀物流从业人员情况如图 5-61 所示，就物流企业的职工人数而言，北京的物流从业人员比其他两个地区的就业人员数量多得多，表明北京市的需求比较大；由于河北省人口基数大，物流行业的就业人数虽然比天津市多，但是在各省（市）物流行业就业人数的占比中，天津市的比例高于河北省，表明天津市物流行业的发展规模要比河北省大，河北省物流行业的发展水平还需要进一步提高，规模亦有待进一步扩大。

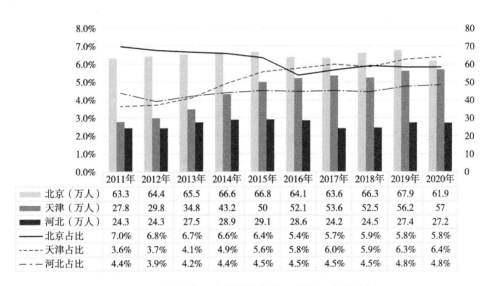

	2011年	2012年	2013年	2014年	2015年	2016年	2017年	2018年	2019年	2020年
北京（万人）	63.3	64.4	65.5	66.6	66.8	64.1	63.6	66.3	67.9	61.9
天津（万人）	27.8	29.8	34.8	43.2	50	52.1	53.6	52.5	56.2	57
河北（万人）	24.3	24.3	27.5	28.9	29.1	28.6	24.2	24.5	27.4	27.2
北京占比	7.0%	6.8%	6.7%	6.6%	6.4%	5.4%	5.7%	5.9%	5.8%	5.8%
天津占比	3.6%	3.7%	4.1%	4.9%	5.6%	5.8%	6.0%	5.9%	6.3%	6.4%
河北占比	4.4%	3.9%	4.2%	4.4%	4.5%	4.5%	4.5%	4.5%	4.8%	4.8%

图 5-61　物流从业人员数及占本省市从业人员比例

数据来源：前瞻数据库。

（4）京津冀物流车辆情况

根据交通部门统计，2020 年北京市载货机动车保有量达到了 52.4 万辆，较上年增长 5.2 万辆，同比增长 11.0%。其中汽油载货机动车 30.5 万辆、柴油载货机动车 19.6 万辆、新能源载货机动车 2.3 万辆，占比分别为 58.2%、37.4%、4.4%，分别较上年提升 12.1%、8.9%、15%。其中，小货车占货车保有量比重为 82.8%（如图 5-62 所示）。

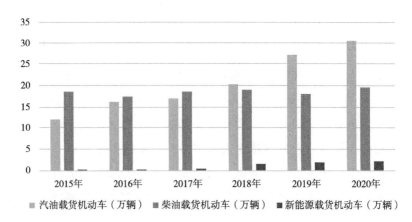

图 5-62　2015—2020 年北京地区三种货车情况图

数据来源：前瞻数据库。

3. 京津冀业务协同现状

（1）区域物流合作的动向

企业是产业的微观主体，产业的协同发展最终将会反映在企业之间的合作业务中。近年来，京津冀区域内的物流企业不断地进行着深度的合作，寻求共同的发展。表 5-63 梳理了近年来企业协同共建的情况。

表 5-63　京津冀物流企业协同发展现状

年份	参与主体	合作方面
2013	天津港集团与河北港口集团	在航线开辟、经营管理等方面积极展开合作
2014	天津港集团与河北港口集团	组建渤海津冀港口投资发展有限公司
2014	京津冀三省市政府与中国铁路总公司	成立京津冀城际铁路投资公司
2017	雄安新区管委会与阿里巴巴蚂蚁金服	为雄安新区打造数字、安全、信用的智慧物流中枢体系
2021	京津冀固安国际商贸城	数字信息技术和传统商贸物流产业深度融合发展的生动实践
2022	天津食品供应链集团有限公司	项目将承接北京外溢业务，保障京津冀食品物资供应和食品安全

年份	参与主体	合作方面
2022	中国国新基金管理有限公司与魏县签约开展战略合作	优化营商环境，扩大对外开放，强化与央企合作加快县域产业振兴
2022	天津市商务局与蓝色光标集团签署战略合作协议	借助天津市服务业扩大开放契机，助力天津服务贸易创新发展和"双中心"城市建设

资料来源：新华网。

（2）区域投资动向

以北京为主要转移对象的批发零售行业为例，北京 7 年内批发零售行业的在营资本增加了 54.56%，天津增加了 126.92%，河北增加了 127.70%。投资数字不断上升，显示三地合作程度不断加深。

北京是京津冀地区的资本辐射源，2014—2020 年三地之间相互投资规模由 1 495 亿元增加至 5 304 亿元，其中北京在津冀地区的投资规模为 4 273.81 亿元。到 2020 年年底，河北省与京津两地的合作项目已有 469 个，总值为 6 832.79 亿元。其中，已有 441 个项目与北京市物流企业达成合作，28 个项目和天津市物流企业进行合作；106 个项目与央企达成一致，46 个项目与北京市国有企业进行了合作。北京和河北两地在津直接投资达 1 438.4 亿元，其中吸收了国内资本的 49.1%。京津中关村科技城已有 313 个新注册公司，总注册资金达 47.6 亿元人民币。三地之间的技术合作不断加强，北京向津冀地区签订的技术协议达 5 033 份，总金额为 347.0 亿元，同比增加 22.7%，河北和京津地区建立了 95 个不同类型的产业技术创新联盟，有力促进了企业技术创新能力的提高。

京津冀三地相互投资情况见表 5-64 至表 5-66。

表 5-64　2014—2020 年北京对津冀两地投资情况

项目	2014 年	2015 年	2017 年	2020 年	同比增幅（%）
北京对天津（亿元）	308.62	778.46	899	—	152.24
北京对河北（亿元）	161.05	863.34	1 140.00	—	463.07
合计	469.67	1 641.81	2 039.00	4 273.81	249.57

表5-65　2014—2015年津冀对北京投资情况

项目	2014年	2015年	同比增幅（%）
天津对北京（亿元）	27.41	194.38	609.16
河北对北京（亿元）	44.05	43.89	-0.36
合计	71.46	238.27	233.43

表5-66　2014—2015年津冀两地相互投资情况　　　　单位：亿元

项目	2014年	2015年	合计
天津对河北（亿元）	19.75	34.89	54.64
河北对天津（亿元）	48.64	33.78	82.42

资料来源：华夏时报。

（3）投资行业动态

2015年至今，京津冀地区海外投资的比例达到了79%、14%、7%，这说明北京地区的资金溢出作用明显。三地企业间的相互投资数量不断增加。2016年三地企业间的相互投资数量达到5 500次，互资总额较上年同期增加了60%。其中，北京物流企业的综合能力最强，天津在科研成果转化方面具有较大的优势，而河北的商贸物流则具有较大的优势。三地根据自己的定位、特点、分工，在促进地区协同发展这一大领域中彰显作用。

京津冀三地物流业吸纳投资情况见图5-63。

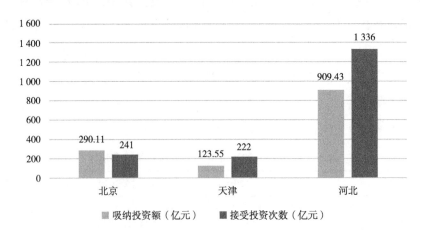

图5-63　京津冀三地物流业吸纳投资对比情况

资料来源：《京津冀协同发展报告（2022）》。

（4）区域物流生产总值

由于数据可获得的有限性，所以以交通运输、仓储和邮政业生产总值来表示物流产业的生产总值。京津冀三地的交通运输、仓储和邮政等行业的生产总值数据见图5-64。从个体时间水平来看，京津冀三地的物流行业生产总值都在不断地增长，并且都处于一个很好的发展态势；通过对三地物流产业的纵向对比可以看出，河北物流产业的生产总值要比京津地区高得多，有很大的发展潜力。

图5-64　2011—2020年京津冀三地交通运输、仓储和邮政业生产总值（亿元）

数据来源：2011—2020年中国统计年鉴、河北统计年鉴。

（5）农产品跨区运输量

到2020年，含超市在内的农产品流通企业向津冀地区直接采购和供应的蔬菜数量应增加到15万吨，相比去年而言增长18%；津冀地区向京供应蔬菜的比例从2015年的20%增加到25%（见表5-67）；北京地区生鲜农产品的过境物流比重下降90%左右；以津冀、环京为核心的区域，每年、冷冻新鲜农产品的年产量已达300多万吨。

表5-67　津冀供京蔬菜量比重

津冀供京蔬菜量比重（%）	2015年	2020年
	20	25

数据来源：中国经济网。

（6）快递跨区流向

本书通过对经济区内各城市 2022 年 5 月到 7 月快递往来抽样，样本总数为 238 万单。经济区内发出快递收件区域主要为北京（39%）、天津（18%）、石家庄（10%）（见图 5-65）。

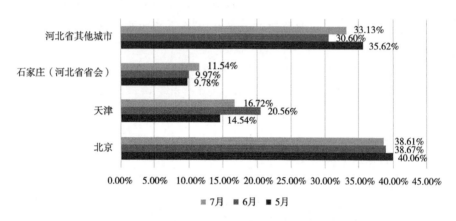

图 5-65　经济区内发出快递收件区域主要分布

数据来源：快递 100。

从北京发出主要收件目的地分布：北京（54%），天津（17%），石家庄（7%）；从天津发出主要收件目的地分布：天津（42%），北京（30%），石家庄（6%）；从石家庄发出主要收件目的地分布：石家庄（36%），北京（15%），保定（9%），天津（6%）。

4. 京津冀信息协同现状

（1）京津冀信息化指标水平对比

根据相关数据可以看出，京津冀地区的总体信息化呈"阶梯式"发展，这一趋势在图 5-66 中得到了体现。北京的信息化程度最高，天津紧随其后。北京与天津的信息化指标差异不大，而河北省与两市的信息化程度差异较大，三地的信息化发展特点各不相同。

（2）京津冀物流信息平台

疏解非首都功能不只是企业的疏解和转移，更是推动数字技术与物流产业的创新融合，重新打造物流产业的布局，通过数字流、信息流传播与共享，推动京津冀现代产业架构的变革与提升。表5-68展示了近几年来京津冀三地相关部门联合搭建的信息平台。

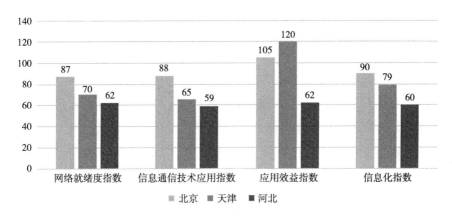

图 5-66　京津冀信息化指标对比

数据来源：《中国信息化发展水平评估蓝皮书（2020）》。

表 5-68　京津冀三地相关部门共同搭建的信息平台

发起者	搭建平台	作用
保定	预制菜产业政银企对接	搭建政银企对接合作平台，帮助企业解决困难，助推我市预制菜产业高质量发展
北京市交通运输业商会	京津冀协同发展交通与物流行业服务平台	该平台将充分发挥社会组织在政府部门和疏解对象间扮演的桥梁纽带作用，服务并参与推动京津冀协同发展规划实施
京津冀三地商务部门	商贸物流共同配送信息服务平台	形成京津冀区域互认互通的共享机制，有效促进三地商贸物流协同发展
国家发展改革委、中央网信办	国家数字经济创新发展试验区	制定京津冀物流数据对接共享标准，研究制定跨领域、跨区域数字化物流行业标准
京津冀地区相关主管部门	货运宝	结合区域物流行业特点和市场需求，提供信息平台建设、货运业务终端办理、货源扩展积累、信息查询、智慧办公、全网推广等数智运维服务
天津海关	集疏港智慧平台	推进天津港口集疏港智慧平台建设，压缩货物在港停留时间

续表

发起者	搭建平台	作用
秦皇岛港股份有限公司	口岸物流数据共享互联平台	促进京津冀三地海关通关、口岸物流数据"上链"共享

资料来源：《京津冀协同发展报告（2022）》。

5. 京津冀政策协同现状

（1）京津冀三地政府出台的物流政策

京津冀三地政府为配合京津冀区域经济社会的协同发展政策，就物流产业的协同发展等问题签署了文件，并就物流产业的协调发展进行了交流和学习，共同谋求发展（见表5-69）。

表5-69　京津冀三地政府协同发展历程

年份	参与主体	政策	主要内容
2007	北京、天津、河北等12个省市区政府	《北方地区大通关建设协作备忘录》	共同致力于北方地区大通关建设工作，为区域发展提供重要支撑
2010	京冀	《北京市-河北省合作框架协议（2010）》	区域交通陆续开工建设
2013	京津	《北京市 天津市关于加强经济与社会发展合作框架协议》	构建北京与天津港南部港区快速运输通道，加强联合交通执法
2013	津冀	《天津市 河北省深化经济与社会发展合作框架协议》	支持天津港集团与河北港口企业在航线开辟、经营管理等方面展开合作
2014	京津	《关于共同推进天津未来科技城京津合作示范区建设的合作框架协议》	确定京津合作示范区开发建设的总体框架
2014	京津冀	《京津冀协同创新发展战略研究和基础研究合作框架协议》	解决重大共性科学问题，并共同推进成果利用，促进成果在三地共享与转化落地
2015	交通运输部	《北京、天津、石家庄市市域（郊）铁路网规划》	重点研究、逐步解决京津冀区域城际铁路网、市郊铁路网、高速公路网、国省干线网的合理交通分担和有效衔接问题

续表

年份	参与主体	政策	主要内容
2015	天津市人大常委会	《关于加强京津冀人大协同立法的若干意见》	认真落实中央要求，按照优势互补、互利共赢、区域一体的原则开展各项工作
2015	国家发展改革委和交通运输部	《京津冀协同发展交通一体化规划》	推进京津冀地区交通的网络化布局、智能化管理和一体化服务
2017	国家邮政局	《京津冀地区快递服务发展"十三五"规划》	指导京津冀地区快递服务工作的开展，推进三地快递服务有序健康发展
2019	北京市规划自然资源委、河北住建局	《通州与北三县整合规划》	推动北京城市副中心与河北省廊坊北三县地区统一规划、统一政策、统一标准、统一管控，未来将其打造成为北京副中心的发展腹地
2021	国家发展改革委	《京津冀协同发展"十四五"实施方案》	制定京津冀协同发展、粤港澳大湾区建设、长三角一体化发展"十四五"实施方案
2022	北京大学首都发展研究院	《京津冀协同发展报告2022》	围绕"区域协同治理"主题，从非首都功能疏解、产业协同发展规划、生态环境共保联治、交通网络互联互通、协同治理创新与保障等方面评价京津冀协同发展的成效
2022	国务院	《"十四五"现代综合交通运输体系发展规划》	建设京津冀等国际性综合交通枢纽集群；建设京津冀等世界级机场群；整体推进京津冀等地区的城际铁路和市域（郊）铁路建设

资料来源：《京津冀协同发展报告（2022）》。

（2）京津冀物流协会举办的相关活动

在京津冀协同发展过程中，京津冀地区的物流行业协会起到了桥梁和纽带的作用，举办了一系列的相关活动论坛，促进了地区物流的协调发展（见表5-70）。

表 5-70　京津冀物流协会协同发展历程

论坛名称	主办方	届次	主题	内容及成果	年份	地点
京津冀区域物流合作发展论坛	北京物流协会、天津交通与物流协会、河北省现代物流协会	第一届	"沟通合作发展"	签署京津冀三地首份"物流合作协议"	2007	顺义空港物流基地
		第二届	"合作发展"	工作交流 政策分析 企业展示与互动	2011	天津滨海新区
		第三届	"区域合作，创新发展"	物流项目展示 重点项目参观 企业项目对接	2013	唐山
京津冀物流文化协同发展论坛	北京物资学院、北京市商务委员会、京津冀三地贸促会	第一届	"京津冀物流协同发展+区域物流创新提升"	京津冀物流行业发展问题、城市配送的智能解决方案等问题开展了深入讨论	2016	北京
京津冀物流协同发展高峰论坛	河北省发展改革委、商务厅和交通运输厅	第六届	"协同·开放·创新·绿色"	对物流枢纽网络建设、商贸物流、供应链等京津冀物流协同发展建言献策	2019	石家庄
京津冀物流协同高质量发展峰会	中国国际商会、中国物流与采购联合会、京津冀三地贸促会、河北省现代物流协会	第一届	"京津冀协同发展"	京津冀物流行业发展的新阶段、新理念和新趋势	2021	邯郸

资料来源：京津冀物流文化协同发展论坛。

（二）京津冀物流协同指数测算

根据京津冀物流协同发展现状，本书采用复合系统协同度模型对京津冀

物流协同指数进行测算综合评价。从整体和局部两个角度进行分析，搜集了
2018—2022 年的指标数据进行评价分析。以 2018 年为基期，基期值为 100，
通过复合系统协同度模型测算出来的子系统协同度以及结合上文计算出的综
合权重，最终加权得出京津冀物流协同指数结果。

协同对象是一个复合系统，系统 S 是一个由 $M = 5$ 的 $\{S_1, S_2, \cdots, S_M\}$ 构
成的系统，其中，S_j 为第 j 个子系统，$j = 1, 2, \cdots, M$，而且，$S_j = \{e_{j1}, e_{j2},$
$\cdots, e_{jn}\}$，即 S_j 也由若干元素指标组成。S_j 的相互作用及其相互关系形成 S 的
复合机制。系统 S 可以表示为：$S = f(S_1, S_2, \cdots, S_M)$，$f$ 为系统 S 的复合
因子。

序参量有序度计算公式如下：

$$\mu_{ji}(t) = \begin{cases} \dfrac{e_{ji}(t) - \alpha_{ji}}{\beta_{ji} - \alpha_{ji}}, & i \in [1, K_1] \\ \dfrac{\beta_{ji} - e_{ji}(t)}{\beta_{ji} - \alpha_{ji}}, & i \in [K_1 + 1, n] \end{cases} \tag{5-17}$$

$\mu_{ji}(t) \in [0, 1]$，$\mu_{ji}(t)$ 为系统 S_j 的第 i 个序参量 e_{ji} 在 t 时刻的有序度，其值
越大，序参量 e_{ji} 对系统有序度的贡献越大。在实际应用中可分别取 α_{ji}、β_{ji} 为
最小和最大理想值，或者 $\alpha_{ji} = \max e_{ji}(t)$，$\beta_{ji} = \max e_{ji}(t)$

子系统 S_j 有序度计算公式：

$$\mu_j(t) = \sum_{i=1}^{N} w_{ji}^1 \mu_{ji}(t) \tag{5-18}$$

其中，$w_{ji}^1 \geq 0$，$i = 1, 2, \cdots, N$，$\sum_{i=1}^{N} w_{ji}^1 = 1$

$$或者 \mu_j(t) = \sqrt[N]{\prod_{i=1}^{N} \mu_{ji}(t)} \tag{5-19}$$

$\mu_j(t) \in [0, 1]$，$\mu_j(t)$ 为系统 S_j 的有序度，$\mu_j(t)$ 越大，系统 S_j 在 t 时刻
的有序程度就越高，反之就越低。

其中权系数 w_{ji}^1 是序参量 e_{ji} 在子系统 S_j 中的权重。本书选择线性加权、主
客观综合复合赋权的方法进行测算。

子系统 S_j 的协同度 $SD_e(t, t_0)$ 计算公式如下：

$$SD_e(t,\ t_0) = \eta_e \sum_{i=1}^{N} w_{ji}^1 |\mu_{ji}(t) - \mu_{ji}(t_0)| \tag{5-20}$$

其中，$\eta_e = \left\{ \begin{array}{ll} 1, & \min\limits_{i=1,2,\cdots N}\{\mu_{ji}(t) - \mu_{ji}(t_0)\} \geqslant 0 \\ -1, & \min\limits_{i=1,2,\cdots N}\{\mu_{ji}(t) - \mu_{ji}(t_0)\} < 0 \end{array} \right.$，$e = \{e_{j1},\ e_{j2},\ \cdots,\ e_{jN}\}$，

权系数 $w_{ji}^1(i = 1,\ 2,\ \cdots N)$ 是序参量 e_{ji} 在子系统 S_j 的序参量集合 $e = \{e_{j1},$ $e_{j2},\ \cdots,\ e_{jN}\}$ 中的相对权重。

M 个子系统构成的大系统 $S = \{S_1,\ S_2,\ \cdots,\ S_M\}$ 的协同度 $SD_s(t,\ t_0)$ 计算公式如下：

$$SD_s(t,\ t_0) = \eta_s \sum_{i=1}^{N} w_j^1 |\mu_j(t) - \mu_j(t_0)| \tag{5-21}$$

其中，$\eta_s = \left\{ \begin{array}{ll} 1, & \min\limits_{i=1,2,\cdots M}\{\mu_j(t) - \mu_j(t_0)\} \geqslant 0 \\ -1, & \min\limits_{i=1,2,\cdots M}\{\mu_j(t) - \mu_j(t_0)\} < 0 \end{array} \right.$，$S = \{S_1,\ S_2,\ \cdots,\ S_M\}$

无论是子系统协同度 $SD_e(t,\ t_0)$ 还是整个系统的协同度 $SD_s(t,\ t_0)$，取值范围均在 $[-1,\ 1]$，取的值越大，子系统或者系统的协同程度越高，反之协同度就越低。

基于子系统的有序度以及对应权重关系，本书计算了京津冀物流系统的协同度（见表5-71）。

表 5-71 京津冀物流协同指数

年份	等级特征值	指数值	环比
2018	0.215	100	—
2019	0.252	117	+17%
2020	0.309	144	+22%
2021	0.277	128	−10%
2022	0.246	114	−10%

由表5-72可得，环比情况整体呈先上升后下降趋势，指数总值也呈现先上升后下降的趋势，并在2020年达到最高水平。

八、京津冀物流业与制造业协同指数编制

（一）京津冀物流业发展现状分析

1. 京津冀物流业产业规模

（1）物流业生产总值情况

本书根据京津冀三地统计年鉴及年报整理得到京津冀 2018—2022 年物流业产值及物流业产值占全省（市）生产总值的贡献率。由表 5-72 可知，物流业产值逐年增加后降低，但是贡献率总体都在稳步下降。可以看出物流业的增速远低于本省（市）生产总值的增速。

表 5-72　2018—2022 年京津冀物流业产值及占全省生产总值情况

年份	北京		天津		河北		京津冀
	产值（亿元）	贡献率（%）	产值（亿元）	贡献率（%）	产值（亿元）	贡献率（%）	产值（亿元）
2018	1 061.00	3.92	725.30	6.32	2 369.30	8.32	4 155.60
2019	1 208.42	4.04	780.43	6.27	2 497.90	8.15	4 486.75
2020	1 346.22	4.07	816.33	6.11	2 596.97	7.99	4 759.52
2021	1 025.32	2.89	787.73	5.60	2 916.01	8.34	4 729.06
2022	836.52	2.32	815.55	5.79	2 890.65	7.98	4 542.72

资料来源：2019—2022 年统计年鉴及年报。

（2）物流业货运量水平

以货运为主要内容的区域物流，在一定程度上可以用来衡量一个区域的物流业的规模与产量。京津冀地区总体货运总量及三地所占比例见表 5-73。按时间线来看，三地的货运总量整体呈增加趋势。

表 5-73　2018—2022 年京津冀总货运量及三地比重情况

年份	北京		天津		河北		京津冀
	货运量（万吨）	占比（%）	货运量（万吨）	占比（%）	货运量（万吨）	占比（%）	货运量（万吨）
2018	20 734	7.4	50 506	17.9	210 586	74.7	281 826
2019	20 110	6.7	51 800	17.2	228 854	76.1	300 764

续表

| 年份 | 北京 | | 天津 | | 河北 | | 京津冀 |
	货运量（万吨）	占比（%）	货运量（万吨）	占比（%）	货运量（万吨）	占比（%）	货运量（万吨）
2020	25 244	7.7	53 548	16.3	249 650	76	328 442
2021	20 065	6.3	56 941	17.8	242 866	75.9	319 872
2022	26 346	8	53 566	16.4	247 800	75.6	327 713

资料来源：2019—2022 年统计年鉴及年报。

2. 京津冀物流业产业结构

从物流业产业结构上看，随着京津冀协同发展的深入，京津冀地区的物流系统构建步伐也加快了，物流基础设施的步伐亦同步加快，交通、仓储等行业的服务水平和服务能力不断提高，为我国的物流发展提供了有力的支持。

（1）京津冀交通运输业发展现状

①公路运输现状分析：随着物流业的不断发展，其基础设施建设逐步完善。京津冀城市公路货运量整体呈现波动趋势，总体涨幅不大。随着京津区域交通一体化的推进，从目前京津区域内的路网水平来看，京津区域内的路网总体上呈现出逐步增长的态势，各种"断头路"逐步被疏通，路网运行更加顺畅。京津冀公路货运量见表5-74。

表 5-74　2018—2022 年京津冀公路货运量及占京津冀总货运量比重

| 年份 | 北京 | | 天津 | | 河北 | | 京津冀 |
	货运量（万吨）	占比（%）	货运量（万吨）	占比（%）	货运量（万吨）	占比（%）	货运量（万吨）
2018	19 972	8.23	32 841	13.54	189 822	78.23	242 635
2019	19 374	7.41	34 720	13.28	207 309	79.31	261 403
2020	20 278	7.21	34 711	12.34	226 334	80.45	281 323
2021	19 441	7.26	36 710	13.72	211 461	79.02	267 613
2022	21 789	8.19	32 261	12.13	211 942	79.68	265 992

资料来源：2019—2022 年统计年鉴及年报。

②铁路运输现状分析：作为陆地货运最基础的运输模式之一，铁路运输

以其相对于公路的运量大、运价低的优势，成为京津冀地区最主要的运输模式。通过表5-75可知，北京市的铁路货运在2018—2022年呈现出快速下滑的态势，2022年北京市的货运总量较2018年减少了近300万吨；天津市的铁路货运增速较慢，年均增速在3%左右；河北省的铁路货运增速较快，铁路网建设较快。河北铁路货运量达到京津冀地区的70%以上，极大地支持了京津冀地区铁路货运。

表5-75 2018—2022京津冀铁路货运量及占京津冀总货运量比重

年份	北京		天津		河北		京津冀
	货运量（万吨）	占比（%）	货运量（万吨）	占比（%）	货运量（万吨）	占比（%）	货运量（万吨）
2018	762	3.02	8 150	32.31	16 313	64.67	25 225
2019	736	2.77	8 736	32.88	17 100	64.35	26 572
2020	596	2.02	9 249	31.37	19 637	66.61	29 482
2021	484	1.30	9 888	26.58	26 823	72.11	37 195
2022	414	0.98	11 124	26.27	30 806	72.75	42 344

资料来源：2019—2022年统计年鉴及年报。

③水路运输现状分析：港口物流是京津冀物流的重要组成部分，京津冀重要的四大港口分别是秦皇岛港、黄骅港、唐山港和天津港。2022年，天津港水运货运量为5.029 0亿吨，唐山港为7.026 0亿吨，秦皇岛港为2.0亿吨，黄烨港为3.012 5亿吨。由于北京没有所对应的港口，所以水路运输不作为本书研究重点。

④航空运输现状分析：航空运输是一种高效的运输方式，京津冀主要民用机场分别为北京首都机场、北京大兴机场、天津滨海机场和石家庄正定机场。其中大兴机场于2019年9月25日投入使用，北京南苑机场于同年9月26日关闭。2022年京津冀机场群完成货邮吞吐量181.7万吨，较上年增长16.4%。如表5-76所示，对比各地机场货邮吞吐量发现，不同机场的货物吞吐量差异较大，其中首都机场货邮吞吐量远高于其他机场。大兴机场的建成极大地分担了首都机场的货运压力。

表 5-76 2018—2022 年京津冀部分机场货邮吞吐量及增长率变化

年份	北京首都机场		北京南苑/大兴机场		天津滨海机场		河北正定机场	
	吞吐量（吨）	增长率（%）	吞吐量（吨）	增长率（%）	吞吐量（吨）	增长率（%）	吞吐量（吨）	增长率（%）
2018	2 029 500	4.4	23 204.9	−12.9	268 200	13.2	41 013.2	−6.3
2019	2 074 000	2.2	25 122.1	8.3	258 700	−3.6	46 145.9	12.5
2020	1 955 286	−5.7	15 513.5	−38.2	226 162.3	−12.6	53 229.7	15.4
2021	1 210 441.2	−38.1	77 252.9	949.3	184 980.4	−18.2	86 390.4	62.3
2022	1 401 312.7	15.8	185 942.7	140.7	194 886.6	5.4	33 298.6	−61.5

资料来源：2022 年中国民用航空局统计公报。

（2）京津冀仓储发展现状

在京津冀区域经济社会协同发展的大背景下，我国仓储行业正处于由北上广深等一、二线城市向周边地区转移的趋势，且这种趋势还将继续扩大。从 2015 年开始，仓储行业已成为北京市的限制性行业。目前，仓储行业在我国的发展面临着严峻的挑战，主要原因是一线城市土地资源匮乏以及对高质量发展的迫切需求。

2022 年京津冀城市群通用仓储可租面积为 629 万平方米。其中天津市可租面积最大，体量为 292 万平方米，占比为 46%；其次为廊坊市（131 万平方米），占比为 20%；北京市 87 万平方米，占比为 13%。

随着北京的仓储与物流市场逐步向河北、天津等地转移，北京也逐步进行了承租地的调整与提升。京津冀地区的物流业从北京的单极化转变为天津和河北两个地区的共同发展。河北经济特区的建立、天津新一轮的物流空间规划发布等使得京津冀大物流圈已经初具规模，并将逐步走向成熟。

综合来看，仓储业随着更加智能化、绿色化、共享化、专业化的转型发展，成为助推中国物流市场降本增效的重要力量。

3. 京津冀物流业产业资源

（1）京津冀物流业物流园区数量

截至 2022 年，京津冀共计 398 家物流园区，其中北京 36 家，天津 93 家，河北 269 家。京津冀物流园区在空间上分布呈现聚集状态。北京和天津的物流园区在空间上分布较为均匀，河北省物流园大部分聚集在南部地区，北部地区分布稀疏。

（2）物流业就业人数

物流业就业人数可以衡量物流业规模。京津冀的物流业从业人员数量以及物流从业人员占本地区从业人员比重如表 5-77 所示。2018—2022 年，京津冀地区物流业就业人数趋势整体呈现波动式上升状态。随着我国就业人数的逐年增加，物流业就业人数也呈现出增长的趋势。

表 5-77　京津冀物流业就业人数及占本地区从业人数比重

年份	北京		天津		河北		京津冀
	人数（万人）	占比（%）	人数（万人）	占比（%）	人数（万人）	占比（%）	人数（万人）
2018	582 306	4.77	146 712	1.63	284 732	0.74	1 013 750
2019	576 935	4.63	145 358	1.62	257 561	0.68	979 854
2020	601 978	4.86	132 342	1.48	245 802	0.66	980 122
2021	589 525	4.63	149 341	1.67	274 703	0.74	1 013 569
2022	559 629	4.44	147 239	2.28	272 670	0.74	979 538

资料来源：2019—2022 年统计年鉴及年报。

（二）京津冀制造业发展现状分析

京津冀地区的经济规模约占全国十分之一，已成为中国经济的第三增长极。但是，京、津、冀之间存在着较严重的不均衡，在制造业的行业构成上，北京市的高科技制造业在整个制造业中所占的比重达到了 54% 左右，已逐步成为北京的支柱产业；天津和河北则分别只有 30% 和 16% 左右，三地间的高科技制造业发展不均衡。

1. 京津冀制造业产业规模

（1）制造业生产总值情况

由表 5-78 可知，2018—2022 年，京津冀三地工业生产总值都呈现稳步上涨的趋势。虽然制造业产值在逐年增加，但是各地区制造业生产总值占该地区总生产总值的贡献率却在逐年下滑。其中，北京和天津下滑两个百分点，河北下滑了六个百分点。近些年，北京市和天津市的传统制造业不断地向河北省迁移，河北制造业产值却无明显增加，其应注重制造业的发展。

表 5-78　2018—2022 年京津冀工业生产总值及占工业贡献率

| 年份 | 北京 | | 天津 | | 河北 | | 京津冀 |
	产值（亿元）	贡献率（%）	产值（亿元）	贡献率（%）	产值（亿元）	贡献率（%）	产值（亿元）
2018	3 635.5	13.44	3 773.04	32.87	10 755.9	37.77	18 164.44
2019	3 885.9	13.00	3 942.48	31.67	11 015.7	35.95	18 844.08
2020	4 139.9	12.50	4 276.91	32.01	10 930.3	33.64	19 347.11
2021	4 243.3	11.97	4 372.27	31.11	11 310.4	32.34	19 925.97
2022	4 216.5	11.68	4 188.13	29.74	11 545.9	31.89	19 950.53

资料来源：2019—2022 年统计年鉴及年报。

京津冀地区的工业生产总值占地区生产总值比重不足三成，但是长三角地区和粤港澳大湾区都在三成以上。制造业比例过低，可能导致京津冀产业空心化现象：一方面限制生产性服务业的发展空间和增长潜力，影响先进制造业的可持续发展；另一方面限制科技创新，制约创新成果就近转化落地。

（2）制造业能源消费量

京津冀制造业能源消费总量稳步上涨，如表 5-79 所示。北京能源消费量在缓慢下降，天津、河北能源消费量涨幅不大。近些年北京中低端制造业向天津和河北疏解，所以能源消费总量逐年下降。

表 5-79　2018—2022 年京津冀制造业能源消费总量

| 年份 | 北京 | | 天津 | | 河北 | | 京津冀 |
	总量（万吨标准煤）	比重（%）	总量（万吨标准煤）	比重（%）	总量（万吨标准煤）	比重（%）	总量（万吨标准煤）
2018	1 197.4	4.03	5 368.2	18.05	20 544.0	69.06	29 746.7
2019	1 189.8	4.01	5 101.5	17.19	20 292.1	68.36	29 685.5
2020	1 148.9	3.88	5 263.3	17.77	23 200.3	78.35	29 612.3
2021	1 162.9	3.89	5 538.9	18.54	23 181.1	77.57	29 882.9
2022	1 146.8	3.82	5 517.9	18.36	23 394.2	77.83	30 058.9

资料来源：2019—2022 年统计年鉴及年报。

2. 京津冀制造业产业结构

通过对京津冀制造业分析发现,目前京津冀制造业产业结构差异过大,产业协同衔接不足。从区域产业分工体系来看,京津冀三地之间缺乏相似的产业基础,产业重合度低,产业上下游配套以及互补性都比较差,尚未形成大规模的产业集群和比较完整的产业链条。

(1) 北京制造业产业结构分析

2022 年,在北京的制造业细分行业中,资产总值排名前三的行业是:汽车制造业 (3 433.2 亿元)、计算机、通信和其他电子制造业 (3 744.4 亿元)、医药制造业 (3 930.3 亿元)。此外,在资产规模最大的五个行业中,有三个行业属于高技术制造业,两个行业属于中技术制造业。北京的制造业构成中,低技术制造业占 9.07%,中技术制造业占 34.96%,高技术制造业占 55.98%(见图 5-67)。在北京的制造业中,高科技制造业占主导地位,这样的制造业结构反映出北京的工业结构已经向更深层的方向发展。

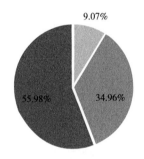

图 5-67 北京制造业产业结构

数据来源:2019—2022 年统计年鉴及年报。

由表 5-80 可以看出,北京 2018—2022 年的低技术制造业产品产量整体呈现下降趋势,而中高技术制造业产品产量上涨趋势显著。北京低技术制造业逐渐疏解,保留并发展中高技术制造业,不断完善北京制造业产业结构。

表5-80 2018—2022年北京市规模以上制造业产品产量

年份	饮料酒（万千升）	乳制品（万吨）	家具（万件）	汽车（万辆）	移动通信（万台）	微型计算机（万台）	集成电路（亿块）
2018	167.50	62.18	776.16	260.41	6 923.91	684.08	80.54
2019	164.88	59.67	686.28	225.02	7 483.08	742.42	93.14
2020	148.50	53.20	626.10	163.20	8 448.00	555.50	149.50
2021	128.22	55.38	463.07	164.02	8 373.32	513.20	154.49
2022	115.12	53.73	389.94	166.01	9 928.54	552.42	170.71

资料来源：2019—2022年统计年鉴及年报。

（2）天津制造业产业结构分析

2022年，在天津的制造业细分行业中，总资产排名前三的行业是：黑色金属冶炼和压延加工业（1 519亿元），汽车制造业（1 854亿元），计算机、通信和其他电子设备制造业（1 930亿元）。资产规模发展前五的行业中，两大行业为高技术制造行业，三大行业为中技术制造行业。天津制造业的比重是：低技术制造业占8.65%，中技术制造业占60.72%，高技术制造业占30.64%（见图5-68）。天津市是《京津冀协同发展规划纲要》中提出的"国家先进制造业研究与开发中心"，在"中国制造2025"的大环境中，天津制造业的结构还有待提高。

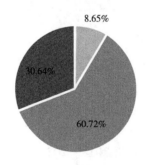

低技术制造业　中技术制造业　高技术制造业

图5-68 天津制造业产业结构

数据来源：2019—2022年统计年鉴及年报。

由表 5-81 可以看出，天津规模以上制造业产品以中低端产品为主，除民生方面制造产品，其余产品产量有明显下降。

表 5-81　2018—2022 年天津规模以上制造业产品产量

年份	布 （万米）	纸制业 （万吨）	洗涤剂 （万吨）	饮料酒 （万千升）	电冰箱 （万台）	电视机 （万台）	农用化肥 （万吨）
2018	24 279.09	285.00	49.08	37.67	64.29	224.10	13.43
2019	8 243.00	286.43	54.04	40.39	53.49	209.41	13.61
2020	8 159.82	279.95	63.37	38.39	49.94	93.08	15.02
2021	10 286.00	261.97	48.27	33.29	44.59	78.66	16.44
2022	3 852.48	266.70	36.96	24.19	22.15	49.29	14.78

数据来源：2019—2022 年统计年鉴及年报。

（3）河北制造业产业结构分析

2022 年河北制造业细分产业中，资产排名前三的产业分别是黑色金属冶炼和压延加工业（17 654 亿元）、汽车制造业（3 217 亿元）与金属制品业（3 282 亿元）。资产规模最大的五个产业中，一个产业属于高技术制造业，四个产业属于中技术制造业。河北制造业结构比例分别为：低技术制造业占12.25%，中技术制造业占 71.73%，高技术制造业占 16.02%（见图 5-69）。

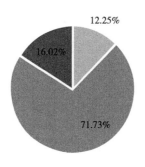

图 5-69　河北制造业产业结构

数据来源：2019—2022 年统计年鉴及年报。

河北省是北京疏解非首都功能的主要承接地，主要承接由北京转移而来的产业。表5-82统计了2018—2022年河北省规模以上制造业主要产品产量。

表5-82 2018—2022年河北规模以上制造业产品产量

年份	纸制业 （万吨）	食用油 （万吨）	卷烟 （亿支）	钢 （万吨）	农用化肥 （万吨）	汽车 （万辆）	水泥 （万吨）
2018	345.04	207.46	763.50	26 150.42	226.23	129.01	9 861.22
2019	372.11	337.19	751.50	24 551.08	213.78	130.90	8 963.45
2020	282.14	289.09	762.00	26 908.74	187.53	122.28	8 936.03
2021	322.74	321.72	758.35	28 409.63	186.67	105.08	10 231.49
2022	340.17	370.28	773.54	31 320.12	212.48	97.53	11 717.45

数据来源：2019—2022年统计年鉴及年报。

（4）京津冀制造业产业结构分析

目前，京津冀整体制造业呈中高技术制造业为主的结构，发展趋势符合各自功能定位，北京产业高端化趋势明显，天津、河北各自分工明确，良好的区域分工格局初步形成（见图5-70）。

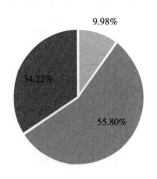

图5-70 京津冀制造业产业结构

数据来源：2019—2022年统计年鉴及年报。

3. 京津冀制造业产业资源

（1）制造业规模以上企业数

由表 5-83 可以看出，2018—2022 年北京规模以上制造业企业数量逐步下降，同时天津、河北在逐步增长。可以看出北京向天津和河北疏解的成功，综合来看，北京企业数量低于天津，但是在产值方面和天津保持相同水平，说明北京的制造业实力高于天津。

表 5-83　2018—2022 年京津冀规模以上制造业企业数及占比

年份	北京		天津		河北		京津冀
	企业数（家）	占比（%）	企业数（家）	占比（%）	企业数（家）	占比（%）	企业数（家）
2018	3 340	15.93	4 806	22.92	12 825	61.16	20 971
2019	3 231	16.07	3 931	19.55	12 941	64.37	20 103
2020	3 197	16.69	4 014	20.95	11 948	62.36	19 159
2021	2 951	15.79	4 407	23.58	11 335	60.64	18 693
2022	2 858	14.51	4 702	23.87	12 136	61.62	19 696

数据来源：2019—2022 年统计年鉴及年报。

京津冀规模以上制造业企业共计 8 814 家，其中北京 1 597 家，天津 2 080 家，河北 5 137 家。京津冀制造业分布在京津冀南部地区，北京、天津有明显的空间聚集。但是河北省制造业空间分布极为不均，制造业企业集中分布在河北南部地区，西北部地区分布数量很少。

（2）制造业就业人数

如表 5-84 所示，2018—2022 年京津冀制造业从业人数总体呈现缓慢下降状态。三个省市就业人数基本一致。但值得注意的是，河北省人口基数远大于北京市和天津市，可以看出河北省制造业发展水平不佳。北京市是国家的科技发展枢纽，是国家创新型产业集群，也是"中国制造 2025"的创新先导，近年来，随着非首都功能的转移，河北省承接了北京市大量的传统制造业。

表5-84 2018—2022年京津冀制造业年末城镇单位就业人数

年份	北京		天津		河北		京津冀
	人数（人）	占比（%）	人数（人）	占比（%）	人数（人）	占比（%）	人数（人）
2018	868 847	27.07	994 163	30.97	1 347 050	41.96	3 210 060
2019	823 796	29.12	782 405	27.65	1 223 189	43.23	2 829 390
2020	744 135	30.78	689 562	28.52	983 734	40.69	2 417 431
2021	639 940	28.27	673 300	29.74	950 671	41.99	2 263 911
2022	598 000	26.77	651 000	29.14	985 000	44.09	2 234 000

数据来源：2019—2022年统计年鉴及年报。

（三）京津冀物流业与制造业协同指数测算

本书把物流业与制造业综合系统抽象为 $S = \{S_1, S_2\}$，其中 S_1 为物流业子系统，S_2 为制造业子系统，对于子系统 S_j，$\{j \in 1, 2\}$，设其发展过程中的序参量为 $e_{ji} = \{e_{j1}, e_{j2}, \cdots, e_{jn}\}$，$\{j \in 1, 2; n \in 1, 2, \cdots n\}$，$\beta_{ji} \leqslant e_{ji} \leqslant \alpha_{ji}$，$i \in [1, n]$，$\beta_{ji}$ 和 α_{ji} 分别为 e_{ji} 的下限和上限。本书将序参量指标的极值放大、缩小5%作为临界点的上下限值。假设，当 $i \in [1, l]$ 时，e_{ji} 为正向效益型指标；假设，当 $i \in [l+1, n]$ 时，e_{ji} 为反向成本型指标，序参量分量 e_{ji} 对系统 S_j 的有序贡献用 $(\mu_j e_{ji})$ 表示，定义子系统 S_j 的序参量分量 e_{ji} 的系统有序度模型如式（5-22）所示。

$$\mu_j(e_{ji}) = \begin{cases} \dfrac{e_{ji} - \beta_{ji}}{\alpha_{ji} - \beta_{ji}}, & i \in [1, l] \\[3mm] \dfrac{\alpha_{ji} - e_{ji}}{\alpha_{ji} - \beta_{ji}}, & i \in [l+1, n] \end{cases} \qquad (5-22)$$

其中，$\mu_j(e_{ji}) \in [0, 1]$，$\mu_j(e_{ji})$ 越接近1，表明序参量分量 e_{ji} 对系统有序的贡献越大。序参量 e_{ji} 对系统 S_j 的有序贡献用 $\mu_j(e_j)$ 表示，采用加权求和或者几何平均法进行集成，定义序参量变量 e_j 的系统有序度 $\mu_j(e_j)$ 模型，本书采用加权求和法进行集成。

$$\mu_j(e_j) = \sum_{i=1}^{n} \lambda_i \mu_j(e_{ji}), \ \lambda_i \geqslant 0; \ \sum_{i=1}^{n} \lambda_i = 1 \qquad (5-23)$$

$\mu_j(e_j)$ 取值越接近 1，表明序参量指标 e_j 对系统 S_j 的有序贡献越大，系统的有序程度越高。在式（5-23）中，λ_i 为序参量指标 e_{ji} 的权重，表示 e_{ji} 在保持系统有序运行中所处的地位。

假设在 t^0 时刻，子系统 S_j 的有序度为 $\mu_j^0(e_j)$，$j \in \{1, 2\}$；当复合系统发展演变到 t^1 时刻时，子系统 S_jS_j 的有序度为 $\mu_j^1(e_j)$，$j \in \{1, 2\}$。若 $\mu_j^1(e_j) > \mu_j^0(e_j)$，表明处于正向协同，复合系统协同度提高。定义物流业制造业综合系统协同度为 U：

$$U = \theta^m \sum_{j=1}^{m} \lambda_i \left[\left| \mu_j^1(e_j) - \mu_j^0(e_j) \right| \right] \tag{5-24}$$

其中，$\theta = \dfrac{\min\limits_{j}[\mu_j^1(e_j) - \mu_j^0(e_j) \neq 0]}{|\min\limits_{j}[\mu_j^1(e_j) - \mu_j^0(e_j) \neq 0]|}$，$j \in \{1, 2\}$。

由式（5-24）可知，物流业制造业综合系统协调度 $U \in [-1, 1]$，其取值越大，复合系统的协同度越高。复合系统协调度一般可以分为 5 种情况：当 $U \in [-1, 0]$ 时，整个系统极度不协同或者根本无法协同；当 $U \in (0, 0.3]$ 时，复合系统协同度为低级协同；当 $U \in (0.3, 0.5]$ 时，复合系统协调度为成长协同；当 $U \in (0.5, 0.8]$ 时，复合系统协调度为互动协同；当 $U \in (0.8, 1]$ 时，复合系统协调度为融合协同。具体见表 5-85。

表 5-85　复合系统协调度

区间	协同阶段	状态描述
[-1, 0]	不协同	物流业对制造业支撑作用很小，两者未协同
(0, 0.3]	低级协同	物流业对制造业支撑作用较少，协同方式位于初级水平
(0.3, 0.5]	成长协同	物流业与制造业之间产业链逐步形成，协同水平不断增高
(0.5, 0.8]	互动协同	物流业与制造业协同水平良好，相互促进对方发展
(0.8, 1]	融合协同	物流业与制造业相辅相成，逐渐实现共赢发展

资料来源：根据参考文献整理。

1. 物流业子系统有序度测算

本书对指标数据进行收集并标准化后将其代入式（5-22）及式（5-23）中进行计算，得到京津冀物流业有序度，如表 5-86 所示。

表 5-86　2018—2022 年京津冀物流业有序度

年份	京津冀	北京	天津	河北
2018	0.427	0.381	0.466	0.492
2019	0.357	0.382	0.424	0.403
2020	0.375	0.542	0.391	0.361
2021	0.384	0.343	0.411	0.404
2022	0.705	0.636	0.671	0.689

2. 制造业子系统有序度测算

本书对指标数据进行收集并标准化后代入式（5-22）及式（5-23）进行计算，得到京津冀制造业有序度，如表 5-87 所示。

表 5-87　2018—2022 年京津冀制造业有序度

年份	京津冀	北京	天津	河北
2018	0.699	0.461	0.720	0.633
2019	0.458	0.403	0.328	0.414
2020	0.445	0.521	0.420	0.494
2021	0.442	0.491	0.496	0.518
2022	0.562	0.484	0.497	0.630

3. 物流业与制造业复合系统协同度测算

将两业有序度结果带入公式（5-24）中，得到协同度结果如表 5-88 所示。

表 5-88　2018—2022 年京津冀物流业与制造业协同度

年份	京津冀	北京	天津	河北
2018	0.113	−0.015	−0.053	0.245
2019	−0.311	−0.057	−0.433	−0.308
2020	−0.005	0.278	0.059	0.038
2021	−0.006	0.229	0.096	0.066
2022	0.441	0.286	0.262	0.398

京津冀物流业与制造业协同指数如表 5-89 所示。

表 5-89　2018—2022 年京津冀物流业与制造业协同指数

年份	等级特征值	指数	环比
2018	0.113	100	—
2019	-0.311	-275	-375%
2020	-0.005	-4	-98%
2021	-0.006	-5	20%
2022	0.441	390	-7 450%

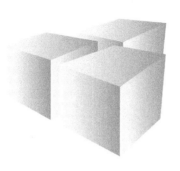

第六章 北京物流指数
监测分析

一、北京物流指数监测模型构建

(一) 系统监测诊断机理

从自组织的角度来说，稳定指的是一个系统在运行或者受到外部力量的影响时维持原有的状态，它是一个复杂的、具有很强的内在特性的状态。根据自组织的原理，稳定性是指动力系统中的各个进程（包含平衡位）对于外界的扰动具有自卫的作用，因此使事先处在不稳定的系统趋向其平衡点，并且在遭受某些扰动时其平衡状态仍然得以保持的特性。

对物流业与经济系统而言，在协同的过程中，会同时受到负向效应和正向效应的作用。由于正向效应和负向效应发展的不平衡，系统（或系统间）整体在发展（或协同）过程中改变原有自组织协同轨迹，而导致稳定度（或协同度）下降，其状态称为系统失稳，其中物流业和经济系统内部的系统故障为内因，环境为外因，共同对物流系统造成影响。

每一个复杂系统都是由若干个子系统构成的，而其总体的状态是这些子系统的综合表现。当这个复杂系统出现系统失稳时，我们关心的是：①这些"失稳点"出现在哪个部分或领域，即哪个子系统？②这些"失稳点"通过哪些变量参量表现出来，诱因是什么？

在任何一个系统中，其子系统要素之间的协同程度都是由有序度来决定的，有序度越大，系统协调程度越高，有序度越小，系统协调程度越低。系统的有序度 $\mu_j(t) = \sum_{i=1}^{N} w_{ji}^1 \mu_{ji}(t)$，其中 $\mu_j(t)$ 表示在 t 时刻该子系统的有序度。由系统失稳概念可知：当 $t > t_0$，$\mu_j(t) < \mu_j(t_0)$，则子系统出现失稳，相应的 $\sum_{i=1}^{N} w_{ji}^1 \mu_{ij}(t) < \sum_{i=1}^{N} w_{ji}^1 \mu_{ji}(t_0)$。而其中总会出现一些关键要素使其有序度符合 $w_{ji}^1 \mu_{ji}(t) > w_{ji}^1 \mu_{ji}(t_0)$，即序参量有序，子系统无序，进而导致总系统无序的状态。而另一些关键要素符合 $w_{ji}^1 \mu_{ji}(t) < w_{ji}^1 \mu_{ji}(t_0)$，即序参量无序，子系统带动总系统无序。由于协同系统无序状态是由这些子系统造成的，所以这里统称为子系统对总系统存在"干扰"，特别地当 $\mu_{ji}(t) < \mu_j(t)$ 时，我们称之为子系统对总系统存在"异动干扰"，即子系统"故障"的产生。

（二）障碍度模型构建

为对物流业指数系统进行监测，充分挖掘系统"失稳点"及了解"故障"产生原因，本书选用障碍度模型进行指数系统监测。具体模型构建步骤如下：

1. 计算单因子贡献度

因子贡献度是指单个评价指标对总目标影响的程度，在实际计算中通常用各指标的权重来表示，本书采用三种单一的评价方法，因而每个指标的权重也有三个，因此需要计算组合权重。考虑权重计算的简便性，同时借鉴其他学者的研究，本书组合权重的计算公式为：

$$W_j = \frac{1}{3} \sum_{i=1}^{3} w_{ij} \qquad (6-1)$$

其中，W_j 表示第 j 个指标的组合权重，w_{ij} 表示第 j 个指标在第 i 种方法下的权重。

2. 计算指标偏离度

指标偏离度是指评价指标的实际值与最优目标值之间的差距，一般利用标准化后指标值计算，公式为：

$$D_j = 1 - y_{ij} \qquad (6-2)$$

其中，D_j 表示第 j 个指标的偏离度，y_{ij} 表示标准化后的指标值，这里指标标准化采用的方法为极差法。

3. 计算指标层的各指标障碍度

$$O_j = \frac{D_j \times W_j}{\sum\limits_{j=1}^{18} D_j \times W_j} \times 100\% \qquad (6-3)$$

其中，O_j 表示第 j 个指标对华东地区绿色物流发展水平的影响程度。

二、北京物流指数监测评价分析

（一）北京物流业景气指数监测分析

1. 北京物流业景气总指数情况

经测算，2022 年第二、第三、第四季度北京物流业景气指数分别为 48.93%、49.59%、49.69%，同比增长 1.3% 和 0.2%，总体运行平稳提升。同时与中国物流业景气指数相比，北京市 2022 年第二、第三、第四季度物流业景气指数高于同期中国物流业景气指数，整体市场情况优于全国水平，预期总体向好（见图 6-1）。

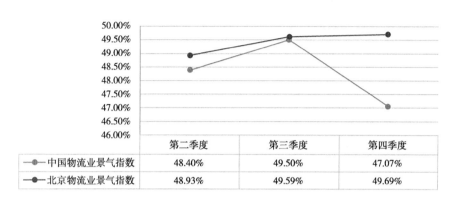

	第二季度	第三季度	第四季度
中国物流业景气指数	48.40%	49.50%	47.07%
北京物流业景气指数	48.93%	49.59%	49.69%

图 6-1　北京物流业景气指数同中国物流业景气指数对比

2. 北京市物流业景气分指数情况

（1）2022 年第二季度指数解读

北京市 2022 年第二季度物流业景气指数为 48.93%，比同期中国物流业景气指数高 0.53%。其中流动资产增长率景气指数（65.00%）、主营业务利润额同比增长率景气指数（59.00%）、现时货运量景气指数（57.00%）、现时货运流通量景气指数（57.00%）、现时货运配送量景气指数（56.00%）、现时业务总量景气指数（56.00%）、现时新订单数量景气指数（56.00%）和同期新订单增长量景气指数（56.00%）均保持在 50% 以上，说明北京市物流业务较为活跃，微观经营条件较好。而从业人员数量景气指数（38.00%）、现时货运成本景气指数（36.00%）、现时吞吐量景气指数（33.00%）、现时货运流通成本景气指数（36.00%）、主营业务成本景气指数（36.00%）、管理成本景气指数（33.00%）、总资产增长率景气指数（38.00%）均不足 40%，说明当前季度企业效益承压，存在内生动力不足现象（见图 6-2）。整体来看，北京市 2022 年第二季度企业的主营业务总体保持稳定，企业的流动资产增长较快，盈利能力有所提高，但是资金回收速度较慢。

（2）2022 年第三季度指数解读

北京市 2022 年第三季度物流业景气指数为 49.59%，较第二季度增长

0.66%，与同期中国物流业景气指数基本持平。其中，企业应收账款景气指数（58.00%）同比上涨 8%，管理成本景气指数（62.00%）同比上涨 29%，说明企业微观活力提升，企业运营指标改善（见图 6-3）。整体来看，北京市 2022 年第三季度企业物流运行总体保持基本平稳，物流供给基本恢复，但需求回升仍存在一定压力和波动性，仍需关注不确定性因素和不稳定性因素。

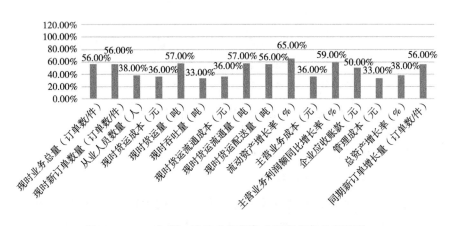

图 6-2　2022 年第二季度北京物流业景气指数分项指数

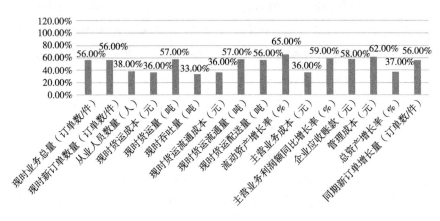

图 6-3　北京第三季度物流业景气指数分项指数

（3）2022 年第四季度指数解读

北京市 2022 年第四季度物流业景气指数为 49.69%，较第三季度增长

0.1%，较同期中国物流业景气指数高 2.62%。其中，管理成本景气指数（65.00%）同比上升 3%，总资产增长率景气指数（39.00%）同比上升 2%（见图 6-4），说明企业的资产增长速度有所加快，可能是由于企业加强了市场拓展，提高了业务增长率，从而提高了企业的资产总量和盈利能力。整体来看，北京市 2022 年第四季度企业物流运行总体稳中有进，预期整体向好发展。

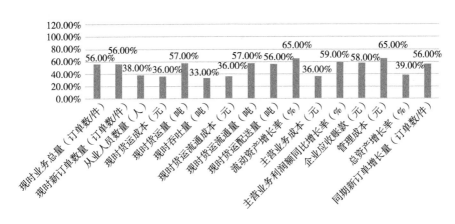

图 6-4　北京市第四季度物流业景气指数分项指数

3. 对策与建议

针对北京物流业景气指数的波动情况，建议进一步增强企业供给韧性，从相关经验看，企业要加强风险忧患意识，做好物流供应链受到冲击的应急准备，建立人力资源储备，确保后备力量接替有序，充实物资储备特别是疫情相关医疗物资储备，多渠道充实资金储备。进一步增强物流网络稳定性，要统筹谋划、精准施策，更高效地把握物流运行的平稳，严禁人为关闭物流基础设施，人为阻断中断物流进程。物流园区、快递分拨中心、商贸物流中心等核心中转设施要建立人员预备队伍，确保突发情况下周转不停。进一步打造高质量物流服务体系，发挥新时代高质量物流发展对于促进经济复苏、提高运行效率、稳定产业安全、畅通内外循环的重要作用。一是要打造集约高效的供应链服务体系，推动产业迈向全球价值链中高端。二是要强化物流网络对资源整合、要素流动的支撑作用，优化产业布局，提高物流的价值创造能力。三是要加大物流模式创新，推动物流与生产深度融合，优化生产力布局，促进社会物流运行提质增效。

（二）北京物流行业发展规模指数监测分析

1. 北京物流行业发展规模总指数情况

北京市物流行业发展规模整体呈现稳中上涨趋势。2018—2022 年，北京物流行业发展规模指数分别为 100、97、95、96 和 97，环比增长 -3.48%、-1.07%、0.37%、0.86%（见图 6-5）。具体表现为受到新冠疫情影响，2019—2020 年北京市物流行业发展规模指数出现轻度下降，2021 年开始又恢复了上涨趋势。但可以看到，增长率均值为 0.62% 左右，同时在 2022 年恢复到 2019 年水平，预计未来北京市物流行业发展规模会逐渐趋向于稳定。

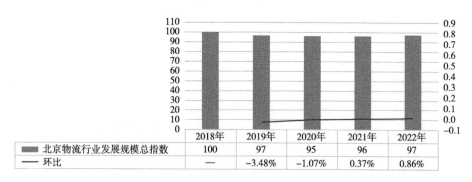

图 6-5 北京物流行业发展规模总指数与环比情况

2. 北京物流行业发展规模分指数情况

（1）资源规模指数解读

北京物流行业发展资源规模指数先降后升，整体稳定上升（见图 6-6）。北京市物流行业发展资源规模指数增速保持中位，平均增长率为 -0.83%。资源规模指数自 2020 年探底后一直保持上涨趋势，于 2022 年恢复到三年前水平，2021—2022 年增长率均有所放缓，保持稳中缓升态势。其中北京仓储可利用面积随着北京物流发展的落实逐步增加，由 2018 年的 616.7 万平方米增加至 2022 年的 14 253 万平方米；营业性载货车辆保有量在 2018 年达到峰值（61.5 辆），在 2019 年剧烈回落至 8.6 万辆，后以每年万辆的数值增长，于 2022 年达到 11.9 万辆，反映出在新增需求带动下北京市物流行业资源供给情况逐步向好。同时，北京市物流从业人员从 2018 年的 60.2 万人到 2022 年的 42.7 万人，五年期间总体减少 29.11%，反映出在资源整体规模增大的同时物流的效率也在不断提升。

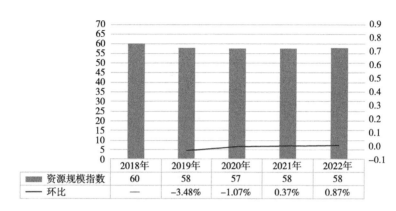

图 6-6　北京物流行业资源情况规模指数与环比情况

（2）市场规模指数解读

北京物流行业发展市场规模指数降中有升，从总体趋势看存在一定的波动性（见图 6-7）。2020 年出现轻微下滑，同比降低 1.06%，2021 年开始以 0.37% 的速度回升，2022 年在波动下停留在 2019 年的水平。其中社会物流总额由 2018 年的 77.7 万亿元上升到 2020 年的 79.94 万亿元，并在 2021 年出现了同比 319.3% 的大幅上涨，达到了 335.2 万亿元，2022 年持续上涨到了 358.6 万亿元。货运总量由 2018 年的 31 276.4 万吨上涨到 2019 年的 32 006.6 万吨（达到峰值），后跌落到 2020 年的最低水平（23 829.9 万吨），并于 2021 年和 2022 年持续小幅上涨，达到了 2022 年的 28 816.9 万吨，呈现了先抑后扬的态势，反映北京市物流行业市场规模处于波动当中。随着北京市经济发展和航空货邮及铁路到发等的逐渐回复，预期未来市场规模将趋稳上升发展。

3. 对策与建议

北京市政府一直致力于推动物流行业的发展，积极响应国家政策，加大投入力度，推动物流业的转型升级并采取了一系列措施来促进物流行业的发展，取得了一定的成效。

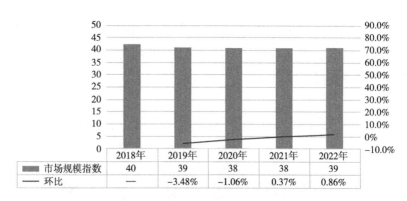

图6-7 北京物流行业市场情况规模指数与环比情况

①加强对物流行业的政策引导和支持。北京市政府可以响应国家政策出台的一系列优惠政策，如加大物流企业的税收减免力度、提高物流企业的金融支持力度等。同时，加强对物流行业的宣传力度，提高社会对物流行业的认知度和重视程度。这些政策的出台和宣传，有利于激发物流企业的发展热情，促进物流行业的快速发展。

②推进物流信息化建设。加大对物流信息化建设的投入，建立一批物流信息平台，实现信息的共享和流通。这不仅能提高物流行业的信息化水平，还能降低物流企业的物流成本，提高物流效率。同时，还能够加强物流安全保障，提高了物流的可靠性和安全性。

③加强物流人才培养和队伍建设。积极推进物流人才培养和队伍建设，建立物流专业学校和研究机构，为物流企业提供充足的人才支持，持续推动校企联动合作，为企业输送物流行业人才储备。同时，北京市政府还可以加大对物流从业人员的培训力度，提高物流从业人员的素质和技能水平，增强物流行业的核心竞争力。

（三）北京物流业与商贸业耦合指数监测分析

1. 北京物流业与商贸业耦合总指数情况

2018—2022年北京市物流业与商贸业耦合指数分别为100、102、98.6、97和102，环比分别为2%、-3.3%、-1.7%和5.2%，北京市物流业与商贸业耦合指数呈现较平稳略有波动趋势（见图6-8）。具体来讲，北京物流业与商贸业耦合指数在2021—2022年受到新冠疫情等影响略有回落，整体呈现稳中缓升态势，2022 年回升明显，预期未来发展态势良好。

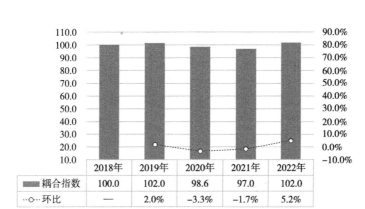

	2018年	2019年	2020年	2021年	2022年
耦合指数	100.0	102.0	98.6	97.0	102.0
环比	—	2.0%	−3.3%	−1.7%	5.2%

图 6-8　北京物流业与商贸业耦合总指数与环比情况

2. 北京物流业与商贸业耦合分指数情况

（1）北京物流业与商贸业规模耦合指数解读

北京物流业与商贸业规模耦合指数先抑后扬，总体向好（见图 6-9）。2018—2020 年物流业与商贸业规模耦合指数环比分别为 2%、−3.8%、−2%、6.1%，平均增长率为 1%，整体呈现平稳缓升趋势。具体来讲，2019 年物流业与商贸业规模耦合指数相较 2018 年从 51 上涨为 52，涨幅为 2%，主要原因是物流业发展规模和商贸业发展规模均呈现上涨趋势，且耦合比由 2∶5 上升至 7∶13。2020 年和 2021 年受到新冠疫情影响，物流业发展规模呈现下降趋势；由于社会消费品零售、批发和对外经济贸易总额在 2020 年和 2021 年的平稳上升表现，商贸业发展规模指数下降不大，使得物流业与商贸业规模耦合指数呈现出−2% 的变化。2022 年随着经济形势逐渐向好，物流业与商贸业规模耦合指数呈现 6.1% 的大幅上涨，其中物流业 GDP 占 GDP 比重在 2022 年回升至 2.20%，从业人数比重也略有回升，回升至 0.5%，耦合比呈现强劲回升，达到 4∶3，使整体指数呈现上升趋势。总体来看，北京物流业与商贸业规模耦合指数虽然在 2020 年和 2021 年受到新冠疫情影响呈现了微弱的下降波动，但整体趋势向好。随着物流业规模和商贸业规模的持续发展，预计未来规模耦合协调将持续向好。

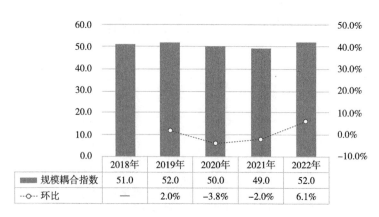

	2018年	2019年	2020年	2021年	2022年
规模耦合指数	51.0	52.0	50.0	49.0	52.0
环比	—	2.0%	−3.8%	−2.0%	6.1%

图 6-9　北京市物流业与商贸业规模耦合指数与环比情况

（2）北京物流业与商贸业效益耦合指数解读

物流业与商贸业效益耦合指数发展态势降中有升，平稳向好（见图 6-10）。2018—2020 年物流业与商贸业效益耦合指数环比分别为 4.1%、−3.9%、−2%、4.2%，平均增长率为 1%，整体呈现平稳趋势。具体来讲，2019 年物流业与商贸业效益耦合指数相较 2018 年从 49 上涨为 51，涨幅为 4%，主要原因是物流业税收效益与商贸业税收效益二者协调上升，耦合比由 1∶5 提升至 1∶4，引发指数出现涨幅。2020 年和 2021 年受到新冠疫情等影响，物流业效益相对下降较快，使得物流业与商贸业效益耦合指数分别呈现了−3.9%和−2%的降幅。2022 年由于物流业效益与商贸业效益比例同比回升，物流业与商贸业效益耦合指数上涨 6%，耦合比提升到 7∶6，使效益耦合协调分指数回升至 50。总体来看，物流业效益和商贸业效益呈现较为紧密的相关波动，整体呈现较为平稳的态势。

3. 对策与建议

为进一步促进物流业与商贸业的协同发展，提升社会经济运行效率，助推构建"双循环"新发展格局，本书提出以下建议。

①加强政府对物流业的引导，促进物流业与商贸业协调发展。构建政策协调机制，通过政策的引导作用，促进区域物流资源配置的优化；同时加强政府引导，加快产业转型升级，促进物流与商贸业协同发展。

②加大基础设施建设，提升物流业与商贸业协调水平。提升物流供给能

力，构建合理的物流交通信息网，提高基础设施投资使用率。在现有的物流交通网络的基础上逐步优化与完善，做到基础设施建设的利用最大化，实现物流业与商贸业的协同发展。

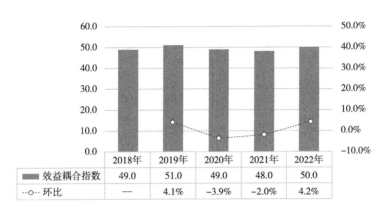

	2018年	2019年	2020年	2021年	2022年
效益耦合指数	49.0	51.0	49.0	48.0	50.0
环比	—	4.1%	−3.9%	−2.0%	4.2%

图6-10　北京市物流业与商贸业效益耦合指数与环比情况

③提高物流服务管理能力，带动物流业与商贸业协调发展。加大对物流管理人才的投入，通过不断学习探索新技术来提升区域物流企业的服务水平与质量；根据不同的产业需求采用多样的联合方式，加强区域物流企业间的合作，加快区域物流供给水平的提高以及物流业与商贸业的协同发展。

（四）北京绿色物流发展指数监测分析

1. 北京绿色物流发展总指数情况

北京绿色物流发展指数呈现平稳上涨趋势。2018—2022年，北京绿色物流发展指数分别为100、102、105、106和109，环比分别呈现2%、3%、1%和3%的上涨（见图6-11）。2018—2022年北京市绿色物流发展呈现持续提升态势。2018—2019年指数的上升是由于绿色环保指数的大幅度提升，2020年3%的增长是由于绿色发展环境持续向好。2021—2022年指数的快速增长是由于随着绿色相关政策的不断出台，双碳落实力度加大，发展态势向好。

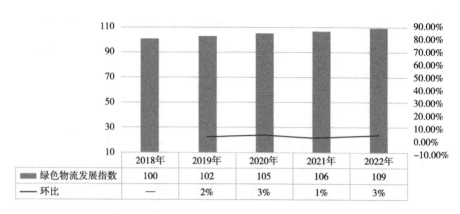

图 6-11 北京市绿色物流发展指数与环比情况

2. 北京绿色物流发展分指数情况

（1）资源高效利用指数解读

资源高效利用指数不断增长，平均增长率为 2.5%（见图 6-12）。资源高效利用指数自 2018 年后一直保持上涨趋势，于 2022 年达到五年最高，但增长率继 2020 年 3% 的高增长后，2021 年有所放缓，保持稳中缓升态势。其中 2018—2019 年指数提升了 2%，主要是由于车辆满载率增长较多，提高到了 68%，单位物流增加值提升到了 10 860 万元/万吨。2020 年指数提升了 3%，主要是由于仓库使用率提升了 7%，同时单位物流业从业人员效率提升到了 7 354 万件/万人。2021 年指数仅增长 1%，主要是由于大环境的影响，单位物流总额呈现了出下降的趋势，达到了 305 万元/万吨，但单位物流营业收入还是稳步增长至 7 638 万元/万吨。2022 年资源高效利用指数增量达 4%，主要是由于物流车辆满载率与仓库使用率均达到了最高，分别为 86% 和 75%。综上表明北京市物流业在资源高效利用方面进步趋势明显，一直在稳步增长，趋势向好。

（2）低碳环保指数解读

低碳环保指数持续走强，平均增长率为 2%（见图 6-13）。其中，2018—2019 年指数环比增长 1%，主要是由于北京市能源消耗量于 2019 年下降至 310 万吨标准煤下降到 2022 年的 256 万吨标准煤。2020 年指数增长 2%，主要是由于北京物流业碳排放量从 2019 年的 3 521 万吨下降到 2020 年的 3 039 万吨。

2021年指数增长3%，主要是由于新能源物流车辆占货运车辆比例增高，从2020年的2.24%提升至2021年的3.32%。2022年指数增长2%，是由于快递二次包装使用率仅为42%。综上表明近年来北京市出台的如新能源车辆补贴、碳减排等节能减排政策初见成效，北京市绿色环保态势向好。

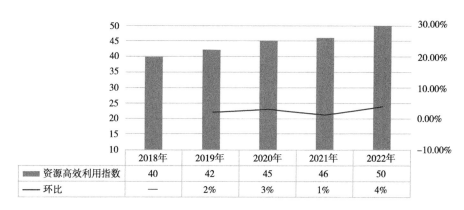

图6-12 资源高效利用指数与环比情况

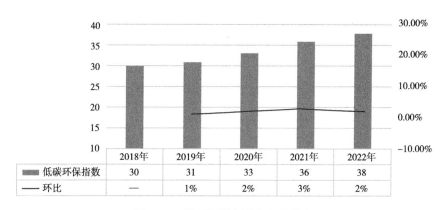

图6-13 低碳环保指数与环比情况

（3）绿色发展潜力指数解读

绿色发展潜力指数不断增长，平均增长率为2.4%（见图6-14）。其中2018—2020年物流业政策支持力度逐年加大，财政支出2018年的763亿元增长到2020年的986亿元，2021年增速减缓是由于物流业财政支出回落到836亿元，但是物流研发经费增长到268亿元。2022年交通运输财政支出增长较多，达到了 135 亿元，并且绿色物流相关政策发布量增长了 30%。整体来看，北京市绿色物流发展环境在政策加持下呈现了平稳的上涨，态势向好。

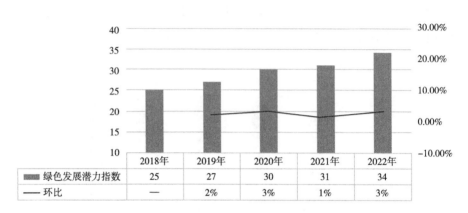

图 6-14　绿色发展潜力指数与环比情况

3. 对策及建议

（1）政府层面对策建议

①制定绿色物流标准，建立统计监测平台。城市绿色物流发展离不开政府部门的监督和监管，因此建议尽快制定适用于北京市的绿色物流标准，如车辆满载率、仓库使用率、新能源物流车辆占比、物流包装二次使用率等一些绿色指标，并应尽早建立一套符合环保物流产业发展要求的、符合环保要求的、具有较强约束力的、体现可持续发展能力的标准。

②对企业提供绿色支持。北京市当前新能源物流车辆与全国相比占比较低，因此建议从补贴层面上大力推动新能源物流车辆的占有率，并积极推动氢能源物流车试点。同时完善新能源充电桩等物流设施的布局，争取完成"十四五"时期办理货车通行证 4.5 吨以下物流配送车辆均为新能源汽车的目标。

（2）企业层面对策建议

①提升企业资源利用效率。北京市物流业能耗、碳排放总体情况不是很好，鼓励企业改进物流技术入手，如通过减少二次包装使用比例，建立一套绿色包装循环模式。还可以对在物流操作中产生的废物进行反向回收，并根据废物的具体情况给予不同处理方法，对于无须进行任何处理就可以利用的，

可将其直接投入再生产环节，而对于不能再次使用的废物，可将其可用的原料提取并加以处理等，降低二次包装使用率同时也对生态环境进行了保护。

②提升企业绿色物流效率。企业在发展绿色物流时，企业内部应对各个部门在推行绿色物流的时候的责任进行界定，并对绿色流通加工、绿色运输、绿色包装、绿色仓储等绿色活动进行安排，特别是将前面所说的物流车辆满载率、物流仓库使用量这两个方面的数据列入绩效考核当中。同时提升企业数字化运营水平，对指标进行数字化管理。

（五）北京冷链物流发展指数监测分析

1. 北京冷链物流发展总指数情况

北京冷链物流发展总指数呈现波动式上涨趋势。2018—2022 年北京冷链物流发展指数分别为 100、103、105、107 和 110，环比分别增长 3%、2%、2% 和 3%（见图 6-15）。此期间北京冷链物流发展总指数除 2020 年与 2021 年受到新冠疫情等影响，环比呈现微弱的回落情况，其余均呈现了平稳的上涨，预期发展态势良好。

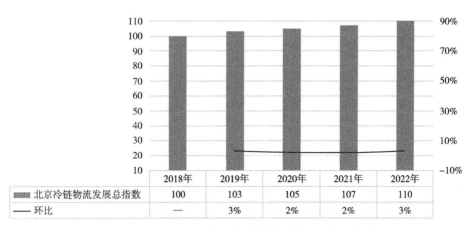

	2018年	2019年	2020年	2021年	2022年
北京冷链物流发展总指数	100	103	105	107	110
环比	—	3%	2%	2%	3%

图 6-15　2018—2022 年北京冷链物流发展总指数趋势

2. 北京冷链物流发展分指数情况

（1）资源规模指数解读

资源规模指数稳步上升，态势良好。2018—2020 年冷链物流资源规模指数环比分别增长 2%、4%、4%、2%，平均增长率为 3%，呈现平稳上涨趋势

（见图6-16）。主要原因是冷链企业数量、冷链物流从业人员、冷库、冷藏车等资源规模数量不断上升，其中冷链企业数量从2018年的435家上涨为2022年的769家，冷链物流从业人员数量由2018年的6.38万人增长至2022年的7万人，冷库容量由2018年的1 574 718吨增长至2022年的2 228 301吨，冷藏车数量从2018年的5 752辆上涨至2022年的14 000辆。其间虽由于新冠疫情等原因，冷链物流从业人员数量从2019年的7.15万人下降为2020年的6.19万人以及2021年的6.18万人，使得资源规模增长有所减缓；但总体来说，北京市冷链资源规模指数整体呈现上升态势，预期向好。

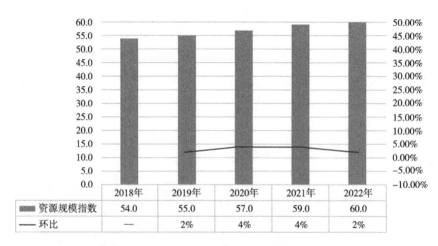

	2018年	2019年	2020年	2021年	2022年
资源规模指数	54.0	55.0	57.0	59.0	60.0
环比	—	2%	4%	4%	2%

图6-16　北京冷链物流资源规模指数与环比情况

（2）服务规模指数解读

服务规模指数上升，发展规模向好。2018—2020年冷链物流服务规模指数环比分别增长4%、4%、4%、3%，平均增长率为3.75%，整体呈现缓慢上升趋势（见图6-17）。具体来讲，2018—2022年冷链服务规模指数稳步提升，基本达到了4%的增幅。主要原因是2018—2022年冷链物流总额、冷链存量等均出现了不同程度的上升，其中冷链物流总额由2018年的423亿元增长至2022年的499亿元，冷链存量由2018年的134.071 5万吨增长至2022年的209.46万吨，冷链货运量由2018年的6 083.28万吨增长至2021年的6 922.53万吨；2022年冷链货运量由2021年的6 922.53万吨降至5 564.7万吨，使得增幅有所减缓，环比为 3%。综上表明冷链服务规模相对比较平稳，呈现了稳中向好的趋势。

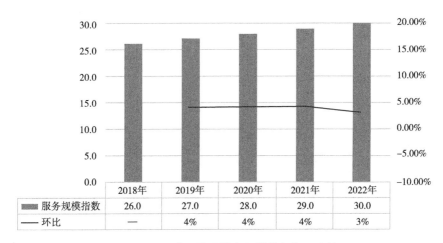

图 6-17　北京冷链物流服务规模指数与环比情况

（3）冷链物流环境指数解读

冷链物流环境指数波动上升，环境逐渐向好。2018—2020 年冷链物流环境指数环比分别增长 5%、-5%、-5%、5%，整体呈现波动上升的趋势（见图 6-18）。具体来讲，2019 年冷链环境指数较 2018 年增长 5%，主要得益于冷链人均需求量的大幅提升，由 2018 年的 61.239 千克升至 2019 年的 66.36 千克。2020—2022 年政策环境持续向好，冷链人均需求量也在缓步上升，但由于受新冠疫情等因素影响，2020 年与 2021 年冷链人均需求量较 2019 年下降较大，使得 2020 年与 2021 年冷链物流环境指数均呈现-5%的回落。总体来说，2018—2022 年冷链政策环境和需求环境基本均呈现平稳上涨态势，冷链物流发展环境逐渐向好。

3. 对策与建议

为促进冷链物流的稳定、持续、健康、高效发展，提升冷链运作效率，现提出以下建议。

（1）企业层面建议

根据"十四五"冷链物流发展规划的要求，针对各冷链企业针对冷链物流仓储、运输等环节能耗水平高等问题，需要优化用能结构，加强绿色节能设施设备、技术工艺研发和推广应用，推动包装减量化和循环使用，提高运行组织效率和集约化发展水平，加快减排降耗和低碳转型步伐，推进冷链物流运输结构调整，实现冷链行业健康可持续发展。

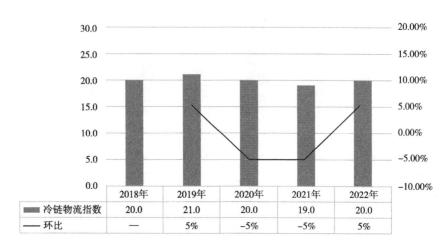

图 6-18 北京冷链物流环境规模指数与环比情况

（2）政府层面建议

由于很多中小冷链企业在冷库租赁或冷库建设方面存在资金压力，多数冷链企业希望政府出台更多的冷链设施基建和租赁补贴政策，加大对冷链设施建设和租赁的资金补贴力度，或者政府增加扶持力度，减免税收。同时，完善政产学研用结合的多层次冷链物流人才培养体系。开展多层次、宽领域国际交流合作，培养具有全球视野和国际供应链运作经验的高层次冷链物流人才。

（六）北京物流园区高质量发展指数监测分析

1. 北京物流园区高质量发展总指数情况

北京市四大物流基地高质量发展指数呈现稳步增长态势（见图 6-19）。2018—2022 年，顺义空港物流基地、通州马驹桥物流基地、平谷马坊物流枢纽和大兴京南物流基地高质量发展指数均有所增长，从总体看，顺义空港物流基地高质量发展水平最优，其次为通州马驹桥物流基地、平谷马坊物流枢纽和大兴京南物流基地；从增长率看，大兴京南物流基地发展最快（平均增长率为0.7%），其余依次为平谷马坊物流枢纽（平均增长率为0.5%）、通州马驹桥物流基地（平均增长率为0.4%）和顺义空港物流基地（平均增长率为0.3%）。

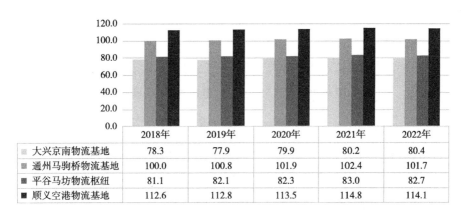

	2018年	2019年	2020年	2021年	2022年
大兴京南物流基地	78.3	77.9	79.9	80.2	80.4
通州马驹桥物流基地	100.0	100.8	101.9	102.4	101.7
平谷马坊物流枢纽	81.1	82.1	82.3	83.0	82.7
顺义空港物流基地	112.6	112.8	113.5	114.8	114.1

图6-19 北京市四大物流基地高质量发展指数

注：本指数以通州马驹桥物流基地2018年高质量发展指数为基准数100进行对比测算而得。

2. 北京物流园区高质量发展分指数情况

（1）基础条件指数解读

2018—2022年，四大物流基地基础条件指数均呈现不同程度上涨（见图6-20）。其中顺义空港物流基地的基础条件指数从2018年的40.0升至2022年的40.6，平均增长率为0.3%；通州马驹桥物流基地的基础条件指数从2018年的35.6升至2022年的36.2，平均增长率为0.4%；平谷马坊物流枢纽的基础条件指数从2018年的28.8升至2022年的29.4，平均增长率为0.5%；大兴京南物流基地的基础条件指数从2018年的27.8升至2022年28.6，平均增长率为0.7%。主要原因是四大物流基地交通便利指数和生产生活配套完善指数呈现上升趋势，总体来看，顺义空港物流基地相较而言基础条件（基础设施、交通便利、生产生活配套）最为完善，增长也最快，通州马驹桥物流基地、平谷马坊物流枢纽及大兴京南物流基地也呈现了不同程度的增长，基础条件不断完善。

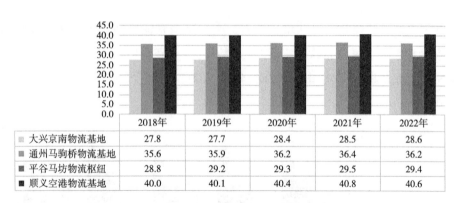

	2018年	2019年	2020年	2021年	2022年
大兴京南物流基地	27.8	27.7	28.4	28.5	28.6
通州马驹桥物流基地	35.6	35.9	36.2	36.4	36.2
平谷马坊物流枢纽	28.8	29.2	29.3	29.5	29.4
顺义空港物流基地	40.0	40.1	40.4	40.8	40.6

图 6-20　北京市四大物流基地基础条件指数

（2）价格指数解读

2018—2022 年，四大物流基地价格指数呈现不同程度的变动（见图 6-21）。其中顺义空港物流基地的价格指数由 2018 年的 30.1 升至 2022 年的 30.8，平均增长率为 0.5%；通州马驹桥物流基地的价格指数由 2018 年的 26.7 升至 2022 年的 27.4，平均增长率为 0.4%；平谷马坊物流枢纽的价格指数由 2018 年的 21.7 升至 2022 年的 22.2，平均增长率为 0.5%；大兴京南物流基地的价格指数由 2018 年的 20.9 升至 2022 年的 21.5，平均增长率为 0.7%。主要原因是四大物流基地的租金价格指数均呈现上升趋势。其中通州马驹桥物流基地仓库年均上涨 0.16 元/m²，排第一（其中普库年均上涨 0.1 元/m²、冷库年均上涨 0.23 元/m²），顺义空港物流基地仓库年均上涨 0.12 元/m²，排第二（其中普库年均上涨 0.05 元/m²、冷库年均上涨 0.2 元/m²），大兴京南物流基地仓库年均上涨 0.07 元/m²，排第三（其中普库年均上涨 0.05 元/m²、冷库年均上涨 0.1 元/m²），平谷马坊物流枢纽仓库年均上涨 0.06 元/m²，排第四（其中普库年均上涨 0.05 元/m²、冷库年均上涨 0.07 元/m²）。同时，管理费、水、电、燃气等综合费用也有年均 0.5 元/m² 的上涨，其中顺义空港物流基地综合费用上涨 0.2 元/m²（其中物业管理费上涨最多，五年内共上涨 3.2 元/m²），通州马驹桥物流基地综合费用上涨 0.2 元/m²（其中用水、电和排污费上涨最多，五年内分别共上涨 0.13 元/m²、0.6 元/m² 和 0.07 元/m²），平谷马坊物流枢纽综合费用上涨 0.11 元/m²（其中燃气费上涨最为明显，五年内上涨 0.17 元/m²），大兴京南物流基地综合费用上涨 0.05 元/m²，这些均促使价格指数呈现波动上涨趋势。总体而言，四大物流基地租金价格指数和综合费用指数均呈现上升趋势。

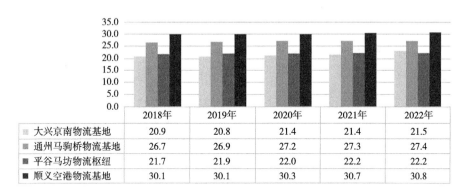

	2018年	2019年	2020年	2021年	2022年
大兴京南物流基地	20.9	20.8	21.4	21.4	21.5
通州马驹桥物流基地	26.7	26.9	27.2	27.3	27.4
平谷马坊物流枢纽	21.7	21.9	22.0	22.2	22.2
顺义空港物流基地	30.1	30.1	30.3	30.7	30.8

图 6-21　北京市四大物流基地价格指数

（3）效益指数解读

2018—2022 年，四大物流基地效益指数基本呈现稳步上升态势（见图 6-22）。其中顺义空港物流基地的效益指数由 2018 年的 28.6 升至 2022 年的 28.9，平均增长率为 0.3%；通州马驹桥物流基地的效益指数由 2018 年的 25.4 升至 2022 年的 25.8，平均增长率为 0.4%；平谷马坊物流枢纽的效益指数由 2018 年的 20.6 升至 2022 年的 21.0，平均增长率为 0.5%；大兴京南物流基地的效益指数由 2018 年的 19.9 升至 2022 年的 20.4，平均增长率为 0.6%。主要原因是四大物流基地的经济效益指数和绿色效益指数均呈现上升趋势。具体来看，顺义空港物流基地的经济效益指数上涨 0.32（基地的亩均收入和亩均纳税额上涨最多，由 2018 年的 1 137 万元/亩和 47.873 万元/亩上升至 2022 年的 1 230.4 万元/亩 52.321 万元/亩，五年内分别上涨 93.4 万元和 4.448 万元，年均上涨 18.68 万元和 0.889 6 万元；基地的亩均投资强度由 2018 年的 451 万元/亩上涨至 2022 年的 500 万元/亩，五年内共上涨 49 万元，年均上涨 9.8 万元）；通州马驹桥物流基地的经济效益指数上涨 0.36（基地的亩均投资强度上涨最多，由 2018 年的 441 万元/亩上涨至 2022 年的 500 万元/亩，五年内共上涨 59 万元/亩，年均上涨 11.9 万元；基地的亩均收入和亩均纳税额也有不同程度的提升，分别由 2018 年的 495.4 万元/亩和 6.812 万元/亩上升至

2022年的547.8万元和7.004万元); 平谷马坊物流枢纽的经济效益指数上涨0.35 (基地的亩均收入、亩均纳税额和投资强度分别由2018年的40.7万元/亩、2.287万元/亩和396万元/亩上涨至2022年的50.1万元/亩、2.851万元/亩和450万元/亩); 大兴京南物流基地的经济效益指数上涨0.4 (基地的亩均收入、亩均纳税额和投资强度分别由2018年的28.9万元/亩、0.747万元/亩和271万元/亩上涨至2022年的41.7万元/亩、0.883万元/亩和300万元/亩)。而四个物流基地的绿色效益也有不同程度的提升,其中顺义空港物流基地的绿色效益指数增长率年均上涨0.3%,通州马驹桥物流基地的绿色效益指数增长率年均上涨0.4%,平谷马坊物流枢纽的绿色效益指数增长率年均上涨0.5%,大兴京南物流基地的绿色效益指数增长率年均上涨0.7%。总体来看,四大物流基地在经济效益、绿色效益占比中均有不同程度的提升。

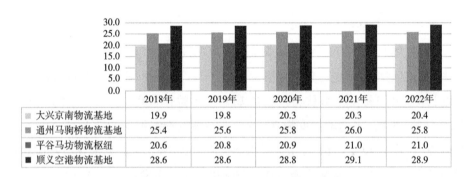

图6-22　北京市四大物流基地效益指数

(4) 物流贡献度指数解读

2018—2022年,四大物流基地物流贡献度指数均呈现稳步上升态势(见图6-23)。其中顺义空港物流基地的物流贡献度指数由2018年的13.9升至2022年的14.1,平均增长率为0.45%;通州马驹桥物流基地的物流贡献度指数由2018年的12.3升至2022年的12.5,平均增长率为0.34%;平谷马坊物流枢纽的物流贡献度指数由2018年的10.0升至2022年的10.2,平均增长率为0.3%;大兴京南物流基地的物流贡献度指数由2018年的9.7升至2022年的9.9,平均增长率为0.1%。主要原因是2018—2021年四大物流基地在物流企业和物流用地比重上呈现增长趋势,其中平谷马坊物流枢纽的物流企业占比提升幅度最快，五年内上涨 6.4%，年均上涨 1.3%；顺义空港物流基地的物流用地占比提升幅度最快，五年内上涨 9.8%，年均上涨 2.0%。总体来说，四大物流基地的物流企业入驻情况和物流占地比重均有不同程度的增长，说明四大物流基地对物流业的贡献呈高质量方向发展。

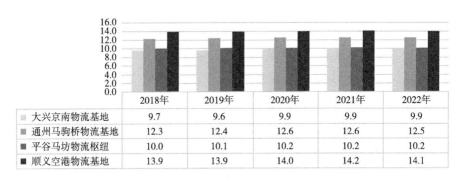

	2018年	2019年	2020年	2021年	2022年
大兴京南物流基地	9.7	9.6	9.9	9.9	9.9
通州马驹桥物流基地	12.3	12.4	12.6	12.6	12.5
平谷马坊物流枢纽	10.0	10.1	10.2	10.2	10.2
顺义空港物流基地	13.9	13.9	14.0	14.2	14.1

图 6-23　北京市四大物流基地物流贡献度指数

3. 对策及建议

从总体上看，为满足北京超大型城市功能正常运行与持久发展要求，需破解物流园区发展难题，促进物流基地进一步发展。

①顺义空港物流基地高质量提升建议。加快顺义空港物流基地的航港联动发展，进一步打造服务跨境电商物流、航空保税以及国际供应链管理的高端空港型智慧综合物流节点，并为国家公-航联运模式下的物流园区做出表率。

②通州马驹桥物流基地高质量提升建议。进一步打造以消费品供应保障为主、北京与天津港联动的京津口岸冷链协同示范基地。在六环外合理布局货运场站，重点保障城市运行与生活消费的货物中转、分拨。加快规划确定铁路货运场站改造升级，加强与城市配送体系对接。为北京市新兴物流园区的建设和传统物流园区的转型、升级、高质量发展提供借鉴和参考价值。

③平谷马坊物流枢纽高质量提升建议。紧跟公铁联运红利，铁路货运外环线的建设可以有效疏解过境货运，实现中心城区货运场站外迁，促进中心城区货运场站功能向城市服务转变。同时建议从国家层面优化既有铁路货运格局，加快启动北京货运外环线建设，疏解铁路过境货运功能，释放既有铁路资源，促进多式联运模式进一步发展，提升物流园区公铁联运的服务功能。

④大兴京南物流基地高质量提升建议。强化与大兴国际机场联动，并加快公-铁和公-航多式联运，进一步依托优质仓储资源优势打造以服务电商终端消费为特色的北京市南部城市共配中心。

此外，还应进一步优化园区内物流业者的工作、生活环境，改善营商环境，进一步简化行政审批手续，归并减少审批事项，促进园区物流企业降本增效和可持续发展。

（七）京津冀物流协同指数监测分析

1. 京津冀物流协同总指数情况

京津冀物流协同总指数呈现稳步上涨的趋势（见图6-24）。2018—2022年京津冀物流协同总指数分别为100、126、143、147和150，环比分别增长26%、13%、3%和2%。这期间京津冀物流协同总指数在2022年达到峰值，表明随着京津冀物流业务、交通、资源、信息、政策的协同推进，京津冀物流协同态势逐渐向好。

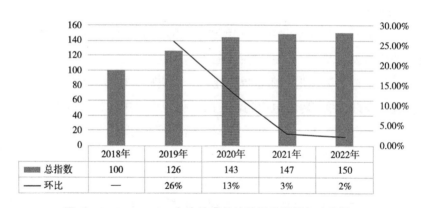

	2018年	2019年	2020年	2021年	2022年
总指数	100	126	143	147	150
环比	—	26%	13%	3%	2%

图6-24　2018—2022年京津冀物流协同总指数与环比情况

2. 京津冀物流协同分指数情况

（1）业务协同指数解读

京津冀业务协同指数呈现了螺旋式波动趋势，2019年业务协同指数达到峰值（40），2020年由于新冠疫情等影响指数回落到36，后基本维持稳定，平均增长率为7.56%（见图6-25）。总体来说，京津冀地区跨区业务承接量、跨区货物流动量在2020—2022年受到疫情的影响出现了回落，但基本保持了稳定。

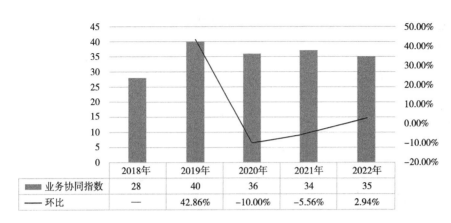

图 6-25　京津冀物流业务协同指数与环比情况

（2）交通协同指数解读

京津冀交通协同指数保持持续上涨的趋势，从 2018 年的 20 持续上涨达到了 2022 年的 30（见图 6-26），平均增长率为 11.00%。总体来说，京津冀交通基础设施水平逐年提高，在跨区交通里程、数量、密度以及跨区"瓶颈路"打通等方面均逐年向好，城际交通便利性及通达性不断提升，京津冀交通协同指数态势向好。

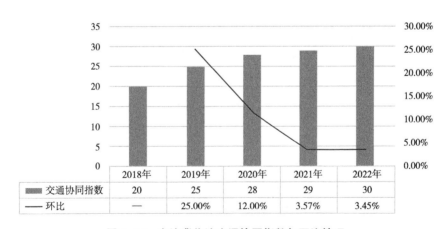

图 6-26　京津冀物流交通协同指数与环比情况

（3）资源协同指数解读

京津冀资源协同指数呈现了波动上涨趋势，资源协同指数从 2018 年的 27 上涨到了 2019 年的 38，2020 年回落到 34，之后逐年缓慢上涨至 2022 年的 39

（见图 6-27），平均增长率为 11.11%。总体来说，排除新冠疫情等影响，京津冀资源在物流企业、物流园区、车辆、人员等方面协同度不断提升，资源协同指数趋势向好。

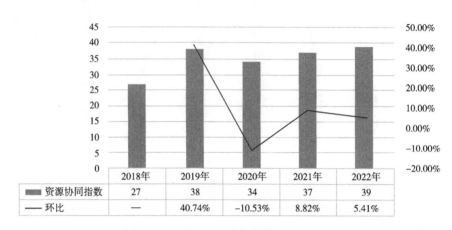

图 6-27　京津冀物流资源协同指数与环比情况

（4）信息协同指数解读

京津冀信息协同指数呈现了持续上涨的趋势，从 2018 年的 12 上涨到了 2022 年的 20（见图 6-28），平均增长率为 13.82%。总体来说，随着京津冀一体化的推进，京津冀物流共享信息平台以及数据信息共享程度越来越高，信息协同指数态势向好。

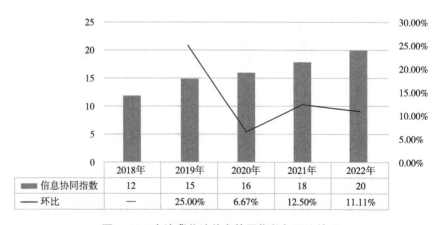

图 6-28　京津冀物流信息协同指数与环比情况

（5）政策协同指数解读

京津冀政策协同指数保持了持续稳定上涨的趋势，从 2018 年的 13 上涨到了 2022 年的 19（见图 6-29），平均增长率为 10.28%。总体来说，除新冠疫情影响外，随着京津冀一体化的推进，京津冀三地在道路建设、检查站迁移、物流园区设立等方面支持协同共享的政策出台数量越来越多，力度越来越大，政策协同指数态势向好。

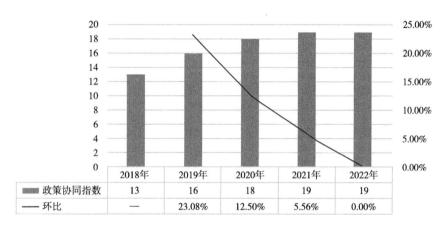

	2018年	2019年	2020年	2021年	2022年
政策协同指数	13	16	18	19	19
环比	—	23.08%	12.50%	5.56%	0.00%

图 6-29 京津冀物流政策协同指数与环比情况

3. 对策及建议

（1）政府层面政策建议

①成立京津冀物流协同联合办公室，加强统筹协调。物流是多领域、多环节的复合型产业，涉及部门多、监管链条长。建议京津冀三地成立物流协同联合办公室，制定总体的管理与发展政策措施，促进各地区以及部门间的统筹协调。

②"断头路"清零，深入推进进京检查站改革。从现实效果来看，京津冀协同发展前期已经对"断头路""瓶颈路"的道路情况及数量问题做了统计，并列出了计划完成的时间表。建议进一步统筹落实，促进京津冀通道的畅通。

③完善信息立档，推动数据要素对接。一是促进政府物流数据等在企业及其他机构中开放共享，进一步优化物流各个环节的基础数据；二是设立电

子企业登记表和交通运输及其他公共数据开放使用的制度规范，促使数据资源高效流动；三是发挥物流行业协会和商会的作用，建立统一的数据采集标准以及数据管理制度，促进车联网等领域的信息采集与处理，进一步加强对数据资源的整合。

（2）企业层面对策建议

①成立京津冀物流行校企三方协同联盟，创新优质资源。联合物流企业、高等学校、科研机构以及社会其他组织携手共建三方协同联盟，各主体协同合作、取长补短，充分发挥人才、技术等优势，共同促进京津冀物流协同发展。

②提升京津冀物流企业规模，促进供应链网状化发展。供应链管理组织中出现的情况比较复杂多变，需要整合和协同的资源比较多。因此，物流企业应该立足于自身固有业务，从当前用户的需求出发，向上游及下游物流环节延伸，由点及面，打造高密度的供应链物流网络。

（八）京津冀物流业与制造业协同指数监测分析

1. 京津冀物流业与制造业协同总指数情况

京津冀物流业与制造业协同总指数呈现波动式上涨变化趋势。2018—2022年京津冀物流业与制造业协同总指数分别为100、−275.2、−4.4、−5.3和390.3，环比分别增长−375%、68%、−25%和7 900%（见图6-30）。此期间物流业与制造业协同总指数在2019年呈现小低谷后于2020年上涨，2022年以83%的环比增长态势强力反弹，以指数390达到了五年间的最优。京津冀物流业与制造业规模、结构、资源及环境协同情况明显改善，发展态势良好。

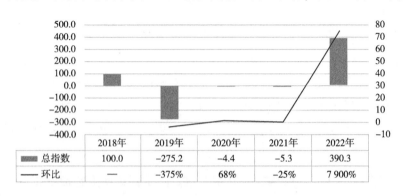

	2018年	2019年	2020年	2021年	2022年
总指数	100.0	−275.2	−4.4	−5.3	390.3
环比	—	−375%	68%	−25%	7 900%

图6-30　京津冀物流业与制造业协同总指数与环比情况

2. 京津冀物流业与制造业协同分指数情况

（1）物流业与制造业规模协同指数解读

物流业与制造业规模协同指数呈现螺旋上升的趋势，从 2018 年的 20.4 降到 2019 年的-85，2020 年回升到-2.1，2022 年在 2021 年下降 33% 的情况下呈现出强力反弹，以 129.7 使得两业规模协同指数达到了五年间的最优（见图 6-31），平均增长率达到了 1 070%，波动起伏较大。总体来说，随着京津冀一体化的推进，物流业与制造业规模协同指数协同度不断提升，发展态势良好。

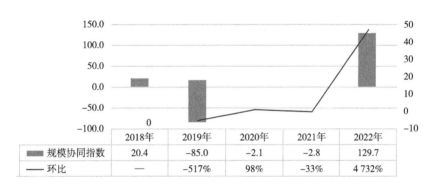

	2018年	2019年	2020年	2021年	2022年
规模协同指数	20.4	−85.0	−2.1	−2.8	129.7
环比	—	−517%	98%	−33%	4 732%

图 6-31　京津冀物流业与制造业规模协同指数与环比情况

（2）物流业与制造业结构协同指数解读

物流业与制造业结构协同指数呈现螺旋上升的趋势，从 2018 年的 29 降到 2019 年的-83.5，2020 年回升到-1，2022 年在 2021 年下降 16% 的情况下呈现出强力反弹的态势，以 49.5% 的增长率使得两业结构协同指数达到了五年间的最优（见图 6-32），平均增长率达 979%，波动起伏较大。总体来说，随着京津冀一体化的推进，物流业与制造业结构协同指数协同度不断提升，发展态势良好。

（3）物流业与制造业资源协同指数解读

物流业与制造业资源协同指数呈现先降后升的趋势。2019 年相较于 2018 年下降了 364%，2020—2022 年持续上涨，2022 年以 3 140% 的增长率实现了两业资源协同的快速提升，达到了五年间的最优（见图 6-33），平均增长率达到了 719%。总体来说，随着京津冀一体化的推进，物流业与制造业资源协同指数协同度不断提升，发展态势良好。

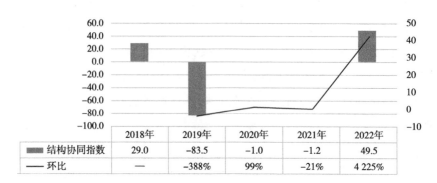

图 6-32　京津冀物流业与制造业结构协同指数与环比图

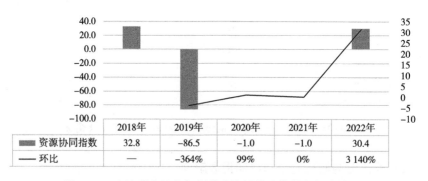

图 6-33　京津冀物流业与制造业资源协同指数与环比情况

（4）物流业与制造业环境协同指数解读

物流业与制造业环境协同指数呈现螺旋上升的趋势。2019 年相较于 2018 年下降了 213%，2020 年出现了 99% 的上升，2022 年在 2021 年保持不变的情况下呈现出强力反弹，以 60 300% 的增长率使得两业环境协同达到了五年间的最优（见图 6-34），平均增长率达到了 15 046%。总体来说，随着京津冀一体化的推进，物流业与制造业环境协同指数协同度不断提升，发展态势良好。

3. 对策及建议

①优化区域内产业空间布局。推动物流产业的聚集和优化，避免产业分散的低效情况。抓住建设雄安新战略的这一机遇，进一步优化京津冀产业布

局。加大对海内外人才的吸引力度，同时要主动接受北京向周边地区转移的一些产业，加快建设高科技生产基地，大力发展现代物流服务业等。

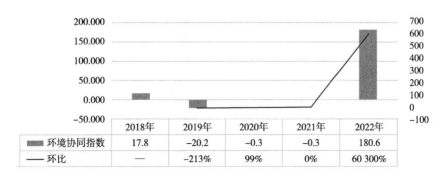

	2018年	2019年	2020年	2021年	2022年
环境协同指数	17.8	−20.2	−0.3	−0.3	180.6
环比	—	−213%	99%	0%	60 300%

图6-34　京津冀物流业与制造业环境协同指数与环比情况

②加强专业人才培养。物流人才的专业化可以推动两业之间的协同，加大对高校物流人才的培养力度，建立专业化的人才培养机制，同时应注重对物流管理人才的职业培训，增强实践性的能力的培养。

③健全京津冀政府合作机制。摒弃以往局限于地域的观念，站在京津冀地区的"双赢"的立场上来考虑和解决问题。京津冀三地政府共享两业相关信息，更好地实现资源优化配置，避免重复建设，提高区域整体经济效益。

④建设方便快捷的运输体系。在京津冀区域内加速构建"海陆空"交通运输网络，并利用已有的交通运输网络，加速推进区域交通整合，构建区域内的快速交通运输网络，强化区域内的连接，消除最后一公里的痛点，构建京津地区的综合交通路网，提升区域内的物流流动效率。

⑤优化生态环境。京津冀区域统筹谋划，制定区域内的污染治理、生态保护、产业结构调整等多方面的协调发展。优化产业结构，推动绿色制造和循环经济，促进产业升级和绿色发展，加强城市规划和建设管理，鼓励城市绿化和公园建设，推广绿色建筑和低碳出行，提高城市环保意识和参与度。

参考文献

[1] 詹斌, 陈立佳, 蔡航鹏, 等. 湖北省高速公路运输景气指数建立与研究 [J]. 公路与汽运, 2020 (2): 25-29, 81.

[2] 江红, 王典, 秦臻, 等. 民航客运业经济运行景气指数编制研究 [J]. 价格理论与实践, 2020 (6): 88-91.

[3] 曹娟. 构建现代物流统计指标体系探讨 [J]. 物流工程与管理, 2010, 32 (1): 72-73.

[4] 高霖涛. 我国物流统计指标体系构建分析 [J]. 商场现代化, 2018 (18): 20-21.

[5] 赵童. 现代物流统计指标体系的构建及创新 [J]. 商场现代化, 2014 (7): 100-102.

[6] 伶畅翔. 现代物流综合统计指标体系构建探讨 [J]. 科技创新与应用, 2014 (14): 254.

[7] 曹炳汝, 邓莉娟. 长江经济带物流业效率增长影响因素 [J]. 经济地理, 2019, 39 (7): 148-157.

[8] 李娟, 王琴梅. 中国四大板块物流业发展质量测度及平衡性研究: 基于物流业效率视角 [J]. 统计与信息论坛, 2019, 34 (7): 76-84.

[9] 张诚, 张远, 张志坚. 江西省区域物流竞争力评价及聚类分析 [J]. 物流技术, 2014, 33 (15): 147-150.

[10] 司文峰. 中部城市群物流竞争力评价与比较分析 [D]. 株洲: 湖南工业大学, 2016.

[11] 刘刚, 龙俊. 长江经济带区域物流竞争力评价研究 [J]. 物流工程与管理, 2016, 38 (1): 1-4.

[12] 程露露. 主成分分析法下对广东省城市物流竞争力的分析 [J]. 物流科技, 2018, 41 (6): 109-111.

[13] 岳琪. 基于物流竞争力的我国地区物流发展水平评价 [J]. 商业经

济研究，2019（9）：96-99.

［14］王婉娜．粤港澳大湾区城市群物流竞争力评价［D］.长沙：湖南大学，2020.

［15］王睿，李研．基于主成分分析法的港口物流综合竞争力评价研究：以黄骅港为例［J］.物流工程与管理，2022，44（11）：113-115，64.

［16］李楠．"一带一路"核心城市物流发展水平评价［J］.统计与决策，2022，38（4）：184-188.

［17］李欣红．宁波市商贸业与物流业产业联动发展现状及问题［J］.物流科技，2020，11：46-49.

［18］海岚．以武汉市现代商贸业、物流业为引擎，加快中部地区经济发展［J］.时代经贸（下旬刊）2017，3：54-56.

［19］徐稳．基于协同理论的零售商贸物流发展模式研究［D］.广州：华南理工大学，2019.

［20］席强敏，张颖．开发区在京津冀产业协同发展中的功能作用与优化提升策略［J］.河北学报2023，43（2）：148-155.

［21］丁金学．交通运输与产业协同发展的模式路径［J］.宏观经济管理，2023（2）：42-49.

［22］柳天恩，王利动，刘蕊．雄安新区与周边地区产业协同发展的路径选择［J］.商业经济研究，2022（22）：170-172.

［23］王幸．京津冀地区产业融合与协同创新对电子商务发展的影响研究［J］.商业经济研究，2022（22）：166-169.

［24］余泳泽，武鹏．我国物流产业效率及其影响因素的实证研究：基于中国省际数据的随机前沿生产函数分析［J］.产业经济研究，2020（1）：65-71.

［25］武义青，李涛．数字经济引领京津冀产业协同发展：2022京津冀协同发展参事研讨会综述［J］.经济与管理，2022，36（5）：39-44.

［26］张红霞，张语格．制造业与生产性服务业协同对行业创新效率的影响研究［J］.江西社会科学，2022，42（2）：137-148.

［27］张琦．山西省制造业与物流业联动研究［D］.太原：太原理工大

学，2018.

[28] 吴碧凡．制造业与物流业联动发展动态均衡及现状分析 ［J］．西南交通大学学报（社会科学版），2019，18（3）：105-112.

[29] 冯耕中，荣佳楠．绿色物流绩效评价中存在的问题及对策研究 ［J］．经济研究导刊，2018（35）：60-61.

[30] 陈蓝荪．绿色物流的双绿特性构建研究 ［J］．中国流通经济，2018（11）：17-20.

[31] 王长琼．绿色物流的内涵、特征及其战略价值研究 ［J］．中国流通经济，2019（3）：13-15.

[32] 严双．绿色物流绩效灰色系统分析评价研究 ［J］．湖南科技大学学报（社会科学版），2018，13（6）：97-99.

[33] 温博语．基于价值链的绿色物流绩效评价体系研究 ［D］．上海：东华大学，2019.

[34] 周茂春，连洁．基于 AH 和 FCE 的煤炭企业绿色物流绩效评价 ［J］．资源开发与市场，2018，31（10）：1179-1184.

[35] 张林强．区域绿色物流绩效评价及影响因素分析 ［D］．南昌：江西财经大学，2020.

[36] 邱斌．基于突变级数法的生鲜电商冷链物流服务质量评价研究 ［D］．北京：北京交通大学，2017.

[37] 范彩心．物联网环境下水产品冷链物流绩效评价研究 ［D］．秦皇岛：燕山大学，2018.

[38] 蒋文娟．基于 AHP-DEA 模型的重庆市冷链物流企业绩效评价研究 ［D］．重庆：重庆理工大学，2019.

[39] 张景豪．湖南省生鲜农产品冷链物流效率评价研究 ［D］．株洲：湖南工业大学，2020.

[40] 宋冰清．湖北省生鲜农产品冷链物流效率研究 ［D］．淮南：安徽理工大学，2021.

[41] 王林，胡晓宇．冷链物流与生鲜农产品电商共生协同演化与评价 ［J］．上海海事大学学报，2023，44（1）：46-52.

［42］侯祥杰，赵建欣．我国生鲜农产品冷链物流效率评价及空间差异分析［J］．中国储运，2023，270（3）：137-139.

［43］夏纯欢．物流园区规划评价指标体系的构建［J］．商场现代化，2007（34）：103.

［44］钟静．综合服务型物流园区经济运行评价指标体系的构建［J］．物流工程与管理-物流经济，2009，31（7）：28-29，43.

［45］张成考．物流园区生态化水平的多层次灰色评价［J］．淮海工学院学报（自然科学版），2010，19（3）：58-62.

［46］罗珍．物流园区执行力综合评价指标体系研究［J］．商场现代化，2017（16）：45-46

［47］刘伯超．"互联网+"形态下物流园区创新绩效评价研究：以奔牛港物流园区为例［J］．物流技术，2018，37（8）：72-78.

［48］谢如鹤，钟肖英，等．铁路物流园区服务质量评价指标体系研究［J］．物流科技，2020，43（5）：28-33.

［49］王怡然，杨双，等．基于物联网的智慧物流园区发展规划研究［J］．经济与管理科学，2022（12）：80.

［50］曹允春，赵柯焱，刘朝颖，等．我国机场航空物流园区发展现状及趋势［J］．物流与供应链经济，2022，44（12）：122-127.

［51］宋燕，王增宁，曹荟，等．基于 ANP 的典型农产品物流园区综合评价研究［J］．湖北农业科学，2022，61（9）：214-219.

［52］李迁．基于 SWARA 的湖北省物流园区评价指标体系［J］．湖北物资流通技术研究所，2022，41（10）：101-105，154.

［53］李明芳，刘泽玲，魏子秋．京津冀区域物流协同发展框架构建［J］．商业经济研究，2015（28）：29-30.

［54］蒋秀兰，茹长云．河北省物流基础设施协调发展对策［J］．中国物流与采购，2012（13）：66-67.

［55］彭会萍，石褚巍．基于有序度差分改进的系统协同度测度模型［J］．兰州财经大学学报，2018，34（3）：104-110.

［56］李潘，彭会萍．丝绸之路经济带区域物流产业竞争力评价［J］．西

安财经学院学报，2018，31（3）：99–103.

[57] 温丽琴，卢进勇，杨敏姣．中国跨境电商物流企业国际竞争力的提升路径：基于 ANP-TOPSIS 模型的研究 [J]．经济问题，2019（9）：45–52.

[58] 朱坤萍，刘丁亚．河北省各城市物流竞争力研究 [J]．全国流通经济，2019（30）：14–16.

[59] 李晶晶．京津冀一体化物流协同度评价 [D]．北京：北京交通大学，2020.

[60] 周晓晔，孙欢，王喆．基于云模型的区域物流产业集群升级评价：以沈阳经济区为例 [J]．工业工程与管理，2014，19（6）：133–137.

[61] 易芳，刘小范，刘会政．京津冀跨境电商协同发展机理及对策 [J]．商业经济研究，2021（15）：157–161.

[62] 杨秀瑞，栗继祖．京津冀产业协同发展障碍因子诊断及对策研究：基于系统论视角 [J]．经济问题，2020（10）：31–37.

[63] 陈威羽．京津冀物流发展协同度测算与应用研究 [D]．保定：河北大学，2017.

[64] 李宁，韦颜秋．天津市生产性服务业与制造业协同发展研究 [J]．地域研究与开发，2016，35（6）：12–16.

[65] 赵娴，杨静．京津冀流通业协同发展水平测度与协同路径研究 [J]．经济与管理研究，2017，38（12）：24–32.

[66] 杜君君，刘甜甜，谢光亚．京津冀生产性服务业与制造业协同发展：嵌入关系及协同路径选择 [J]．科技管理研究，2015，35（14）：63–67.

[67] 金浩，刘肖．京津冀地区生产性服务业与制造业的协同定位 [J]．中国科技论坛，2019（10）：118–127.

[68] 刘亚清，闫洪举．京津冀生产性服务业与制造业协同发展现状评估 [J]．城市问题，2018（5）：53–61.

[69] 王珍珍．我国制造业与物流业联动发展效率评价：基于超效率 CCR-DEA 模型 [J]．中国流通经济，2017，31（2）：20–30.

[70] 于丽静，于娟，王玉梅．制造企业与物流企业协同创新的演化博弈分析 [J]．科技管理研究，2019，39（6）：1–10.

［71］张季平，骆温平，刘永亮．营商环境对制造业与物流业联动发展影响研究［J］.管理学刊，2017，30（5）：25-33.

［72］王珍珍．制造业与物流业联动发展综述［J］.管理学刊，2014，27（1）：41-47，57.

［73］李建军．区域物流协同成长研究［D］.南昌：江西财经大学，2013.

［74］崔强，匡海波，李烨．基于协同论和演化的交通运输方式低碳协同研究［J］.中国管理科学，2014，22（S1）：852-858.

［75］张建嫱．"一带一路"战略背景下的区域物流协同发展研究［J］.怀化学院学报，2018，37（3）：31-35.

［76］郭微，徐庆，徐晓磊，李慧．"一带一路"区域物流供需系统协调发展的实证分析［J］.对外经贸，2016（6）：72-76.

［77］弓宪文．城乡物流有序度及耦合协调度研究：基于2000—2015年统计数据［J］.湖南农业大学学报（社会科学版），2018，19（1）：87-94.

［78］彭会萍，石褚巍．基于有序度差分改进的系统协同度测度模型［J］.兰州财经大学学报，2018，34（3）：104-110.

［79］徐兴兵．京津冀物流协同分析［J］.物流工程与管理，2017，39（11）：9-11.

［80］于丽静，柴晓杰，姜永强．基于熵权 灰色关联分析的区域物流创新能力评价［J］.物流科技，2018，41（2）：10-15.

［81］戴德宝，范体军，安琪．西部地区物流综合评价与协调发展研究［J］.中国软科学，2018（1）：90-99.

［82］易芳，刘小范，刘会政．京津冀跨境电商协同发展机理及对策［J］.商业经济研究，2021（15）：157-161.

［83］陈挺．物流效益与生态环境效益协同度的影响因素研究［J］.商业经济研究，2022（11）：93-96.

［84］张亚强，桑秀峰．京津冀传统工业城市区域物流与区域经济协调关系的新特征：基于对唐山市协同度的测算［J］.当代经济，2022，39（7）：67-78.

［85］扶桑．安徽省物流业与金融业协同发展实证研究［J］．成都理工大学学报（社会科学版），2014，22（6）：33-37．

［86］贺玉德，马祖军．基于 CRITIC-DEA 的区域物流与区域经济协同发展模型及评价：以四川省为例［J］．软科学，2015，29（3）：102-106．

［87］潘立军，谭浩博，刘喜梅．基于超效率 DEA 的长株潭区域物流协同发展评价研究［J］．湖南社会科学，2020（6）：79-84．

［88］张雪青．"一带一路"区域物流协同发展分析［J］．统计与决策，2016（8）：108-110．

［89］闫军，王杰，徐旦．基于云模型的区域物流指数综合评价［J］．统计与决策，2020，36（4）：22-26．

［90］郭倩．基于云模型的京津冀区域物流效率评价研究［J］．数学的实践与认识，2018，48（24）：41-50．

［91］SAMBASIVAN M, CHING N Y. Study on producer logistics service and its outsourcing from manufacturing firms: a perspective of industrial cluster［J］. International journal of physical distribution logisticsmanagement,, 2020, 40（5/6）: 524-528.

［92］ZOU C, ZHANG M. Research of regional logistics intelligent information platform based on internet of things［J］. Informatics and service science, 2015（5）: 1071-1076.

［93］FUGATE B S, AUTRY C W, DAVIS-SRAMEK B, et al. Does knowledge management facilitate logistics-based differentiation? The effect of global manufacturing reach［J］. International journal of production economics, 2017, 139（2）: 496-509.

［94］HYUNDO C, LAURA D A. The role of the complementary sector and its relationship with network formation and government policies in emerging sectors: the case of solar photovoltaics between 2001 and 2009［J］. Technological forecasting and social change, 2014, 82（2）: 80-94.

［95］JUN-YUE L, AMP J F, SHENG Z. On symbiotic relationship between producer services and equipment manufacturing industry: analysis based on coupling coordination degree of 31 provinces in China [J]. Journal of hunan university of ence technology (social ence edition), 2018.

[96] KE S, HE M, Y AN C. Synergy and co – agglomeration of producer services and manufacturing: a panel data analysis of Chinese cities [J]. Regional studies, 2015.

[97] JULEFF–TRANTER L E. Advanced producer service: just a service to manufacturing? [J]. The service industries journal, 2016, 16 (3): 389–391.

[98] GUERRIERI P, MELICIANI V. Technology and international competitiveness: the interdependence between manufacturing and producer services [J]. Structural change and economic dynamics, 2015 (4): 489–502.

[99] KIM Y H. A study on the efficiency of administrative support system for logistics park development [J]. The journal of Korea research society for customs, 2013, 14 (4): 97–115.

[100] MAXIM S. Methodology and algorithms for creationof intermodal logistics park [J]. Teka commission of motorization and power industry in agriculture, 2014 (1).

[101] KWON H, SOHN S P. Empirical study on influence of Korea small and medium logistics companies internal and external environmental factors and technical characteristics on electronic trade recognition factor, utilization level and performance [J]. Korean logistics research association, 2018, 28 (4).

[102] PURVIS L, LAHY A, MASON R, et al. Distributed manufacturing as an opportunity for service growth in logistics firms [J]. Supply chain management: an international journal, 2020, 26 (3).

[103] CHANKOV S M, BECKER T, WINDT K. Towards definition of synchronization in logistics systems [J]. Procedia CIRP, 2014, 17: 594–599.

[104] LAN S L, YANG C, HUANG G Q. Data analysis for metropolitan economiand logistics development [J]. Advanced engineering informatics, 2017, 32: 66–76.

[105] DABLANC L, BROWNE M. Introduction to special section onlogistics

sprawl [J]. Journal of transport geography, 2019, 88.

[106] SHEFFI Y, SAENZ M J, RIVERA L, et al. New forms of partnership: the role of logistics clusters in facilitating horizontal collaboration mechanisms [J]. 2019, 27 (5).

[107] WU H, DUNN S C. Environmentally responsible logistics systems [J]. International journal of physical distribution & logistics management, 2020 (2): 20-38.

[108] RODRIGUE J P, SLACK B, COMTOIS C. Green logistics [J]. Transportation system management, 2019 (5): 62-68.

[109] BJORN N, PALLE P. Eco-Management [EB/OL]. (2020-10-09) [2021-07-15]. http://www. pentapartners. dk/engelsk/h03-e. htm.

[110] SHAHBARI L, OTHMAN M. Integrating human factors into green logistics [C]. International Conference on Industrial Engineering and Operations Management, 2021.

[111] WIBOWO S. Fuzzy multiattribute evaluation of green supply chain performance [J]. Proceedings of the 2021 IEEE 8th Conference on Industrial Electronics and Applications (ICIEA), 2021 (0): 290-295.

[112] WIBOWO S, TOM M. A fuzzy multicriteria group decision making model for performance evaluation of green logistics projects [J]. Annual international conference on information technology & applications, 2022 (0): 58-63.

[113] DABBENE F, GAY P, SACCO N. Optimization of fresh-food supply chainsin uncertain [J]. Engineering, 2008, 99: 348-359.

[114] ZHANG S, CUI R. Logistics efficiency network spatial structure based on coastal city Shandong [J]. Journal of coastal research, 2020, 104 (sp1): 322-327.

[115] CHEN S. Evaluation of fresh food logistics service qualityusing online customer reviews [J]. TAYLOR & FRANCIS LTD, 2021, 11.

[116] HAN Q. Risk evaluation of green agricultural products cold chain logistics from the perspective of ecological economy [J]. Journal of environmental

protection and ecology, 2022, 2 (22).

[117] ZHANG W, ZLIANG X, ZHANG M, et al. How to coordinate economic, logistics and ecological environment? Evidences from 30 provinces and cities in China [J]. Sustainability, 2020, 12 (3): 1058.

[118] MARK G, ARGUS A. Some logistics realities in Indochina [J]. International journal of physical distribution & logistics management, 2000, 3 (10): 887-911.

[119] EIICHI T, ROB E C M. VAN DER H. An evaluation methodology for city logistics [J]. Transport reviews, 2000, 20 (1): 65-90.

[120] SUO H. Revelation on European logistics developmennt [J]. Journal of highway & transportation research and development, 2012: 167-176.

[121] JIA G L. Discussion on the intelligent logistics development strategies based on internet of things [J]. Applied mechanics & materials, 2013: 347-350.

[122] SHIMAZAKI K I, NAKAMACHI K, KONDO N, et al. Logistics development and information system construction in GOSFRE [J]. Zeitschrift Fur Die Gesamte Hygiene Und IhreGrenzgebiete, 2016: 337-341.

[123] YU N, XU W, YU K L. Research on regional logistics demand forecast based on improvved support vector machine: a case study of Qingdao city under the new free zone strategy [J]. Information system, 2020 (8): 9551-9564.

[124] PRAHALAD C K, HAMEL G. The core competence of the corporation [J]. The Harvard business review, 2019, 68 (3): 79-91.

[125] ARROW K J. The economic implications of learning by doing [J]. The review of economic studies, 2023, 29 (3): 155-173.

[126] ROMER P. Increasing returns and long-run growth [J]. Journal of political economy, 1986, 94 (5): 1002-1037.

[127] ROMER P. Endogenous technological change [J]. Journal of political economy, 1990, 98 (5): 71-102.

[128] ROBERT E L. On the mechanics of economic development [J]. Journal of monetary economics, 1988, 22 (1): 3-42.

［129］ WANG X, GUO L, ZHANG L. Application status and optimization prospect of China´selectricity prosperity index ［J］. Journal of physics conference series, 2020, 1616: 012054.

［130］ QI D, FANG J, LIU J, et al. A prosperity index model of regional tourism industry based on composite index ［J］. International journal of circuits, systems and signal processing, 2021: 15.

［131］ SHENG F, WANG L, JIANG R. Tourism prosperity index of Macau via principal component analysis ［C］. Paris: Atlantis Press, 2019.

［132］ LAN S L, YANG C, HUANG G Q. Data analysis for metropolitan economi and logistics development ［J］. Advanced engineering informatics, 2017, 32: 66-76.

［133］ GAO Y P, CHANG D F, FANG T, et al. The correlation between logistics industry and other industries: an evaluation of the empirical evidence from China ［J］. The Asian journal of shipping and logistics, 2018, 34 (1): 027-032.

［134］ XIA Q, ZHOU M. Symbiotic relationship of producer services and manufacturing industries in industry cluster ［C］. International Conference on Management Service Science. IEEE, 2019.

附录一 指数含义解释

一、北京物流业景气指数含义

序号	指标名称	含义
1	业务量	物流企业完成物流活动的业务数量变化情况，反映物流企业整体规模
2	新订单	物流企业承接客户的订单数量变化情况，反映物流行业发展趋势
3	从业人员	物流企业从事物流活动人员数量变化情况，反映物流企业人员景气程度
4	货物承载	物流企业承载客户货物情况，反映物流企业承载货物能力体现企业规模
5	货物流通	物流企业对承载货物流通配送情况，反映物流企业货物运输能力
6	资金周转率	物流企业在生产经营过程中的循环周转情况，反映物流企业资金流转速度
7	主营业务成本	物流企业主营业务成本增减变化情况，反映物流行业整体成本效益的变动状况
8	主营业务利润	物流企业主营业务利润增减变化情况，反映物流行业整体经济效益的变动状况
9	物流服务价格	物流企业服务价格增减变化情况，反映物流业对外服务收费价格变动的重要指数
10	固定资产投资完成情况	物流企业新增固定资产投入变化情况的重要指数，反映企业的发展能力
11	业务活动预期	反映业内人士对行业发展趋势的预期看法

二、北京物流行业发展规模指数含义

序号	指标名称	含义
1	冷链物流企业数量（个）	现有冷链物流企业数值
2	交通运输、仓储和邮政业从业人员数量（人）	从事交通运输、仓储和邮政业的人员数量

续表

序号	指标名称	含义
3	公路营业性货运车辆（万辆）	报告期末，在公安交通管理部门按照《机动车注册登记工作规范》，已注册登记领有公路营运载的全部汽车数量
4	新能源货车保有量（万辆）	北京市新能源货车保有量
5	仓储面积（万平方米）	储备、中转、外贸、供应等各种仓库、油库、材料堆场及其附属设备等用地
6	冷库容量（吨）	冷库实际可用于储存物品的吨数
7	交通运输、仓储和邮政业地区总值（亿元）	货物运输产品数量的实物指标，综合反映一定时期内国民经济各部门对货物运输的需要以及运输部门为社会提供的货物运输工作总量
8	货运量（吨）	一定时期，各种运输工具实际运送货物的数量

三、北京物流业与商贸业耦合指数含义

序号	指数名称	含义
1	货运量	运输企业在一定的时期内实际运送的货物数量，其计量单位为吨。货运量是反映运输生产成果的指标，体现着运输业为国民经济服务的数量。一定时期货运数量的大小也是反映国力状况的一个重要指标
2	货物周转量	运输企业所运货物吨数与其运送距离的乘积，以复合指标吨公里或吨海里为单位，它是货物运输产品数量的实物指标，综合反映一定时期内国民经济各部门对货物运输的需要以及运输部门为社会提供的货物运输工作总量
3	社会消费品零售总额	企业（单位）通过交易售给个人、社会集团，非生产、非经营用的实物商品金额，以及提供餐饮服务所取得的收入金额。社会消费品零售总额包括实物商品网上零售额，但不包括非实物商品网上零售额。网上零售额是指通过公共网络交易平台（包括自建网站和第三方平台）实现的商品和服务零售额之和。商品和服务包括实物商品和非实物商品（如虚拟商品、服务类商品等）

四、北京绿色物流发展指数含义

序号	指标名称	含义解释
1	车辆满载率（%）	物流车辆满载率越高说明能源利用率高，从而能够降低碳排放量。车辆满载率越高说明绿色物流发展水平越高
2	仓库使用率（%）	仓库使用率能够体现出智能化管理程度，使用率越高说明企业绿色化程度越高，也能够反映出城市绿色发展水平高
3	单位物流从业人员效率（万件/万人）	单位物流从业人员效率能够反映出物流系统智能化程度，单位物流从业人员效率越高说明物流先进设备越多，同时物流绿色化程度越高
4	单位物流营业收入（万元/万吨）	单位物流营收值越高说明能够为绿色物流发展提供更多的资源空间，为城市发展绿色物流提供支持
5	单位物流增加值（万元/万吨）	单位物流业的增加值可以比较直接地表现出一个城市的物流发展状况，物流增加值越高，说明物流产业的发展速度越快，进而推动绿色物流的快速发展。而经济发展水平不高的城市发展缓慢，对"绿色"的拉动效应也不明显
6	单位物流总额（万元/万吨）	单位物流总额越高说明城市物流成本越低，物流业产出总额能够体现出物流业的效益。物流业效益高能够为绿色物流发展创造条件
7	新能源货运车辆占比（%）	新能源货运车辆的数量能够直观体现出城市对绿色物流发展的重视程度，新能源货运车辆占比越高说明其碳排放量越低
8	电商快件二次包装使用率（%）	二次包装使用率代表城市对绿色物流发展的重视程度，二次包装使用率越低所造成的快递包装废弃物越少
9	单位物流业产值能源消耗量（万吨标准煤/亿元）	物流产业产出每增长 1 亿元所需的能耗，能耗越低，则表示物流产业的绿色发展越高。是物流业能源消耗量与物流业 GDP 的比值
10	单位运输工具二氧化碳排放运量（亿吨/万吨）	在运输活动中，物流会造成很多废气，而二氧化碳是废气中最主要的一种，它对企业的环保行为有着很大的影响。在同等货运能力下，低二氧化碳排放的区域，其货运效率越强，运输效率越高。该指标是货运量与二氧化碳排放量的比值

续表

序号	指标名称	含义解释
11	运输噪声污染（分贝）	与新能源汽车相比，燃料汽车所发出的噪声更大，这个指数能够从一个角度上反映出城市新能源汽车的应用情况和对其进行处理的情况，也可以从侧面反映出城市的城市物流的发展情况
12	物流业固定资产投资（亿元）	我国物流业的固定资产投入在一定程度上影响着我国现代物流业的发展。如果固定资产的投入有所增长，就意味着目前的物流发展情况比较好，能够促进绿色物流发展。如果固定资产的投入有所下降，那么就意味着现在的物流发展速度比较慢，同时也会对绿色物流发展的程度造成一定影响
13	物流研发经费投入（亿元）	物流专业技术人员的培训离不开资金的支持，而研究项目资金的多少又直接关系到其研发效果。在物流资金投资较高的城市，产出的科研成果较多，在物流科技发展方面的研究也较深，因此，在绿色发展中，物流研发经费越多，越能促进绿色物流的发展
14	绿色物流政策发布量（个）	城市绿色物流相关政策的提出会推动该城市绿色物流发展，例如，对新能源物流车辆的补贴能够促进新能源车辆的更新换代
15	交通运输财政支出（亿元）	城市的交通运输业的财政能够反映国家的交通运输业的发展状况。交通运输预算财政支出高，会对提高地方的物流水平产生拉动效果，可以更好地推动绿色物流的发展

五、北京冷链物流发展指数含义

序号	指标名称	含义
1	冷链物流企业数量（个）	现有冷链物流企业数值
2	冷链物流从业人员数量（万人）	目前从事与冷链物流活动相关工作的人员数量
3	冷库容量（吨）	冷库实际可储存物品的吨数

序号	指标名称	含义
4	冷藏车数量（辆）	用于干线运输、配送活动的专门用于运送有温控需求物品的车辆总数
5	冷链物流总额（亿元）	涉及资金的物流活动的总额
6	冷链存量（万吨）	冷链存量＝冷库容量×（1-冷库空置率）
7	冷链货运量（万吨）	所有冷链相关物品，如药品、蔬果、肉类、禽蛋、水产品、乳制品、食用菌等产量之和
8	冷链物流政策制定数量（个）	每年度制定出台的有关冷链物流的政策数量
9	人均需求量（千克）	北京市每人所消费的冷链品量

六、北京物流园区高质量发展指数含义

序号	指标名称	含义解释
1	周边高速公路数量（个）	园区周边的高速公路越多，表示该园区所处公路运输位置越适宜
2	最近高速路口距离（公里）	园区离高速路口的位置越近，越能缩短运输距离，减少资源消耗，提升运输效率
3	铁路数量（条）	园区周边的铁路越多，其表示该园区所处铁路运输位置越适宜
4	最近机场距离（公里）	园区离机场的位置越近，越能缩短运输距离，减少资源消耗，提升运输效率
5	园区内交通密度（条）	交通密度是指一条车道上车辆的密集程度，园区附近的交通保障必须保证物流园区内部各类活动的交通需求、实现物流园区与周边路网的良好衔接
6	三公里内加油站数量（个）	加油站用于满足运输车辆的燃料
7	三公里内车辆维修厂数量（个）	修理厂用于保障运输车辆的维修和保养
8	三公里内银行数量（个）	商业银行网点作为对园区经济服务的直接提供者，其布局的合理性、功能定位的准确性对园区经济往来，如线上交易、电子采购、申请贷款起决定性作用

续表

序号	指标名称	含义解释
9	园区内餐饮点数量（个）	园区内餐厅和宿舍的保障能够高效率地发挥每一个员工的长处，保障公平的竞争机制
10	普通仓库日租金（元/平方米）	作为园区的重要盈利因素，仓库租金为物流园区各项技术的发展提供资金支持
11	冷库日租金（元/平方米）	
12	物业管理费（元/平方米）	物流园区的物管费的支出主要体现在场景保障、物资保管以园区清洁等方面
13	用水费（元/平方米）	水、电、燃气费就是组织单位因用水、电、燃气所支出的费用
14	用电费（元/平方米）	
15	用燃气费（元/平方米）	
16	亩均营业收入（万元/亩）	物流园区的收入和纳税情况直接体现运营效益情况
17	亩均纳税情况（万元/亩）	
18	亩均投资强度（万元/亩）	物流园区的投资主要用于仓库的建设、运营技术的研发，以获取租金作为回报
19	亩均碳排放（吨/亩）	碳排量有助于检测园区运营对环境的影响情况
20	新能源汽车使用率（%）	物流园区须引入更优质的新能源汽车，以保障业务繁忙的情况下各项运输业务的效率
21	物流企业占比（%）	物流园区的企业占比体现了企业对物流园区服务的需求和认可程度
22	物流用地占比（%）	园区的物流用地占比体现了园区内部的开发程度

七、京津冀物流协同指数含义

序号	指标名称	含义
1	业务协同	区域内物流企业协同情况，反映了区域内物流企业转移与承接的项目数量
2	交通协同	区域交通协同情况，反映了区域内多式联运不同方式的需求以及基础交通情况的协同情况

续表

序号	指标名称	含义
3	资源协同	区域内物流资源协同情况，反映了区域内物流企业互投、车辆、人才等方面的情形
4	信息协同	区域内信息协同情况，反映了三地之间数据信息共享情况
5	政策协同	区域内三地政府协同情况，反映了政府对物流业的扶持以及政策支持力度

八、京津冀物流业与制造业协同指数含义

序号	一级指标	含义
1	物流业产业规模	用以反映产业的总体规模。本书选取代表物流业总规模的指标为物流业生产总值、物流企业主营业务收入及物流业货运量。主营业务收入、物流业生产总值都可以展现物流业的经济状况
2	物流业产业结构	用以体现产业的经营水平及状况。本书选取代表物流业经营水平的指标为物流业增加值占第三产业增加值比重及物流业占第三产业人员比重。两项指标可以分别反映物流产业在第三产业中的增长情况和重要程度
3	物流业产业资源	本书选取代表物流业资源水平的指标为物流业企业数、运输车辆保有量、物流园区用地面积及物流业就业人员。物流业企业数体现了整体的资源输出情况，运输车辆保有量是物流业发展的基础，物流园区用地面积和物流业就业人员可以体现物流业拥有的资源情况
4	物流业发展环境	外部发展环境对两业协同的影响深远，产业协同的关键是系统内各子系统相互关联的相互作用，而协同环境对这种作用起着催化剂的作用。本书选取代表物流业环境水平的指标为物流业支持政策发布量及物流业研发经费支出
5	制造业产业规模	用以反映制造业的规模，本书选取规模以上制造企业营业收入、制造业能源消费量及制造业来表现制造业的总体规模

序号	一级指标	含义
6	制造业产业结构	用以体现制造企业的经营状况。此处选取制造业增加值占第二产业增加值比重及制造业占第二产业人员比重两项指标来体现制造业的经营状况。制造业增加值占第二产业增加值比重是衡量行业发展水平的重要经济指标。制造业占第二产业人员比重反映制造业企业的重要程度
7	制造业产业资源	本书选取代表制造业资源水平的指标为规模以上制造业企业数、规模以上制造业存货量、工业用地面积及制造业就业人员。企业数和存货量体现了整体的资源输出情况，工业用地面积及制造业就业人员可以体现制造业拥有的资源情况
8	制造业发展环境	用以反映外部环境对制造业的支持能力。本书选取物流业支持政策发布量及物流业研发经费支出来表现制造业产业在环境方面获得的支持情况

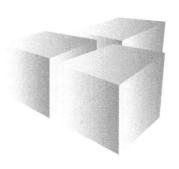

附录二 问卷发放及回收处理

一、北京物流业景气指数专家打分结果

此问卷共发放 100 份，有效回收 95 份问卷，数据情况如下：

第 3 题：请您为下列二级指标对物流业景气指数的重要程度进行打分，指标分为四个大方面，即企业规模、营运情况、营利情况以及发展情况；其中每一指标下设了若干小指标，请您根据小指标的重要程度进行打分，指标越重要，分值越大。[矩阵量表题]

该矩阵题平均分：7.06。

题目	0	1	2	3	4	5	6	7	8	9	10	平均分
业务量	0 (0%)	0 (0%)	0 (0%)	0 (0%)	1 (10%)	0 (0%)	1 (10%)	2 (20%)	4 (40%)	1 (10%)	1 (10%)	7.5
新订单量	0 (0%)	0 (0%)	0 (0%)	0 (0%)	1 (10%)	1 (10%)	0 (0%)	3 (30%)	2 (20%)	1 (10%)	2 (20%)	7.5
从业人员数量	0 (0%)	0 (0%)	0 (0%)	0 (0%)	1 (10%)	0 (0%)	2 (20%)	1 (10%)	5 (50%)	0 (0%)	1 (10%)	7.3
货物承载情况	0 (0%)	0 (0%)	0 (0%)	0 (0%)	1 (10%)	0 (0%)	3 (30%)	3 (30%)	2 (20%)	0 (0%)	1 (10%)	6.9
货物流通情况	0 (0%)	0 (0%)	0 (0%)	0 (0%)	1 (10%)	0 (0%)	2 (20%)	1 (10%)	3 (30%)	3 (30%)	0 (0%)	7.4
货物加工情况	0 (0%)	0 (0%)	0 (0%)	0 (0%)	1 (10%)	1 (10%)	3 (30%)	1 (10%)	2 (20%)	1 (10%)	1 (10%)	6.9

续表

题目	0	1	2	3	4	5	6	7	8	9	10	平均分
货物承载营利情况	0 (0%)	0 (0%)	0 (0%)	0 (0%)	1 (10%)	2 (20%)	1 (10%)	0 (0%)	5 (50%)	1 (10%)	0 (0%)	6.9
货物流通营利情况	0 (0%)	0 (0%)	0 (0%)	1 (10%)	0 (0%)	3 (30%)	0 (0%)	0 (0%)	5 (50%)	0 (0%)	1 (10%)	6.8
货物加工营利情况	0 (0%)	0 (0%)	0 (0%)	1 (10%)	0 (0%)	2 (20%)	0 (0%)	1 (10%)	6 (60%)	0 (0%)	0 (0%)	6.8
主营业务同比增长情况	0 (0%)	0 (0%)	0 (0%)	1 (10%)	1 (10%)	1 (10%)	2 (20%)	1 (10%)	2 (20%)	2 (20%)	0 (0%)	6.5
企业竞争能力情况	0 (0%)	0 (0%)	0 (0%)	1 (10%)	0 (0%)	2 (20%)	1 (10%)	1 (10%)	3 (30%)	1 (10%)	1 (10%)	6.9
信息一体化情况	0 (0%)	0 (0%)	0 (0%)	1 (10%)	0 (0%)	2 (20%)	0 (0%)	0 (0%)	4 (40%)	2 (20%)	1 (10%)	7.3
小计	0 (0%)	0 (0%)	0 (0%)	5 (4.17%)	8 (6.67%)	14 (11.67%)	15 (12.5%)	14 (11.67%)	43 (35.83%)	12 (10%)	9 (7.5%)	7.06

第 4 题：请您为下列三级指标对北京物流业景气指数影响的重要程度进行打分，指标越重要，分值越大。[矩阵量表题]

该矩阵题平均分：6.95。

题目	0	1	2	3	4	5	6	7	8	9	10	平均分
现时业务总量	0 (0%)	0 (0%)	0 (0%)	2 (20%)	0 (0%)	0 (0%)	2 (20%)	3 (30%)	2 (20%)	1 (10%)	0 (0%)	6.4
同比业务量增长量	0 (0%)	0 (0%)	0 (0%)	1 (10%)	1 (10%)	1 (10%)	1 (10%)	1 (10%)	2 (20%)	2 (20%)	1 (10%)	6.9
现时新订单数量	0 (0%)	0 (0%)	0 (0%)	1 (10%)	0 (0%)	1 (10%)	1 (10%)	2 (20%)	2 (20%)	2 (20%)	1 (10%)	7.2
同比新订单增长数量	0 (0%)	0 (0%)	0 (0%)	1 (10%)	0 (0%)	1 (10%)	3 (30%)	0 (0%)	3 (30%)	2 (20%)	0 (0%)	6.8
从业人员数量	0 (0%)	0 (0%)	1 (10%)	0 (0%)	1 (10%)	1 (10%)	1 (10%)	3 (30%)	1 (10%)	1 (10%)	1 (10%)	6.5
从业人员企业成本	0 (0%)	0 (0%)	0 (0%)	0 (0%)	0 (0%)	1 (10%)	2 (20%)	2 (20%)	2 (20%)	2 (20%)	1 (10%)	7.5
现时货运成本	0 (0%)	0 (0%)	0 (0%)	0 (0%)	2 (20%)	0 (0%)	1 (10%)	3 (30%)	1 (10%)	2 (20%)	1 (10%)	7.1
现时货运量	0 (0%)	0 (0%)	0 (0%)	0 (0%)	0 (0%)	1 (10%)	2 (20%)	2 (20%)	4 (40%)	0 (0%)	1 (10%)	7.3

续表

题目	0	1	2	3	4	5	6	7	8	9	10	平均分
现时吞吐量	0 (0%)	0 (0%)	0 (0%)	0 (0%)	1 (10%)	1 (10%)	2 (20%)	0 (0%)	4 (40%)	1 (10%)	1 (10%)	7.2
现时货运流通成本	0 (0%)	0 (0%)	0 (0%)	0 (0%)	1 (10%)	0 (0%)	2 (20%)	4 (40%)	1 (10%)	1 (10%)	1 (10%)	7.1
现时货运流通量	0 (0%)	0 (0%)	0 (0%)	0 (0%)	1 (10%)	1 (10%)	2 (20%)	1 (10%)	3 (30%)	1 (10%)	1 (10%)	7.1
现时货运配送量	0 (0%)	0 (0%)	0 (0%)	0 (0%)	1 (10%)	1 (10%)	2 (20%)	1 (10%)	3 (30%)	1 (10%)	1 (10%)	7.1
现时货运加工成本	0 (0%)	0 (0%)	0 (0%)	1 (10%)	1 (10%)	0 (0%)	1 (10%)	2 (20%)	3 (30%)	1 (10%)	1 (10%)	7.0
现时货运装卸搬运量	0 (0%)	0 (0%)	0 (0%)	1 (10%)	0 (0%)	2 (20%)	1 (10%)	1 (10%)	3 (30%)	2 (20%)	0 (0%)	6.8
现时货运包装量	0 (0%)	0 (0%)	0 (0%)	1 (10%)	0 (0%)	0 (0%)	1 (10%)	2 (20%)	2 (20%)	3 (30%)	1 (10%)	7.6
承载成本	0 (0%)	0 (0%)	1 (10%)	0 (0%)	0 (0%)	0 (0%)	1 (10%)	3 (30%)	2 (20%)	2 (20%)	1 (10%)	7.3
运输收入	0 (0%)	0 (0%)	0 (0%)	1 (10%)	0 (0%)	2 (20%)	2 (20%)	1 (10%)	1 (10%)	2 (20%)	1 (10%)	6.8

续表

题目	0	1	2	3	4	5	6	7	8	9	10	平均分
主营业务收入	0 (0%)	0 (0%)	0 (0%)	0 (0%)	2 (20%)	1 (10%)	1 (10%)	0 (0%)	3 (30%)	2 (20%)	1 (10%)	7.1
流通成本	0 (0%)	0 (0%)	0 (0%)	1 (10%)	1 (10%)	1 (10%)	2 (20%)	0 (0%)	1 (10%)	2 (20%)	2 (20%)	7.0
配送收入	0 (0%)	0 (0%)	0 (0%)	1 (10%)	0 (0%)	2 (20%)	3 (30%)	1 (10%)	1 (10%)	1 (10%)	1 (10%)	6.5
流通收入	0 (0%)	0 (0%)	0 (0%)	0 (0%)	2 (20%)	1 (10%)	2 (20%)	0 (0%)	3 (30%)	1 (10%)	1 (10%)	6.8
加工成本	0 (0%)	1 (10%)	0 (0%)	0 (0%)	1 (10%)	0 (0%)	2 (20%)	1 (10%)	2 (20%)	2 (20%)	1 (10%)	6.8
包装收入	0 (0%)	0 (0%)	1 (10%)	1 (10%)	0 (0%)	1 (10%)	1 (10%)	1 (10%)	2 (20%)	1 (10%)	2 (20%)	6.8
仓储收入	0 (0%)	0 (0%)	0 (0%)	1 (10%)	0 (0%)	3 (30%)	1 (10%)	0 (0%)	3 (30%)	1 (10%)	1 (10%)	6.7
主营业务成本	0 (0%)	0 (0%)	0 (0%)	0 (0%)	3 (30%)	0 (0%)	0 (0%)	1 (10%)	2 (20%)	0 (0%)	4 (40%)	7.5
主营业务利润额同比增长率	0 (0%)	0 (0%)	0 (0%)	1 (10%)	1 (10%)	4 (40%)	0 (0%)	0 (0%)	3 (30%)	0 (0%)	1 (10%)	6.1

续表

题目	0	1	2	3	4	5	6	7	8	9	10	平均分
净利润增长率	0 (0%)	0 (0%)	1 (10%)	0 (0%)	3 (30%)	0 (0%)	1 (10%)	0 (0%)	1 (10%)	2 (20%)	2 (20%)	6.6
管理成本	0 (0%)	0 (0%)	0 (0%)	0 (0%)	0 (0%)	1 (10%)	1 (10%)	4 (40%)	1 (10%)	3 (30%)	0 (0%)	7.4
总资产增长率	0 (0%)	0 (0%)	0 (0%)	0 (0%)	0 (0%)	4 (40%)	1 (10%)	0 (0%)	4 (40%)	0 (0%)	1 (10%)	6.8
流动资产增长率	0 (0%)	0 (0%)	0 (0%)	0 (0%)	0 (0%)	3 (30%)	2 (20%)	0 (0%)	3 (30%)	2 (20%)	0 (0%)	6.9
一体化物流成本	0 (0%)	0 (0%)	0 (0%)	0 (0%)	1 (10%)	1 (10%)	2 (20%)	1 (10%)	2 (20%)	3 (30%)	0 (0%)	7.1
一体化物流业务收入	0 (0%)	0 (0%)	0 (0%)	0 (0%)	2 (20%)	1 (10%)	2 (20%)	1 (10%)	0 (0%)	4 (40%)	0 (0%)	6.8
信息及相关服务收入	0 (0%)	0 (0%)	1 (10%)	0 (0%)	1 (10%)	1 (10%)	1 (10%)	0 (0%)	3 (30%)	3 (30%)	0 (0%)	6.8
小计	0 (0%)	1 (0.3%)	5 (1.52%)	14 (4.24%)	26 (7.88%)	37 (11.21%)	49 (14.85%)	41 (12.42%)	73 (22.12%)	53 (16.06%)	31 (9.39%)	6.95

二、北京物流行业发展规模指数专家打分结果

此问卷共发放 25 份，有效回收 19 份问卷，数据情况如下：

第 1 题：请根据重要性为在研究"北京市物流行业发展规模"时所涉及的相关指标的重要性进行评分，此题针对一级指标（1 分为不重要，10 分为特别重要）。[矩阵量表题]

该矩阵题平均分：8.29。

题目	1	2	3	4	5	6	7	8	9	10	平均分
资源情况	0 (0%)	0 (0%)	0 (0%)	0 (0%)	0 (0%)	0 (0%)	4 (21.05%)	11 (57.89%)	1 (5.26%)	3 (15.79%)	8.16
市场情况	0 (0%)	0 (0%)	0 (0%)	0 (0%)	0 (0%)	0 (0%)	3 (15.79%)	8 (42.11%)	5 (26.32%)	3 (15.79%)	8.42
小计	0 (0%)	0 (0%)	0 (0%)	0 (0%)	0 (0%)	0 (0%)	7 (18.42%)	19 (50%)	6 (15.79%)	6 (15.79%)	8.29

第2题：请根据重要性为在研究"北京市物流行业发展规模"时所涉及的相关指标的重要性进行评分，此题针对二级指标（1分为不重要，10分为特别重要）。[矩阵量表题]

该矩阵题题平均分：7.63。

题目	1	2	3	4	5	6	7	8	9	10	平均分
物流企业数量	0 (0%)	0 (0%)	0 (0%)	1 (5.26%)	0 (0%)	3 (15.79%)	4 (21.05%)	8 (42.11%)	1 (5.26%)	2 (10.53%)	7.53
从业人员数量	0 (0%)	0 (0%)	0 (0%)	0 (0%)	1 (5.26%)	3 (15.79%)	5 (26.32%)	8 (42.11%)	1 (5.26%)	1 (5.26%)	7.42
运输车辆数量	0 (0%)	0 (0%)	0 (0%)	0 (0%)	1 (5.26%)	1 (5.26%)	5 (26.32%)	8 (42.11%)	1 (5.26%)	3 (15.79%)	7.84
仓储面积	0 (0%)	0 (0%)	0 (0%)	0 (0%)	3 (15.79%)	2 (10.53%)	6 (31.58%)	6 (31.58%)	1 (5.26%)	1 (5.26%)	7.16
收入	0 (0%)	0 (0%)	0 (0%)	1 (5.26%)	0 (0%)	3 (15.79%)	3 (15.79%)	6 (31.58%)	4 (21.05%)	2 (10.53%)	7.74
服务量	0 (0%)	0 (0%)	0 (0%)	0 (0%)	0 (0%)	3 (15.79%)	2 (10.53%)	6 (31.58%)	6 (31.58%)	2 (10.53%)	8.11
小计	0 (0%)	0 (0%)	0 (0%)	2 (1.75%)	5 (4.39%)	15 (13.16%)	25 (21.93%)	42 (36.84%)	14 (12.28%)	11 (9.65%)	7.63

第3题：请根据重要性为在研究"北京市物流行业发展规模"时所涉及的相关指标的重要性进行评分，此题针对三级指标（1分为不重要，10分为特别重要）。[矩阵量表题]该矩阵题平均分：7.5。

题目	1	2	3	4	5	6	7	8	9	10	平均分
冷链物流企业数量	0 (0%)	0 (0%)	0 (0%)	0 (0%)	0 (0%)	3 (15.79%)	6 (31.58%)	6 (31.58%)	2 (10.53%)	2 (10.53%)	7.68
铁路运输从业人数	0 (0%)	0 (0%)	1 (5.26%)	0 (0%)	1 (5.26%)	2 (10.53%)	2 (10.53%)	9 (47.37%)	2 (10.53%)	2 (10.53%)	7.58
道路运输从业人数	0 (0%)	0 (0%)	0 (0%)	0 (0%)	0 (0%)	4 (21.05%)	2 (10.53%)	9 (47.37%)	3 (15.79%)	1 (5.26%)	7.74
水上运输从业人数	0 (0%)	0 (0%)	2 (10.53%)	0 (0%)	4 (21.05%)	3 (15.79%)	2 (10.53%)	5 (26.32%)	2 (10.53%)	1 (5.26%)	6.63
航空运输从业人数	0 (0%)	0 (0%)	1 (5.26%)	1 (5.26%)	1 (5.26%)	2 (10.53%)	3 (15.79%)	6 (31.58%)	4 (21.05%)	1 (5.26%)	7.32
管道运输从业人数	0 (0%)	1 (5.26%)	1 (5.26%)	0 (0%)	3 (15.79%)	3 (15.79%)	4 (21.05%)	6 (31.58%)	0 (0%)	1 (5.26%)	6.53
运输业从业人数	0 (0%)	0 (0%)	0 (0%)	0 (0%)	2 (10.53%)	1 (5.26%)	4 (21.05%)	7 (36.84%)	3 (15.79%)	2 (10.53%)	7.74
装卸搬运及代理业从业人数	0 (0%)	0 (0%)	0 (0%)	1 (5.26%)	3 (15.79%)	2 (10.53%)	2 (10.53%)	6 (31.58%)	3 (15.79%)	2 (10.53%)	7.37

续表

题目	1	2	3	4	5	6	7	8	9	10	平均分
仓储业从业人数	0 (0%)	0 (0%)	0 (0%)	0 (0%)	2 (10.53%)	2 (10.53%)	6 (31.58%)	4 (21.05%)	2 (10.53%)	3 (15.79%)	7.58
汽油货车	0 (0%)	0 (0%)	0 (0%)	1 (5.26%)	0 (0%)	6 (31.58%)	2 (10.53%)	7 (36.84%)	2 (10.53%)	1 (5.26%)	7.26
柴油货车	0 (0%)	0 (0%)	0 (0%)	0 (0%)	0 (0%)	4 (21.05%)	6 (31.58%)	5 (26.32%)	2 (10.53%)	2 (10.53%)	7.58
新能源货车	0 (0%)	0 (0%)	1 (5.26%)	1 (5.26%)	1 (5.26%)	3 (15.79%)	6 (31.58%)	3 (15.79%)	2 (10.53%)	2 (10.53%)	7.05
营业性货运车辆	0 (0%)	0 (0%)	0 (0%)	0 (0%)	0 (0%)	2 (10.53%)	7 (36.84%)	7 (36.84%)	1 (5.26%)	2 (10.53%)	7.68
冷藏车辆	0 (0%)	0 (0%)	0 (0%)	0 (0%)	1 (5.26%)	3 (15.79%)	5 (26.32%)	8 (42.11%)	0 (0%)	2 (10.53%)	7.47
仓库面积	0 (0%)	0 (0%)	0 (0%)	0 (0%)	0 (0%)	2 (10.53%)	6 (31.58%)	5 (26.32%)	3 (15.79%)	3 (15.79%)	7.95
冷库容量	0 (0%)	0 (0%)	0 (0%)	0 (0%)	1 (5.26%)	2 (10.53%)	5 (26.32%)	7 (36.84%)	2 (10.53%)	2 (10.53%)	7.68
物流总额	0 (0%)	0 (0%)	0 (0%)	0 (0%)	0 (0%)	1 (5.26%)	2 (10.53%)	9 (47.37%)	4 (21.05%)	3 (15.79%)	8.32

续表

题目	1	2	3	4	5	6	7	8	9	10	平均分
铁路货运量	0 （0%）	0 （0%）	0 （0%）	0 （0%）	1 （5.26%）	2 （10.53%）	2 （10.53%）	9 （47.37%）	4 （21.05%）	1 （5.26%）	7.84
公路货运量	0 （0%）	0 （0%）	0 （0%）	0 （0%）	0 （0%）	1 （5.26%）	7 （36.84%）	5 （26.32%）	5 （26.32%）	1 （5.26%）	7.89
航空货运量	0 （0%）	0 （0%）	1 （5.26%）	0 （0%）	1 （5.26%）	3 （15.79%）	2 （10.53%）	9 （47.37%）	2 （10.53%）	1 （5.26%）	7.37
口岸监管货运量	1 （5.26%）	0 （0%）	0 （0%）	0 （0%）	2 （10.53%）	2 （10.53%）	3 （15.79%）	5 （26.32%）	5 （26.32%）	1 （5.26%）	7.32
小计	1 （0.25%）	1 （0.25%）	7 （1.75%）	4 （1%）	23 （5.76%）	53 （13.28%）	84 （21.05%）	137 （34.34%）	53 （13.28%）	36 （9.02%）	7.50

三、北京绿色物流发展指数专家打分结果

第1题：请您为下列二级指标对北京市绿色物流影响的重要程度进行打分，指标分为三个方面，即资源高效利用、绿色环保、绿色发展环境；其中每一个指标下设了若干个小指标，请您根据小指标的重要程度进行打分，指标越重要，分值越大。[矩阵量表题]

该矩阵题平均分：7.57。

题目	0	1	2	3	4	5	6	7	8	9	10	平均分
物流业效率	0 (0%)	0 (0%)	0 (0%)	0 (0%)	0 (0%)	1 (14.29%)	0 (0%)	1 (14.29%)	2 (28.57%)	2 (28.57%)	1 (14.29%)	8.00
物流业效益	0 (0%)	0 (0%)	0 (0%)	0 (0%)	1 (14.29%)	1 (14.29%)	0 (0%)	2 (28.57%)	2 (28.57%)	1 (14.29%)	0 (0%)	6.86
物流业能源消耗	0 (0%)	0 (0%)	0 (0%)	0 (0%)	0 (0%)	1 (14.29%)	0 (0%)	1 (14.29%)	2 (28.57%)	0 (0%)	3 (42.86%)	8.29
物流业碳排放	0 (0%)	0 (0%)	0 (0%)	0 (0%)	0 (0%)	2 (28.57%)	1 (14.29%)	1 (14.29%)	0 (0%)	1 (14.29%)	2 (28.57%)	7.43
绿色投入	0 (0%)	0 (0%)	0 (0%)	1 (14.29%)	0 (0%)	2 (28.57%)	0 (0%)	1 (14.29%)	1 (14.29%)	0 (0%)	2 (28.57%)	6.86
政策支持	0 (0%)	0 (0%)	0 (0%)	0 (0%)	0 (0%)	1 (14.29%)	1 (14.29%)	1 (14.29%)	0 (0%)	2 (28.57%)	2 (28.57%)	8.00
小计	0 (0%)	0 (0%)	0 (0%)	1 (2.38%)	1 (2.38%)	8 (19.05%)	2 (4.76%)	7 (16.67%)	7 (16.67%)	6 (14.29%)	10 (23.81%)	7.57

第2题：请您为下列三级指标对北京市绿色物流影响的重要程度进行打分，指标越重要，分值越大。[矩阵量表题]

该矩阵题平均分：7.08。

题目	0	1	2	3	4	5	6	7	8	9	10	平均分
车辆满载率	0 (0%)	0 (0%)	0 (0%)	0 (0%)	0 (0%)	1 (14.29%)	2 (28.57%)	1 (14.29%)	1 (14.29%)	1 (14.29%)	1 (14.29%)	7.29
物流货物周转量	0 (0%)	0 (0%)	0 (0%)	0 (0%)	0 (0%)	0 (0%)	2 (28.57%)	1 (14.29%)	2 (28.57%)	0 (0%)	2 (28.57%)	7.86
仓库使用率	0 (0%)	0 (0%)	0 (0%)	0 (0%)	1 (14.29%)	0 (0%)	2 (28.57%)	2 (28.57%)	0 (0%)	1 (14.29%)	1 (14.29%)	7.00
亩均物流营收	0 (0%)	0 (0%)	0 (0%)	1 (14.29%)	0 (0%)	1 (14.29%)	2 (28.57%)	1 (14.29%)	0 (0%)	1 (14.29%)	1 (14.29%)	6.57
亩均物流增加值	0 (0%)	0 (0%)	0 (0%)	1 (14.29%)	0 (0%)	2 (28.57%)	0 (0%)	1 (14.29%)	2 (28.57%)	1 (14.29%)	0 (0%)	6.43
亩均投资强度	0 (0%)	0 (0%)	0 (0%)	1 (14.29%)	1 (14.29%)	1 (14.29%)	0 (0%)	2 (28.57%)	0 (0%)	1 (14.29%)	1 (14.29%)	6.43
包装废弃物无害化处理能力	0 (0%)	0 (0%)	0 (0%)	1 (14.29%)	1 (14.29%)	0 (0%)	0 (0%)	1 (14.29%)	1 (14.29%)	1 (14.29%)	2 (28.57%)	7.29
新能源货运车辆占比	0 (0%)	0 (0%)	0 (0%)	1 (14.29%)	1 (14.29%)	0 (0%)	1 (14.29%)	0 (0%)	1 (14.29%)	1 (14.29%)	2 (28.57%)	7.14
物流业废气排放强度	0 (0%)	0 (0%)	0 (0%)	0 (0%)	0 (0%)	0 (0%)	2 (28.57%)	2 (28.57%)	0 (0%)	2 (28.57%)	1 (14.29%)	7.71

续表

题目	0	1	2	3	4	5	6	7	8	9	10	平均分
运输噪声污染	0 (0%)	0 (0%)	0 (0%)	0 (0%)	0 (0%)	1 (14.29%)	2 (28.57%)	1 (14.29%)	0 (0%)	1 (14.29%)	2 (28.57%)	7.57
电商快件二次包装使用率	0 (0%)	0 (0%)	0 (0%)	0 (0%)	2 (28.57%)	0 (0%)	2 (28.57%)	0 (0%)	1 (14.29%)	1 (14.29%)	1 (14.29%)	6.71
单位碳排放物流业增加值	0 (0%)	0 (0%)	0 (0%)	1 (14.29%)	1 (14.29%)	0 (0%)	1 (14.29%)	1 (14.29%)	1 (14.29%)	1 (14.29%)	1 (14.29%)	6.71
单位电力消费碳排放物流营收	0 (0%)	0 (0%)	0 (0%)	0 (0%)	1 (14.29%)	1 (14.29%)	1 (14.29%)	0 (0%)	2 (28.57%)	1 (14.29%)	1 (14.29%)	7.14
快递碳排放费用	0 (0%)	0 (0%)	0 (0%)	1 (14.29%)	0 (0%)	1 (14.29%)	0 (0%)	1 (14.29%)	2 (28.57%)	2 (28.57%)	0 (0%)	7.00
技术支持力度	0 (0%)	0 (0%)	0 (0%)	1 (14.29%)	0 (0%)	0 (0%)	2 (28.57%)	1 (14.29%)	2 (28.57%)	1 (14.29%)	0 (0%)	6.71
经费投入	0 (0%)	0 (0%)	0 (0%)	1 (14.29%)	0 (0%)	1 (14.29%)	0 (0%)	1 (14.29%)	2 (28.57%)	1 (14.29%)	1 (14.29%)	7.14
绿色物流政策发布量	0 (0%)	0 (0%)	0 (0%)	1 (14.29%)	0 (0%)	0 (0%)	0 (0%)	2 (28.57%)	2 (28.57%)	1 (14.29%)	1 (14.29%)	7.43
绿色物流政策支持力度	0 (0%)	0 (0%)	0 (0%)	1 (14.29%)	1 (14.29%)	0 (0%)	0 (0%)	1 (14.29%)	0 (0%)	3 (42.86%)	1 (14.29%)	7.29
小计	0 (0%)	0 (0%)	0 (0%)	11 (8.73%)	9 (7.14%)	9 (7.14%)	19 (15.08%)	19 (15.08%)	19 (15.08%)	21 (16.67%)	19 (15.08%)	7.08

四、北京冷链物流发展指数专家打分结果

为确保问卷的真实性和有效性，该问卷发放给冷链相关企业及冷链物流专家进行填写，共回收 57 份有效问卷。

请您为下列一级指标对北京市冷链物流影响的重要度进行打分，指标分为三个大方面，即冷链物流资源规模、冷链物流服务规模、冷链物流环境，其中每一指标下设了若干小指标，请您根据小指标的重要程度进行打分，指标越重要，分值越大。[矩阵量表题]

题目	0	1	2	3	4	5	6	7	8	9	10	平均分
冷链物流企业数量	0 (0%)	0 (0%)	0 (0%)	0 (0%)	0 (0%)	1 (1.75%)	7 (12.28%)	12 (21.05%)	14 (20.63%)	22 (38.06%)	1 (1.75%)	7.72
冷链物流从业人员数量	0 (0%)	0 (0%)	0 (0%)	0 (0%)	0 (0%)	1 (1.75%)	15 (26.32%)	15 (15.87%)	10 (10.75%)	14 (12.7%)	2 (3.51%)	7.47
冷库容量	0 (0%)	0 (0%)	0 (0%)	1 (6.35%)	0 (0%)	0 (0%)	17 (6.35%)	12 (21.05%)	14 (17.46%)	11 (17.46%)	2 (25.4%)	7.37
冷藏车数量	0 (0%)	0 (0%)	0 (0%)	1 (1.75%)	1 (1.75%)	0 (0%)	11 (19.3%)	13 (22.81%)	16 (28.07%)	15 (26.32%)	1 (1.75%)	7.61
冷链物流总额	0 (0%)	0 (0%)	0 (0%)	0 (0%)	0 (0%)	1 (1.75%)	11 (19.3%)	13 (22.81%)	16 (28.07%)	15 (26.32%)	0 (0%)	7.51
冷链货物周转量	0 (0%)	0 (0%)	0 (0%)	0 (0%)	2 (3.51%)	1 (1.75%)	12 (21.05%)	18 (19.05%)	11 (23.81%)	12 (21.05%)	1 (1.75%)	7.32

续表

题目	0	1	2	3	4	5	6	7	8	9	10	平均分
冷链存量	0 (0%)	0 (0%)	0 (0%)	0 (0%)	2 (3.51%)	1 (1.75%)	14 (12.7%)	10 (17.54%)	15 (26.32%)	15 (26.32%)	0 (0%)	7.32
冷链物流政策制定数量	0 (0%)	0 (0%)	0 (0%)	1 (1.75%)	1 (1.75%)	0 (0%)	10 (7.94%)	19 (33.33%)	10 (17.54%)	15 (15.87%)	1 (1.75%)	7.12
人均需求量	0 (0%)	0 (0%)	0 (0%)	0 (0%)	1 (1.75%)	0 (0%)	15 (26.32%)	13 (9.52%)	15 (26.32%)	12 (21.05%)	1 (1.75%)	7.17
小计	0 (0%)	0 (0%)	2 (1.75%)	12 (3.36%)	28 (3.27%)	30 (3.08%)	84 (9.34%)	94 (13.73%)	98 (23.44%)	119 (14.94%)	100 (25.96%)	7.40

五、北京物流园区高质量发展指数专家打分结果

此问卷共发放100份，有效回收92份问卷，数据情况如下。

请您为北京市物流园区影响的重要程度进行打分，指标分为五个方面，即基础设施、生产生活配套、园区价格、园区绿色安全；其中每一个指标下设了若干个小指标，请您根据小指标的重要程度进行打分，指标越重要，分值越大。[矩阵量表题]

该矩阵题平均分：6.93。

题目	0	1	2	3	4	5	6	平均分
交通便利	1 (14.29%)	0 (0%)	2 (28.57%)	0 (0%)	3 (42.86%)	1 (14.29%)	0 (0%)	7.00
生产生活配套	1 (14.29%)	0 (0%)	1 (14.29%)	0 (0%)	3 (42.86%)	1 (14.29%)	1 (14.29%)	7.57
园区价格	1 (14.29%)	1 (14.29%)	1 (14.29%)	0 (0%)	3 (42.86%)	1 (14.29%)	0 (0%)	6.86
经济效益	2 (28.57%)	1 (14.29%)	2 (28.57%)	2 (28.57%)	0 (0%)	1 (14.29%)	0 (0%)	6.29
绿色效益	2 (28.57%)	1 (14.29%)	0 (0%)	1 (14.29%)	2 (28.57%)	1 (14.29%)	0 (0%)	6.43
园区贡献	1 (14.29%)	0 (0%)	1 (14.29%)	0 (0%)	3 (42.86%)	2 (28.57%)	0 (0%)	7.43
小计	11 (13.1%)	6 (7.14%)	14 (16.67%)	9 (10.71%)	26 (30.95%)	13 (15.48%)	1 (4.76%)	6.93

第6题：请您为下列三级指标对北京市物流园区影响的重要程度进行打分，指标越重要，分值越大。[矩阵量表题]

该矩阵题平均分：6.62。

题目	0	1	2	3	4	5	6	7	8	9	10	平均分
周边高速公路数量	0 (0%)	0 (0%)	0 (0%)	0 (0%)	1 (14.29%)	1 (14.29%)	1 (14.29%)	2 (28.57%)	0 (0%)	1 (14.29%)	1 (14.29%)	6.86
最近高速路口距离	0 (0%)	0 (0%)	0 (0%)	1 (14.29%)	0 (0%)	2 (28.57%)	0 (0%)	2 (28.57%)	0 (0%)	1 (14.29%)	1 (14.29%)	6.57
铁路数量	0 (0%)	0 (0%)	1 (14.29%)	0 (0%)	1 (14.29%)	1 (14.29%)	0 (0%)	0 (0%)	2 (28.57%)	2 (28.57%)	0 (0%)	6.43
最近机场距离	0 (0%)	0 (0%)	0 (0%)	0 (0%)	2 (28.57%)	1 (14.29%)	0 (0%)	1 (14.29%)	1 (14.29%)	1 (14.29%)	1 (14.29%)	6.71
园区内交通密度	0 (0%)	0 (0%)	0 (0%)	0 (0%)	1 (14.29%)	1 (14.29%)	0 (0%)	2 (28.57%)	1 (14.29%)	1 (14.29%)	1 (14.29%)	7.14
一公里内加油站数量	0 (0%)	0 (0%)	0 (0%)	1 (14.29%)	0 (0%)	2 (28.57%)	0 (0%)	1 (14.29%)	1 (14.29%)	2 (28.57%)	0 (0%)	6.57
一公里内车辆维修厂数量	0 (0%)	0 (0%)	0 (0%)	1 (14.29%)	0 (0%)	1 (14.29%)	1 (14.29%)	2 (28.57%)	0 (0%)	2 (28.57%)	0 (0%)	6.57
一公里内银行数量	0 (0%)	0 (0%)	0 (0%)	1 (14.29%)	0 (0%)	1 (14.29%)	1 (14.29%)	1 (14.29%)	1 (14.29%)	2 (28.57%)	0 (0%)	6.71

续表

题目	0	1	2	3	4	5	6	7	8	9	10	平均分
园区内餐饮点数量	0 (0%)	0 (0%)	0 (0%)	0 (0%)	1 (14.29%)	2 (28.57%)	1 (14.29%)	0 (0%)	2 (28.57%)	1 (14.29%)	0 (0%)	6.43
普通仓库年租金	0 (0%)	0 (0%)	0 (0%)	0 (0%)	0 (0%)	2 (28.57%)	2 (28.57%)	0 (0%)	3 (42.86%)	0 (0%)	0 (0%)	6.57
冷库年租金	0 (0%)	0 (0%)	0 (0%)	0 (0%)	0 (0%)	1 (14.29%)	2 (28.57%)	2 (28.57%)	1 (14.29%)	1 (14.29%)	0 (0%)	6.86
物业管理费	0 (0%)	0 (0%)	0 (0%)	0 (0%)	0 (0%)	2 (28.57%)	0 (0%)	2 (28.57%)	2 (28.57%)	1 (14.29%)	0 (0%)	7.00
用水费	0 (0%)	0 (0%)	0 (0%)	0 (0%)	1 (14.29%)	0 (0%)	2 (28.57%)	2 (28.57%)	2 (28.57%)	0 (0%)	0 (0%)	6.57
用电费	0 (0%)	0 (0%)	0 (0%)	0 (0%)	1 (14.29%)	1 (14.29%)	1 (14.29%)	1 (14.29%)	3 (42.86%)	0 (0%)	0 (0%)	6.57
用燃气费	0 (0%)	0 (0%)	0 (0%)	0 (0%)	1 (14.29%)	3 (42.86%)	0 (0%)	1 (14.29%)	2 (28.57%)	0 (0%)	0 (0%)	6.00
亩均营业收入	0 (0%)	0 (0%)	0 (0%)	0 (0%)	2 (28.57%)	1 (14.29%)	0 (0%)	1 (14.29%)	3 (42.86%)	0 (0%)	0 (0%)	6.29
亩均纳税情况	0 (0%)	0 (0%)	0 (0%)	1 (14.29%)	0 (0%)	2 (28.57%)	1 (14.29%)	2 (28.57%)	1 (14.29%)	0 (0%)	0 (0%)	5.86

续表

题目	0	1	2	3	4	5	6	7	8	9	10	平均分
亩均投资强度	0 (0%)	0 (0%)	0 (0%)	0 (0%)	1 (14.29%)	2 (28.57%)	0 (0%)	1 (14.29%)	2 (28.57%)	1 (14.29%)	0 (0%)	6.57
亩均碳排放	0 (0%)	0 (0%)	0 (0%)	0 (0%)	0 (0%)	1 (14.29%)	1 (14.29%)	2 (28.57%)	3 (42.86%)	0 (0%)	0 (0%)	7.00
新能源汽车使用率	0 (0%)	0 (0%)	0 (0%)	0 (0%)	1 (14.29%)	1 (14.29%)	2 (28.57%)	0 (0%)	2 (28.57%)	1 (14.29%)	0 (0%)	6.57
物流企业占比	0 (0%)	0 (0%)	0 (0%)	0 (0%)	1 (14.29%)	1 (14.29%)	1 (14.29%)	1 (14.29%)	2 (28.57%)	1 (14.29%)	0 (0%)	6.71
物流用地占比	0 (0%)	0 (0%)	0 (0%)	0 (0%)	1 (14.29%)	1 (14.29%)	1 (14.29%)	0 (0%)	2 (28.57%)	2 (28.57%)	0 (0%)	7.00
小计	0 (0%)	0 (0%)	2 (0.79%)	9 (3.57%)	21 (8.33%)	44 (17.46%)	27 (10.71%)	37 (14.68%)	61 (24.21%)	36 (14.29%)	15 (5.95%)	6.62

六、京津冀物流协同指数专家打分结果

此问卷共发放100份，有效回收95份问卷，数据情况如下：

请您为下列二级指标对京津冀物流协同影响的重要程度进行打分，指标分为三个方面，即区域交通协同，区域资源协同，区域环境协同；其中每一个指标下设了若干个小指标，请您根据小指标的重要程度进行打分，指标越重要，分值越大。[矩阵量表题]

该矩阵题平均分：7.3。

题目	0	1	2	3	4	5	6	7	8	9	10	平均分
公路协同	0 (0%)	0 (0%)	0 (0%)	1 (14.29%)	0 (0%)	0 (0%)	0 (0%)	1 (14.29%)	2 (28.57%)	2 (28.57%)	1 (14.29%)	7.71
铁路协同	0 (0%)	0 (0%)	1 (14.29%)	0 (0%)	0 (0%)	1 (14.29%)	0 (0%)	1 (14.29%)	1 (14.29%)	2 (28.57%)	1 (14.29%)	7.14
航空协同	0 (0%)	0 (0%)	1 (14.29%)	0 (0%)	0 (0%)	0 (0%)	0 (0%)	1 (14.29%)	2 (28.57%)	1 (14.29%)	2 (28.57%)	7.71
水运协同	0 (0%)	1 (14.29%)	0 (0%)	1 (14.29%)	0 (0%)	0 (0%)	0 (0%)	1 (14.29%)	2 (28.57%)	1 (14.29%)	1 (14.29%)	6.57
检查站协同	0 (0%)	0 (0%)	1 (14.29%)	0 (0%)	0 (0%)	2 (28.57%)	1 (14.29%)	0 (0%)	1 (14.29%)	1 (14.29%)	1 (14.29%)	6.43
企业协同	0 (0%)	0 (0%)	0 (0%)	1 (14.29%)	0 (0%)	1 (14.29%)	0 (0%)	0 (0%)	4 (57.14%)	1 (14.29%)	0 (0%)	7.00

续表

题目	0	1	2	3	4	5	6	7	8	9	10	平均分
跨区货物协同	0 (0%)	0 (0%)	0 (0%)	0 (0%)	1 (14.29%)	0 (0%)	0 (0%)	0 (0%)	4 (57.14%)	2 (28.57%)	0 (0%)	7.71
信息协同	0 (0%)	0 (0%)	0 (0%)	1 (14.29%)	0 (0%)	0 (0%)	1 (14.29%)	0 (0%)	1 (14.29%)	3 (42.86%)	1 (14.29%)	7.71
人员协同	0 (0%)	0 (0%)	0 (0%)	0 (0%)	1 (14.29%)	0 (0%)	2 (28.57%)	0 (0%)	2 (28.57%)	1 (14.29%)	1 (14.29%)	7.29
政策协同	0 (0%)	0 (0%)	0 (0%)	1 (14.29%)	0 (0%)	0 (0%)	0 (0%)	1 (14.29%)	3 (42.86%)	1 (14.29%)	1 (14.29%)	7.57
实施协同	0 (0%)	0 (0%)	0 (0%)	0 (0%)	1 (14.29%)	1 (14.29%)	0 (0%)	1 (14.29%)	1 (14.29%)	2 (28.57%)	1 (14.29%)	7.43
小计	0 (0%)	1 (1.3%)	3 (3.9%)	5 (6.49%)	3 (3.9%)	5 (6.49%)	4 (5.19%)	6 (7.79%)	23 (29.87%)	17 (22.08%)	10 (12.99%)	7.30

请您为下列三级指标对京津冀物流协同影响的重要程度进行打分，指标越重要，分值越大。[矩阵量表题]

该矩阵题平均分：6.84。

题目	0	1	2	3	4	5	6	7	8	9	10	平均分
跨区高速公路数量	0 (0%)	0 (0%)	0 (0%)	0 (0%)	0 (0%)	1 (14.29%)	1 (14.29%)	0 (0%)	2 (28.57%)	2 (28.57%)	1 (14.29%)	7.86
跨区高速公路里程密度	0 (0%)	0 (0%)	0 (0%)	0 (0%)	0 (0%)	1 (14.29%)	1 (14.29%)	0 (0%)	2 (28.57%)	3 (42.86%)	0 (0%)	7.71
跨区已打通"瓶颈公路"的数量	0 (0%)	0 (0%)	0 (0%)	1 (14.29%)	0 (0%)	0 (0%)	2 (28.57%)	1 (14.29%)	2 (28.57%)	1 (14.29%)	0 (0%)	6.71
跨区已打通"瓶颈公路"的里程	0 (0%)	0 (0%)	0 (0%)	1 (14.29%)	0 (0%)	1 (14.29%)	1 (14.29%)	1 (14.29%)	2 (28.57%)	1 (14.29%)	0 (0%)	6.57
跨区铁路数量	0 (0%)	0 (0%)	3 (42.86%)	0 (0%)	0 (0%)	0 (0%)	0 (0%)	1 (14.29%)	2 (28.57%)	1 (14.29%)	0 (0%)	5.43
跨区铁路里程密度	0 (0%)	0 (0%)	2 (28.57%)	0 (0%)	0 (0%)	0 (0%)	0 (0%)	0 (0%)	4 (57.14%)	1 (14.29%)	0 (0%)	6.43
跨区建设机场数量	0 (0%)	0 (0%)	0 (0%)	1 (14.29%)	1 (14.29%)	0 (0%)	1 (14.29%)	1 (14.29%)	3 (42.86%)	0 (0%)	0 (0%)	6.29
跨区航空航线数量	0 (0%)	0 (0%)	0 (0%)	1 (14.29%)	0 (0%)	0 (0%)	0 (0%)	0 (0%)	3 (42.86%)	3 (42.86%)	0 (0%)	7.71

续表

题目	0	1	2	3	4	5	6	7	8	9	10	平均分
区域内港口海运航线数量	0 (0%)	0 (0%)	0 (0%)	1 (14.29%)	1 (14.29%)	0 (0%)	1 (14.29%)	0 (0%)	3 (42.86%)	1 (14.29%)	0 (0%)	6.57
检查站协同数量	0 (0%)	0 (0%)	0 (0%)	1 (14.29%)	1 (14.29%)	1 (14.29%)	0 (0%)	0 (0%)	2 (28.57%)	2 (28.57%)	0 (0%)	6.57
物流企业跨区投资总额	0 (0%)	0 (0%)	0 (0%)	0 (0%)	1 (14.29%)	1 (14.29%)	2 (28.57%)	0 (0%)	3 (42.86%)	0 (0%)	0 (0%)	6.43
企业跨区车辆流动数量	0 (0%)	0 (0%)	0 (0%)	1 (14.29%)	0 (0%)	2 (28.57%)	0 (0%)	1 (14.29%)	2 (28.57%)	1 (14.29%)	0 (0%)	6.43
区域内跨省（市）物流企业活动单位	0 (0%)	0 (0%)	0 (0%)	1 (14.29%)	0 (0%)	1 (14.29%)	2 (28.57%)	0 (0%)	3 (42.86%)	0 (0%)	0 (0%)	6.29
跨区农产品流动量	0 (0%)	0 (0%)	0 (0%)	0 (0%)	1 (14.29%)	1 (14.29%)	0 (0%)	2 (28.57%)	2 (28.57%)	1 (14.29%)	0 (0%)	6.86
跨区大宗物资流动量	0 (0%)	0 (0%)	0 (0%)	0 (0%)	1 (14.29%)	1 (14.29%)	3 (42.86%)	0 (0%)	2 (28.57%)	0 (0%)	0 (0%)	6.14
跨区医药流动量	0 (0%)	0 (0%)	0 (0%)	0 (0%)	1 (14.29%)	0 (0%)	2 (28.57%)	0 (0%)	3 (42.86%)	1 (14.29%)	0 (0%)	7.00
跨区物流信息共享平台数量	0 (0%)	0 (0%)	0 (0%)	0 (0%)	1 (14.29%)	1 (14.29%)	0 (0%)	1 (14.29%)	3 (42.86%)	1 (14.29%)	0 (0%)	7.00

续表

题目	0	1	2	3	4	5	6	7	8	9	10	平均分
信息发布数量	0 (0%)	0 (0%)	0 (0%)	0 (0%)	1 (14.29%)	0 (0%)	1 (14.29%)	1 (14.29%)	2 (28.57%)	2 (28.57%)	0 (0%)	7.29
跨区物流从业人员流动数量	0 (0%)	0 (0%)	0 (0%)	1 (14.29%)	0 (0%)	0 (0%)	2 (28.57%)	1 (14.29%)	1 (14.29%)	2 (28.57%)	0 (0%)	6.86
区域协同政策发布量	0 (0%)	0 (0%)	0 (0%)	1 (14.29%)	0 (0%)	0 (0%)	2 (28.57%)	0 (0%)	3 (42.86%)	0 (0%)	1 (14.29%)	7.00
区域协同政策发布密度	0 (0%)	0 (0%)	0 (0%)	0 (0%)	1 (14.29%)	1 (14.29%)	1 (14.29%)	0 (0%)	2 (28.57%)	1 (14.29%)	1 (14.29%)	7.14
区域协同意识	0 (0%)	0 (0%)	0 (0%)	0 (0%)	1 (14.29%)	0 (0%)	0 (0%)	0 (0%)	3 (42.86%)	2 (28.57%)	1 (14.29%)	8.00
区域协同执行力度	0 (0%)	0 (0%)	0 (0%)	0 (0%)	1 (14.29%)	1 (14.29%)	0 (0%)	2 (28.57%)	1 (14.29%)	2 (28.57%)	0 (0%)	7.00
小计	0 (0%)	0 (0%)	5 (3.11%)	10 (6.21%)	12 (7.45%)	13 (8.07%)	22 (13.66%)	12 (7.45%)	55 (34.16%)	28 (17.39%)	4 (2.48%)	6.84